스마트폰으로 QR코드를 스캔해 주세요

KB094204

우등생 온라인 학습 활용법

01 학년, 학기 선택

02 과목 선택

home.chunjae.co.kr

우등생 홈스쿨링   초등3 ∨   2학기 ∨

국어 스케줄

수학 스케줄

사회 스케줄

과학 스케줄

나의 시간표
SCROLL DOWN
∨

마이페이지

국어

스케줄표

온라인 학습북
개념 강의
단원 평가
서술형 논술형 강의

학습 자료실
듣기 자료
개념 웹툰
정답과 풀이
국어 기초 다지기

· 학년별, 과목별로 제공되는 서비스 내용에는 차이가 있습니다.

5:11   ..ll LTE

home.chunjae.co.kr

스케줄표

꼼꼼   ∨

꼼꼼
우등생 국어를 한 학기 동안 차근차근 공부하기 위한 스케줄표

1회~10회 ∨

1회

국어   개념웹툰 ⊙
1. 재미가 톡톡톡
교과서진도북 9~16쪽

2회

국어
1. 재미가 톡톡톡
교과서진도북 17~26쪽

마이페이지에서 첫 화면에 보일
스케줄표의 종류를 선택할 수 있어요.

통합 스케줄표
우등생 국어, 수학, 사회, 과학 과목이 함께 있는 12주 스케줄표

꼼꼼 스케줄표
과목별 진도를 회차에 따라 나눈 스케줄표

스피드 스케줄표
온라인 학습북 전용 스케줄표

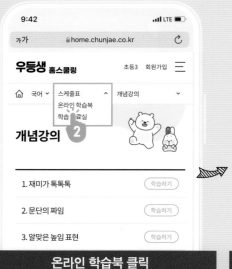

| 과목 클릭 | 온라인 학습북 클릭 | 개념강의 / 서술형 논술형 강의 / 단원평가 |

❶ 개념 강의

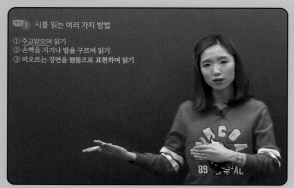

*온라인 학습북 단원별 주요 개념 강의

❷ 단원평가

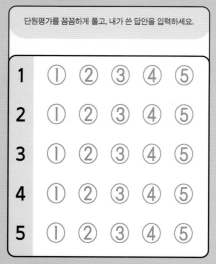

① 내가 푼 답안을 입력하면

② 채점과 분석이 한번에

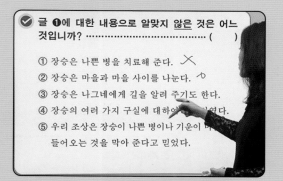

③ 틀린 문제는 동영상으로 꼼꼼히 확인하기!

· 스마트폰의 동영상 구동이 느릴 경우, 기본으로 설정된 비디오 재생 프로그램을 다른 앱으로 교체해 보세요.
· 사용자 사용 환경에 따라 서비스가 원활하지 않을 시에는 컴퓨터를 통한 접속을 권장합니다. 우등생 홈스쿨링 홈페이지(https://home.chunjae.co.kr)로 접속하거나 검색 엔진에서 우등생 홈스쿨링을 입력하여 접속해 주세요.

어휘력 테스트

나의 어휘력 수준 알아보기

PERFECT
언제 나 우

초등
국어 1·2

천재교육

나의 어휘 감각은
어느 정도일까?
간단히 체크해 보자!

어휘력 테스트

어휘력 테스트 활용 안내

⭐ 본 테스트는 나(자녀)의 어휘력 수준을 측정하기 위한 시험입니다.

⭐ 본 테스트는 다양한 어휘에 대한 감각과 이해도 수준을 측정하여 어휘력을 평가하도록 구성되어 있습니다.

⭐ 각 테스트는 모두 10문제로 구성되어 있고 1문제당 1점입니다.

⭐ 각 테스트별로 정해진 시간(5~8분) 안에 문제를 풀 것을 권장합니다.

⭐ 테스트를 모두 마친 후 점수를 16쪽의 결과표에 넣어 어휘력을 측정해 볼 수 있습니다.

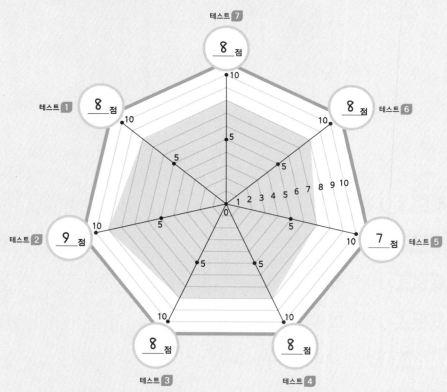

▲ 테스트 1 ~ 7 까지, 점수 넣는 칸을 확인하고 표시하세요!

⭐ 본 테스트는 나(자녀)의 어휘 감각을 확인해 보기 위한 참고 자료일 뿐, 본 측정 결과가 나(자녀)의 어휘력을 대표하거나 절대적 기준이 되지는 않습니다.

⭐ 나(자녀)의 어휘력 수준은 어떠한지 아래 유형에서 비슷한 그림을 찾아보세요.

모양	유형	어휘력 수준
	큰 다이아몬드 형태	★★★★★ 어휘력이 아주 풍부합니다. 여러 종류의 어휘를 알고 있을 뿐만 아니라 어휘와 어휘의 관계에 대한 이해도가 높습니다. 다양한 책을 읽고 어휘 감각을 지금처럼 잘 키워 주세요.
	작은 다이아몬드 형태	★★ 다이아몬드 크기가 작을수록 어휘력이 부족하다는 뜻입니다. 문장을 읽으면서 어휘의 뜻을 짐작해 보는 습관을 들여 보세요. 비슷한말, 반대말, 바꾸어 쓸 수 있는 말 등을 떠올리며 책을 읽으면 어휘력을 키우는 데 도움이 됩니다.
	위는 작고 아래가 큰 형태	★★★ 뜻을 알고 있는 어휘는 많은 편이지만 어휘 사이의 관계에 대한 이해도는 부족한 편입니다. 해당 어휘에 포함되는 말 등을 생각하며 글을 읽어 보세요. 어휘의 관계를 통해 더 많은 어휘를 습득할 수 있습니다.
	왼쪽으로 다이아몬드가 치우친 형태	★★ 한자어에 대한 이해도가 낮습니다. 우리말 어휘의 대부분은 한자로 이루어져 있으므로 어휘력이 생각보다 더 부족할 수 있습니다. 어휘의 기초를 다질 수 있도록 노력해 주세요.
	오른쪽으로 다이아몬드가 치우친 형태	★★ 한자어에 대한 이해는 높지만 고유어나 일상에서 쓰는 어휘에 대한 이해도가 낮아 보입니다. 평소에 자주 쓰는 말이라도 정확한 뜻과 쓰임을 익혀 두는 것이 좋습니다.

7분

● 보기 와 같이 가로, 세로의 글자를 이어 어휘를 만드시오. (두 글자 이상의 어휘)

보기

색	아	침
종	할	대
이	름	날

색종이   종이   아침

침대   이름

달	모	여	드	름
리	서	동	아	리
기	리	★	망	치
그	늘	경	아	날
글	피	무	지	개

✿ 나는 몇 개의 어휘를 만들 수 있나요?

_____ _____ _____ _____ _____

_____ _____ _____ _____ _____

* 어휘 1개당 1점. 10개 이상 10점.

● 보기 와 같이 다음 어휘와 관련된 말을 찾아 ◯표 하시오.

보기

| 그루터기 | ① 배 ( ) | ② 그림 ( ) | ③ 나무 (◯) |

1 송아지 | ① 개 ( ) | ② 소 ( ) | ③ 말 ( )

2 사흘 | ① 2일 ( ) | ② 3일 ( ) | ③ 4일 ( )

3 까르르 | ① 곡식 ( ) | ② 웃음 ( ) | ③ 거울 ( )

4 무뚝뚝 | ① 공부 ( ) | ② 야채 ( ) | ③ 표정 ( )

5 딴청 | ① 관청 ( ) | ② 딴짓 ( ) | ③ 요청 ( )

6 갑절 | ① 배 ( ) | ② 인사 ( ) | ③ 스님 ( )

7 나이테 | ① 나무 ( ) | ② 얼굴 ( ) | ③ 손가락 ( )

8 너울 | ① 피부 ( ) | ② 거울 ( ) | ③ 물결 ( )

9 땅거미 | ① 거름 ( ) | ② 개미 ( ) | ③ 저녁 ( )

10 한결 | ① 다 ( ) | ② 더 ( ) | ③ 너 ( )

● 보기 와 같이 빈칸에 들어갈 알맞은 말을 쓰시오.

보기

나는 웃을 때 입가에 ⓑ ⓩ ⓖ 가 생깁니다.   보 조 개

뜻 말하거나 웃을 때에 두 볼에 움푹 들어가는 자국.

1 시도 때도 없이 ⓖ ⓖ ⓩ 을 하니 밥맛이 없지.

뜻 끼니 외에 과일이나 과자 따위의 군음식을 먹는 일.

2 냄비 아래 ⓖ ⓞ ⓞ 을 깨끗이 닦아 냈다.

뜻 무언가가 불에 탈 때에 연기에 섞여 나오는 먼지 모양의 검은 가루.

3 여우는 호랑이를 ⓖ ⓔ 먹이려고 함정을 팠습니다.

뜻 일부러 남을 곤란하게 하거나 남한테 심하게 당하는 일.

4 오랫동안 ⓖ ⓜ 이 들어 논밭이 말랐습니다.

뜻 오랫동안 계속하여 비가 내리지 않아 메마른 날씨.

5 ⓒ ⓩ ⓚ 할아버지께서 올라오셨습니다.

뜻 어제의 전날. = 그제.

6 몰래 떡을 먹고 여우는 ⓞ ⓡ ⓑ 을 내밀었습니다.

뜻 어떤 일을 모르는 척하거나 하지 않았다고 잡아떼는 것.

7 친구가 나를 찾아내어 내가 ⓢ ⓡ 가 되었습니다.

뜻 술래잡기 놀이 등에서 숨은 아이들을 찾아내는 아이.

8 아버지께서 장작 ⓜ ⓓ ⓖ 에 불을 지폈습니다.

뜻 한데 수북이 쌓였거나 뭉쳐 있는 더미나 무리.

9 ⓣⓣ ⓑ ⓖ 에 담긴 설렁탕이 맛있었습니다.

뜻 찌개를 끓이거나 담을 때 쓰는 그릇.

10 한바탕 ⓢ ⓝ ⓖ 가 내려 날씨가 시원해졌습니다.

뜻 갑자기 세차게 쏟아지다가 곧 그치는 비.

● 보기 와 같이 가로, 세로의 글자를 이어 어휘를 만드시오. (두 글자 이상의 어휘)

보기

입	내	용
구	역	아
효	세	월

입구   내용   구역

세월   내역

배	신	얼	입	상
름	길	교	라	금
소	효	육	지	건
문	학	건	하	던
정	생	물	글	잔

✿ 나는 몇 개의 어휘를 만들 수 있나요?

_____ _____ _____ _____ _____

_____ _____ _____ _____ _____

* 어휘 1개당 1점. 10개 이상 10점.

테스트 ⑤

● 보기 와 같이 다음 어휘와 관련된 말을 찾아 ○표 하시오.

보기

자정 ① 밤 (◯) ② 낮 ( ) ③ 아침 ( )

1 화재 ① 불 ( ) ② 쇠 ( ) ③ 흙 ( )

2 거래 ① 미래 ( ) ② 주고받음 ( ) ③ 보고 느낌 ( )

3 도난 ① 홍수 ( ) ② 도둑 ( ) ③ 지진 ( )

4 대기 ① 보냄 ( ) ② 떠남 ( ) ③ 기다림 ( )

5 기록 ① 가리다 ( ) ② 날리다 ( ) ③ 적어 두다 ( )

6 당분간 ① 영원히 ( ) ② 잠시 동안 ( ) ③ 한참 동안 ( )

7 등장 ① 날아가다 ( ) ② 들어가다 ( ) ③ 나타나다 ( )

8 참견 ① 부탁 ( ) ② 간섭 ( ) ③ 시기 ( )

9 망신 ① 자랑 ( ) ② 고집 ( ) ③ 창피 ( )

10 명백하다 ① 많다 ( ) ② 착하다 ( ) ③ 뚜렷하다 ( )

테스트 6

● 보기 와 같이 빈칸에 모두 들어갈 글자를 써넣으시오.

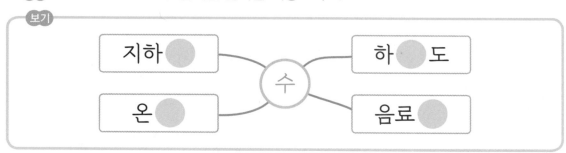

1

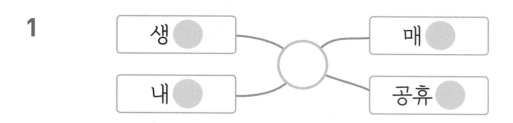

2

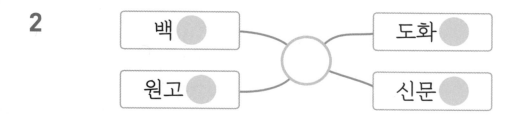

3

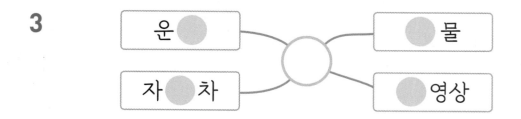

4

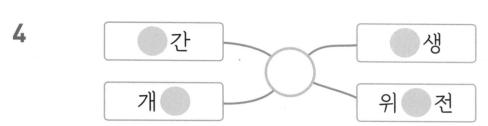

5

극⬤ — ◯ — 시⬤

운동⬤ — ◯ — 주차⬤

6

⬤재 — ◯ — 소⬤기

⬤약 — ◯ — 분⬤구

7

⬤계 — ◯ — 비상⬤

⬤절 — ◯ — 삽⬤간

8

⬤수 — ◯ — 초⬤

식⬤일 — ◯ — 수⬤원

9

⬤족 — ◯ — 화⬤

⬤정 — ◯ — 전문⬤

10

고⬤ — ◯ — ⬤증

두⬤ — ◯ — 진⬤제

● 보기 와 같이 나머지와 다른 어휘 하나를 찾아 ○표 하시오.

보기

봄　　여름　　가을　　(장마)

1　호랑이　소　돼지　동물　늑대

2　새근새근　소곤소곤　쿨쿨　콜콜

3　돌다　뛰다　걷다　예쁘다　기다

4　개다　흐리다　접다　궂다　맑다

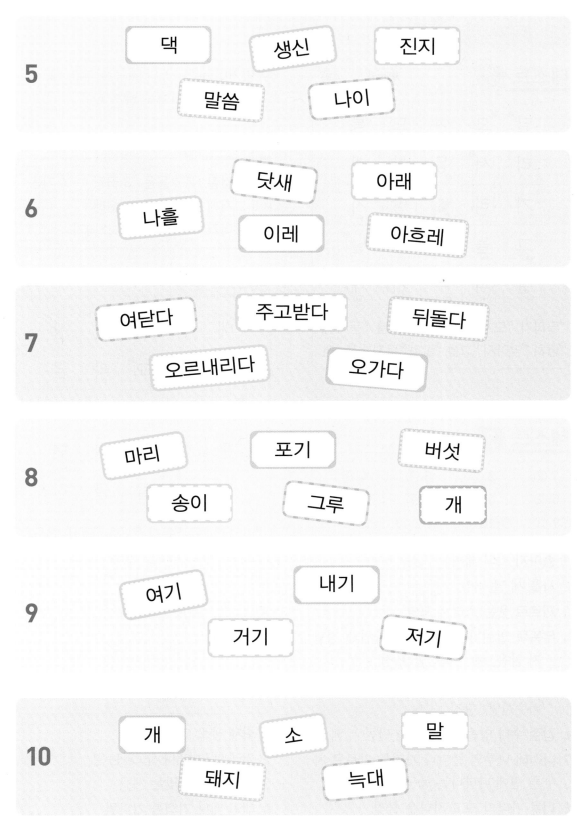

5
댁 생신 진지
말씀 나이

6
닷새 아래
나흘
이레 아흐레

7
여닫다 주고받다 뒤돌다
오르내리다 오가다

8
마리 포기 버섯
송이 그루 개

9
여기 내기
거기 저기

10
개 소 말
돼지 늑대

테스트 1
4쪽

달	모	여	드	름
리	서	동	아	리
기	리	★	망	치
그	늘	경	아	날
글	피	무	지	개

❶달리기 ❷모서리 ❸서리 ❹여드름 ❺동아리
❻망치 ❼망아지 ❽그늘 ❾글피 ❿무지개 ⓫날개

테스트 2
5쪽

1 ②	2 ②	3 ②	4 ③
5 ②	6 ①	7 ①	8 ③
9 ③	10 ②		

1 **송아지** 소의 새끼.

2 **사흘** 세 날. 3일.

3 **까르르** 웃는 소리나 모양.

4 **무뚝뚝** 말이나 행동, 표정 따위가 정답지 않음. 예 무뚝뚝한 표정.

5 **딴청** 그 일과 관계없는 일이나 행동.
   비슷한말: 딴짓

6 **갑절** 수나 양을 두 번 합한 만큼. = 배

7 **나이테** 나무의 줄기나 가지를 가로로 자른 면에 나타나는 둥근 테.

8 **너울** 바다의 크고 사나운 물결.

9 **땅거미** 해가 진 뒤 조금 어두운 때.

10 **한결** 전에 비하여 한층 더.

테스트 3
6~7쪽

1 군것질	2 그을음	3 골탕	4 가뭄
5 그저께	6 오리발	7 술래	
8 무더기	9 뚝배기	10 소나기	

테스트 4
8쪽

배	신	얼	입	상
름	길	교	라	금
소	효	육	지	건
문	학	건	하	던
정	생	물	글	잔

❶배신 ❷교육 ❸육지 ❹지하 ❺입상 ❻상금
❼소문 ❽문학 ❾학생 ❿생물 ⓫건물

테스트 5
9쪽

1 ①	2 ②	3 ②	4 ③
5 ③	6 ②	7 ③	8 ②
9 ③	10 ③		

1 **화재** 불로 인한 재난.

2 **거래** 주고받거나 사고파는 일.

3 **도난** 도둑을 맞는 재난.

4 **대기** 때나 기회를 기다림.

5 기록 남길 필요가 있는 일을 적음.

6 당분간 앞으로 잠시 동안.

7 등장 무슨 일에 어떤 인물이 나타남.

8 참견 어떤 일에 끼어들어 간섭함.

9 망신 말이나 행동을 잘못하여 창피를 당함.

10 명백하다 아주 뚜렷하다.

테스트 6 10~11쪽

1 (일) 생일, 매일, 내일, 공휴일
2 (지) 백지, 도화지, 원고지, 신문지
3 (동) 운동, 동물, 자동차, 동영상
4 (인) 인간, 인생, 개인, 위인전
5 (장) 극장, 시장, 운동장, 주차장
6 (화) 화재, 소화기, 화약, 분화구
7 (시) 시계, 비상시, 시절, 삽시간
8 (목) 목수, 초목, 식목일, 수목원
9 (가) 가족, 화가, 가정, 전문가
10 (통) 고통, 통증, 두통, 진통제

1 '날'을 뜻하는 '일'이 들어간 낱말
2 '종이'를 뜻하는 '지'가 들어간 낱말
3 '움직이다'를 뜻하는 '동'이 들어간 낱말
4 '사람'을 뜻하는 '인'이 들어간 낱말
5 '장소'를 뜻하는 '장'이 들어간 낱말
6 '불'을 뜻하는 '화'가 들어간 낱말
7 '때'를 뜻하는 '시'가 들어간 낱말
8 '나무'를 뜻하는 '목'이 들어간 낱말
9 '집'이나 전문가를 뜻하는 '가'가 들어간 낱말
10 '아픔'을 뜻하는 '통'이 들어간 낱말

테스트 7 12~13쪽

1 동물   2 소곤소곤   3 예쁘다
4 접다   5 나이   6 아래   7 뒤돌다
8 버섯   9 내기   10 늑대

1 호랑이, 소, 돼지, 늑대는 모두 동물이고 동물은 이들을 포함하는 말입니다.

2 새근새근, 쿨쿨, 콜콜은 잠을 자는 모양이나 소리를 나타내는 말입니다. 소곤소곤은 조용히 말하는 소리나 모양을 나타냅니다.

3 돌다, 뛰다, 걷다, 기다는 움직임을, 예쁘다는 모습을 나타내는 말입니다.

4 개다, 흐리다, 궂다, 맑다는 모두 날씨를 나타내는 말입니다.

5 댁(집), 생신(생일), 진지(밥), 말씀(말)은 모두 높임말입니다. 나이는 높임말이 아니고, 나이의 높임말은 연세입니다.

6 나흘, 닷새, 이레, 아흐레는 날을 세는 말이지만 아래는 방향을 나타내는 말입니다.

7 여닫다, 주고받다, 오가다, 오르내리다는 모두 반대되는 뜻을 가진 두 개의 낱말이 합쳐진 낱말입니다.

8 마리, 송이, 포기, 그루, 개는 수를 세는 말이지만 버섯은 아닙니다.

9 여기, 거기, 저기는 장소를 가리키는 말로 내기와 다릅니다.

10 개, 소, 말, 돼지처럼 집에서 기르는 동물을 '가축'이라고 합니다. 늑대는 가축이 아닙니다.

나의 어휘력 알아보기

✿ 테스트 1 ~ 7 까지의 점수를 아래 그림에 표시하고 각 점수를 선으로 이어 보세요.
다이아몬드가 클수록 어휘력 수준이 높다는 뜻이에요!

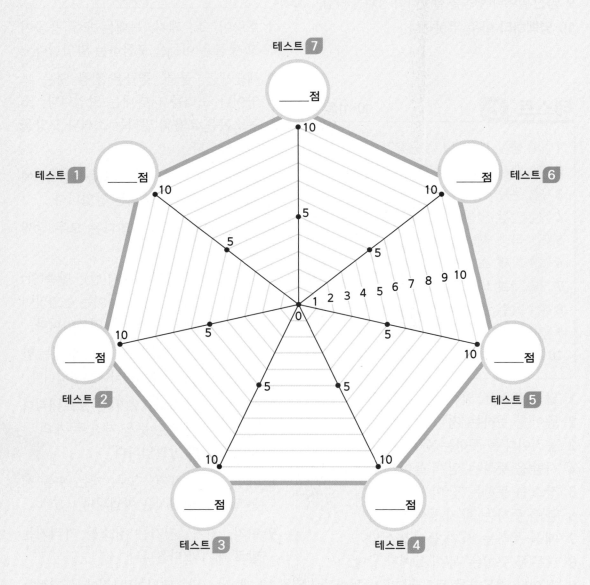

어휘력 테스트

엄마,
저 정도면 어휘력 괜찮은 건가요?

그, 글쎄…….
어휘력을 어떻게 알아보지?

자녀의 어휘력 수준이 궁금할 때

문해력 부록

어휘력
테스트

절취선

우등생 국어 1·2

꼼꼼 스케줄표는 교과서 진도북과 온라인 학습북을
24회로 나누어 꼼꼼하게 공부하는 학습 진도표입니다.

홈스쿨링 24회
꼼꼼 스케줄표

● 교과서 진도북   ● 온라인 학습북

1. 기분을 말해요

1회 교과서 진도북 7~13쪽	**2**회 교과서 진도북 14~26쪽	**3**회 온라인 학습북 3~6쪽
월 일	월 일	월 일

2. 낱말을 정확하게 읽어요

4회 교과서 진도북 27~33쪽	**5**회 교과서 진도북 34~44쪽	**6**회 온라인 학습북 7~10쪽
월 일	월 일	월 일

3. 그림일기를 써요

7회 교과서 진도북 45~55쪽	**8**회 교과서 진도북 56~64쪽	**9**회 온라인 학습북 11~15쪽
월 일	월 일	월 일

4. 감동을 나누어요

10회 교과서 진도북 65~73쪽	**11**회 교과서 진도북 74~80쪽	**12**회 온라인 학습북 16~20쪽
월 일	월 일	월 일

절취선

어떤 교과서를
쓰더라도 ALWAYS **우등생**

꼼꼼하게 공부하는 24회 **꼼꼼 스케줄표**   # 전과목 시간표인 **통합 스케줄표**
빠르게 공부하는 8회 **스피드 스케줄표**   # 자유롭게 내가 만드는 스케줄표

우등생 홈스쿨링 홈페이지에는
다양한 스케줄표가 있어요!

● 교과서 진도북   ● 온라인 학습북

5. 생각을 키워요

13회	교과서 진도북 81~87쪽	**14**회	교과서 진도북 88~94쪽	**15**회	온라인 학습북 21~25쪽
	월 일		월 일		월 일

6. 문장을 읽고 써요

16회	교과서 진도북 95~104쪽	**17**회	교과서 진도북 105~112쪽	**18**회	온라인 학습북 26~30쪽
	월 일		월 일		월 일

7. 무엇이 중요할까요

19회	교과서 진도북 113~123쪽	**20**회	교과서 진도북 124~130쪽	**21**회	온라인 학습북 31~35쪽
	월 일		월 일		월 일

8. 느끼고 표현해요

22회	교과서 진도북 131~137쪽	**23**회	교과서 진도북 138~144쪽	**24**회	온라인 학습북 36~40쪽
	월 일		월 일		월 일

절취선

**새 국어 교과서
반영**

QR로 학습 스케줄 체크!
공부하고 나서 QR 코드를 스캔하면
온라인 스케줄표에 학습 완료 스탬프가

1
단원

진도 완료
체크

땅!

우등생 온라인 학습 100% 활용하기
홈스쿨링 우등생(home.chunjae.co.kr)

☑ **동영상 개념 강의**
동영상 강의를 들으며 기초 개념을 탄탄하게

☑ **온라인 채점과 성적 피드백**
정답을 올리기만 하면 채점과 성적 분석이 자동으로

☑ **온라인 학습 스케줄 관리**
밀린 공부는 없나 내 스케줄표로 꼼꼼히 체크하기!

교과서에 실린 작품소개

단원	영역	제재 이름	지은이	나온 곳	우등생
1단원	국어 ㉮	내 마음을 보여 줄까?	윤진현	『내 마음을 보여 줄까?』 −웅진주니어, 2010.	12쪽
		화내지 말고 예쁘게 말해요	안미연	『화내지 말고 예쁘게 말해요』 −상상스쿨, 2020.	17쪽
2단원		대단한 참외씨	임수정	『대단한 참외씨』 −한울림어린이, 2019.	33쪽
		다니엘의 멋진 날	미카 아처 (옮김: 이상희)	『다니엘의 멋진 날』 −(주)비룡소, 2020.	37쪽
4단원		빨간 모자가 된 아이쿠	마로 스튜디오	「우당탕탕 아이쿠 2」 −한국교육방송공사, 2011.	72쪽
		아기 거북이가 숲으로 왔어요!	권정생어린 이문화재단, ㈜퍼니플럭스 엔터테인 먼트	「엄마 까투리 시즌 3」 −한국교육방송공사, 2021.	73쪽
5단원	국어 ㉯	그래, 책이야!	레인 스미스 (옮김: 김경연)	『그래, 책이야!』 −(주)문학동네, 2011.	85쪽
6단원		발명보다 위대한 발견		−한국방송광고진흥공사, 2014.	97쪽
		반짝반짝	신형건	『나는 나는 1학년』 −끝없는이야기, 2023.	99쪽

『내 마음을 보여 줄까?』
주인공의 마음은 얼음처럼 꽁꽁 얼어붙었다가 화산처럼 폭발하기도 합니다. 여러 가지 흉내 내는 말뿐만 아니라 재미있는 그림도 가득한 책입니다.

『다니엘의 멋진 날』
다니엘이 이웃들에게 어떤 날이 멋진 날이냐고 묻습니다. 이웃들의 멋진 날은 특별한 날이 아니었습니다. 일상의 소중함, 다정한 이웃과 가족의 사랑이 잘 표현된 그림책입니다.

『그래, 책이야!』
터치스크린에 익숙해진 요즘 아이들에게 종이로 된 진짜 책에 대해 생각해 볼 수 있는 기회를 줍니다. 간결하면서도 재치 있는 대화와 재미있는 그림이 어우러진 그림책입니다.

단원	영역	제재 이름	지은이	나온 곳	우등생
6 단원		괜찮아 아저씨	김경희	『괜찮아 아저씨』 -(주)비룡소, 2017.	102쪽
7 단원		진짜 일 학년 책가방을 지켜라!	신순재	『진짜 일 학년 책가방을 지켜라!』 -천개의바람, 2017.	119쪽
8 단원	국어 ④	마음이 그랬어	박진아	『마음이 그랬어』 -도서출판 노란돼지, 2018.	133쪽
		감기	전병호	『낭송하고 싶은 우리 동시』 -좋은꿈, 2020.	134쪽
		브로콜리지만 사랑받고 싶어	별다름·달다름	『브로콜리지만 사랑받고 싶어』 -키다리, 2021.	135쪽
		강아지풀	이일숙	『짝 바꾸는 날』 -도토리숲, 2013.	140쪽

『괜찮아 아저씨』

아저씨는 머리카락이 열 가닥밖에 없습니다. 그마저도 한 가닥씩 빠지고 있지만 아저씨는 괜찮다고 합니다. 짜임새 있는 이야기가 매력적인 그림으로 나타나 아이들에게 긍정의 힘을 느낄 수 있게 해 줍니다.

『브로콜리지만 사랑받고 싶어』

아이들이 싫어하는 채소 1위로 뽑힌 브로콜리는 실망하지 않고 사랑받기 위해 노력합니다. 있는 그대로의 자신을 발견하는 브로콜리를 저절로 응원하게 되는 그림책입니다.

구성과 특징

교과서 진도북

1 쉽고 재미있게 개념 익히기

+

우등생 문해력 부록 **어휘력 테스트**

2 교과서를 꼼꼼 반영한 진도 학습 + 문해력 쑥쑥

국어 교과서

국어 활동 교과서

+

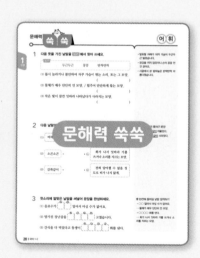

문해력 쑥쑥

3 학교 시험 유형을 반영한 두 번의 평가

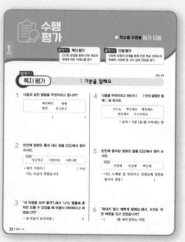

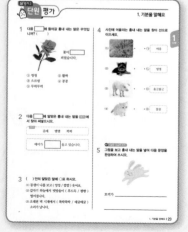

✓ **쪽지 평가**
단원 개념과 제재 이해도 평가

✓ **단원 평가**
단원 학습 성취도와 독해력, 어휘력 등
국어 실력 전반을 평가

온라인 학습북

① 개념 학습

✅ 선생님의 강의를 듣고 확인 문제를 풀어요!

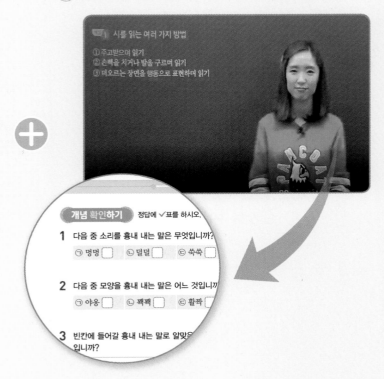

② 단원 평가 풀고 성적 피드백 받기

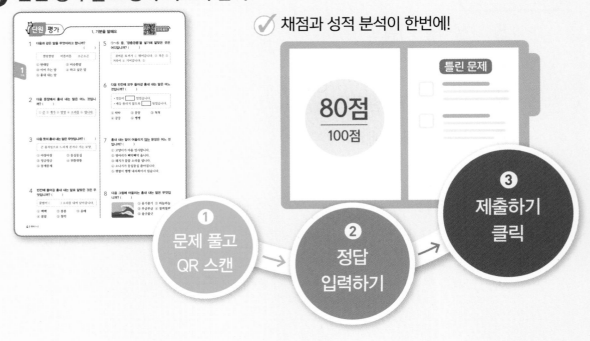

✅ 채점과 성적 분석이 한번에!

80점
100점

틀린 문제

① 문제 풀고 QR 스캔 → ② 정답 입력하기 → ③ 제출하기 클릭

차례

기분을
말해요

1

듣는 사람을 생각하며 자신의 마음 표현하기

1 흉내 내는 말을 넣어 문장 만들기

2 자신의 기분을 말로 표현하기

단원 핵심 어휘

기분

뜻 마음에 생겨 한동안 이어지는 즐거움이나 슬픔 등의 감정.
예 칭찬을 받아서 기분이 좋습니다.

1 단원

개념① 흉내 내는 말

① '야옹', '둥실둥실'처럼 소리나 모양을 나타내는 말을 흉내 내는 말이라고 합니다.

소리를 흉내 내는 말	야옹, 깔깔
모양을 흉내 내는 말	깡충깡충, 둥실둥실

● 여러 가지 흉내 내는 말

반짝반짝 　　야옹　　 깡충깡충

개념② 흉내 내는 말을 넣어 문장 만들기

① 어떤 소리나 모양을 흉내 내는 말로 나타낼지 생각합니다.
② 흉내 내는 말을 넣어 문장이 자연스러운지 확인합니다.

● 흉내 내는 말을 넣어 문장 만들기

바람개비가 빙글빙글 돌아갑니다.

개념③ 기분을 나타내는 말

① 기분: 어떤 사람이나 물건, 주변의 환경 때문에 마음에 절로 생기는 감정
② 여러 가지 기분을 나타내는 말

신나요	뿌듯해요
행복해요	편안해요
후련해요	부끄러워요

● 기분을 나타내는 말

기뻐요 　　슬퍼요　　 무서워요

개념④ 듣는 사람을 생각하며 자신의 기분 말하기

① 무슨 일이 있었는지 생각해 봅니다.
② 그때의 솔직한 자신의 기분을 생각합니다.
③ 솔직하게 말했을 때의 듣는 사람의 기분을 생각해 봅니다.
④ '나'로 시작하며 정리한 생각을 말합니다.

● 듣는 사람을 생각하며 자신의 기분 말하기

있었던 일	나는 노래를 잘 부른다고 선생님께 칭찬을 받아서
내 기분	정말 뿌듯해.

◎ 여러 가지 기분을 나타내는 말

• 그림의 내용: 여러 가지 기분을 나타내는 말이 나타나 있습니다.

어떤 때에 무슨 말로 기분을 나타낼 수 있을지 떠올려 봅니다.

뿌듯해요 기쁨이나 큰 감동이 마음에 가득해요.

속상해요 화가 나거나 걱정 때문에 마음이 좋지 않아요.

---

1 다음 중 ㉠으로 대답할 수 있는 때는 언제인가요? (　　　)

① 웃어른께 꾸중을 들었을 때
② 동생이 함께 놀자고 했을 때
③ 친구가 아침 인사를 해 주었을 때
④ 엄마, 아빠가 내 생일을 축하해 주실 때
⑤ 친구가 소리를 질러 깜짝 놀라게 했을 때

2 빈칸에 들어갈 알맞은 말은 무엇인가요?

(　　　)

너의 물건을 망가뜨려서 (　　　　　).

① 미안해　　② 고마워　　③ 답답해
④ 심심해　　⑤ 무서워

3 (　　) 안의 알맞은 말에 ○표 하세요.

• 친구가 아프대서 (걱정돼요 / 반가워요).

4 다음 표정에 어울리는 말을 보기 에서 골라 쓰세요.

보기
즐거워요　　슬퍼요　　화나요

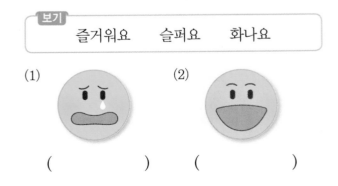

(1) (　　　　　)　　(2) (　　　　　)

5 그림을 보고 문장에 어울리는 흉내 내는 말을 보기 에서 찾아 쓰세요.

보기
둥실둥실   야옹   살랑살랑   씽씽

(1) 나뭇잎이 [   ] 움직입니다.

(2) 구름이 [   ] 떠 있습니다.

(3) 자전거를 탄 사람이 [   ] 지나갑니다.

교과서 문제

6 그림에 어울리는 흉내 내는 말을 찾아 선으로 이으세요.

(1)    • ① 똑딱똑딱

(2)    • ② 깡충깡충

(3)    • ③ 깔깔

교과서 문제

7 보기 에서 그림에 어울리는 흉내 내는 말을 골라 문장을 만들어 보세요.

보기
맴맴   활짝   삐악삐악   울긋불긋

(1)  매미가 (   ) 울고 있습니다.

(2)  귀여운 병아리가 (   ) 웁니다.

(3)  꽃이 (   ) 피었습니다.

8 문장을 만들 때 흉내 내는 말을 사용하면 좋은 점을 알맞게 말한 친구는 누구인가요?

지수: 흉내 내는 말을 넣어서 문장을 만들면 문장이 길어집니다.
동욱: 흉내 내는 말을 사용하여 문장을 만들면 더 실감이 납니다.
세나: 문장을 만들 때 흉내 내는 말을 사용하면 뜻이 무엇인지 알기 어렵습니다.

(   )

9 ⊙~⊚ 중, 흉내 내는 말이 <u>아닌</u> 것은 무엇인 가요? (　　　)

> 어제 집 앞 놀이터에서 놀았다. 놀이터에는 친구들이 많이 나와 있었다. 정글짐을 ⊙끙끙 오르는 친구도 보였다. 나는 미끄럼틀을 타고 ⓒ스르륵 내려왔다. 친구들과 ⓒ함께 회전 무대에 올랐다. @흔들흔들 그네를 타는 것도 재미있었다. 놀이터에서 친구들과 함께 ⓜ재잘재잘 이야기하며 즐거운 시간을 보냈다.

10 빈칸에 들어갈 알맞은 흉내 내는 말을 보기 에 서 찾아 쓰세요.

> 보기
>
> 야옹　　어흥　　휘휘　　대롱대롱

> 동물원으로 현장 체험 학습을 갔습니다. 동물들이 반갑다고 웃으며 인사를 합니다.
> 코끼리가 코를 (1) (　　　　　) 휘저으며 우리를 반겨 줍니다. 그러자 곰도 방긋 웃는 것 같았습니다. 원숭이는 나무에 (2) (　　　　　) 매달리며 인사합니다. 호랑이 는 (3) (　　　　　) 소리를 냈습니다.
> 또 다른 동물들은 어떻게 우리를 맞아 주었 을까요?

11 보기 에서 그림에 어울리는 흉내 내는 말을 골 라 문장을 만들어 보세요.

> 보기
>
> 쑥쑥　　쨍그랑　　주렁주렁

(1) 그릇이 (　　　　　) 깨져 버렸습니다.

(2) 감나무에 열매가 (　　　　　) 열렸습니다.

12 다음 빈칸에 들어갈 흉내 내는 말은 무엇인가 요? (　　　)

> 계곡에서 (　　　　　) 물놀이를 했다.

① 윙윙　　　　② 씽씽
③ 첨벙첨벙　　④ 꾸벅꾸벅
⑤ 찰칵찰칵

🍬 서술형·논술형 문제

13 흉내 내는 말 '윙윙'을 넣어 짧은 문장을 써 보 세요.

　꿀벌이 ＿＿＿＿＿＿＿＿＿＿＿＿

＿＿＿＿＿＿＿＿＿＿＿＿＿＿＿＿

내 마음을 보여 줄까?

· 글쓴이: 윤진현
· 생각할 점: 흉내 내는 말의 재미를 느끼며 이야기를 읽어 봅니다.

친구들 앞에서 노래를 불렀어.

떨려서 노랫말이 떠오르지 않아.

내 마음이 꽁꽁, 얼음처럼 꽁꽁!

폴짝! 나만 뜀틀에 올랐어.

친구들 모두 날 부러워해.

내 마음이 반짝반짝, 보석처럼 반짝반짝!
친구들이 나를 부러워할 때의 '내' 마음: 뿌듯하다, 자랑스럽다

블록으로 멋진 성을 만드는데, 민호가 달려들어 깜짝 놀랐어.

내 마음이 찌지직, 번개처럼 찌지직!

내가 만든 성이 와장창 무너졌어.

민호한테 너무 화가 나.

내 마음이 우르릉 쾅쾅, 화산처럼 우르릉 쾅쾅!
'나'의 화난 마음

뜀틀 나무틀을 여러 층으로 포개어 놓고 맨 위쪽 부분을 가죽 등으로 씌운 것.

와장창 갑자기 한꺼번에 무너지거나 부서지는 소리나 모양.

---

14 친구들 앞에서 노래를 부를 때 '나'의 마음은 어떠하였나요? (   )

① 기뻤다.   ② 떨렸다.
③ 부끄러웠다.   ④ 재미있었다.
⑤ 기대되었다.

15 친구들이 '나'를 부러워한 까닭은 무엇인가요?
(   )

① '내'가 노래를 잘 불러서
② '나'만 뜀틀에 오를 수 있어서
③ '나'만 선생님께 칭찬을 들어서
④ '내'가 블록으로 멋진 성을 만들어서
⑤ '내' 목소리가 화산처럼 크고 우렁차서

🐚 교과서 문제

16 빈칸에 들어갈 내용은 무엇인가요? (   )

> 민호가 갑자기 달려들어 _____

① 걱정되었습니다.
② 깜짝 놀랐습니다.
③ 무척 반가웠습니다.
④ 가슴이 두근거렸습니다.
⑤ 내 마음이 꽁꽁 얼어붙었습니다.

17 흉내 내는 말을 알맞게 사용한 문장에 ○표 하세요.

(1) 별이 반짝반짝 빛납니다.   (   )
(2) 아이스크림이 훨훨 얼었습니다.   (   )
(3) 빗방울이 두근두근 떨어졌습니다. (   )

내 마음을 보여 줄까?

• 교과서에 나온 질문과 예시 답안을 모았어요!
• 수업 시간 선생님의 질문에 자신 있게 발표해 보아요!

국어 교과서 가 18~19쪽

1
단원

진도 완료
체크

😊 「내 마음을 보여 줄까?」를 읽고 '나'의 기분이 어떻게 바뀌었는지 정리해 봅시다.

> 나만 뜀틀에서 올라가서 ___예 신났다.___

↓

> 민호가 갑자기 달려들어 ___예 깜짝 놀랐다.___

↓

> 성이 무너져서 민호에게 ___예 화가 났다.___

😊 「내 마음을 보여 줄까?」와 우리 주변에서 흉내 내는 말을 찾아보고, 흉내 내는 말을 넣어 문장을 만들어 봅시다.

흉내 내는 말	만든 문장
반짝반짝	별이 ___예 반짝반짝___ 빛나고 있다.
후드득	빗방울이 ___예 후드득 떨어졌다.___
___예 꽁꽁 / 두근두근___	예 냉동실의 얼음이 꽁꽁 얼었다. / 가슴이 두근두근 떨렸다.

여름 방학 때 있었던 일을 떠올려 보고, 그때의 기분을 친구들과 이야기해 봅시다.

예 가족과 함께 첨벙첨벙 물놀이했을 때 신났습니다. / 내가 태권도 하고 있을 때 친구가 응원해 주어서 기뻤습니다.

② 자신의 기분을 말로 표현하기

❶

기뻐요

❷

❸

㉠무서워요

❹

㉡미안해요

• 그림의 내용: 기분을 나타내는 말과 그 기분이 드러나는 표정이 있습니다.

📍 기분을 나타내는 말 예

> 뿌듯해요

> 후련해요

> 행복해요

> 부끄러워요

18 그림 ❶과 같은 기분이 드는 일은 어느 것인가요? ( )

① 길에서 넘어진 일
② 숙제가 많이 생긴 일
③ 달리기에서 1등을 한 일
④ 자다가 무서운 꿈을 꾼 일
⑤ 친구의 물건을 망가뜨린 일

🧢 교과서 문제
19 그림 ❷의 기분을 나타내는 말은 무엇인가요?

( )

① 좋아요　　② 슬퍼요
③ 즐거워요　④ 뿌듯해요
⑤ 행복해요

20 ㉠과 비슷한 기분을 나타내는 말은 어느 것인가요? ( )

① 좋아요　　② 겁나요
③ 미워요　　④ 고마워요
⑤ 부끄러워요

21 ㉡과 같은 말을 쓸 수 있는 때는 언제인가요?

( )

① 슬픈 이야기를 들었을 때
② 재미있는 책을 읽었을 때
③ 칭찬하는 말을 들었을 때
④ 친구가 나를 도와줬을 때
⑤ 다른 사람에게 사과해야 할 때

◎ 듣는 사람의 기분을 생각하며 자신의 기분을 말하는 방법

❶ 무슨 일이 있었는지 생각해 본다.

❷ 그때의 솔직한 자신의 기분을 생각해 본다.

❸ 솔직하게 말했을 때의 듣는 사람의 기분을 생각해 본다.

❹ '나'로 시작하며 정리한 생각을 말한다.

---

22 주영이가 겪은 일은 무엇인가요? (   )

① 민지가 주영이 그림을 망쳤다.

② 민지가 지나가다가 주영이 발을 밟았다.

③ 민지가 만든 성을 주영이가 무너뜨렸다.

④ 주영이가 만든 성을 민지가 무너뜨렸다.

⑤ 민지가 주영이 장난감을 돌려주지 않았다.

23 주영이는 문제 22에서 겪은 일 때문에 마음이 어떠하였나요?

(   )

24 주영이는 ❸에서 어떤 생각을 하였나요?

• 내가 (   )을/를 내면 민지가 상처받을 것이다.

서술형·논술형 문제

25 ㉠에 들어갈 주영이의 말을 완성하여 쓰세요.

_____

정말 속상해.

1
단원

26 다음 그림 속 아이의 기분을 나타내는 말은 무엇인가요? (   )

① 웃겨요   ② 편해요
③ 힘들어요   ④ 즐거워요
⑤ 재밌어요

27 그림에 어울리는 말을 찾아 선으로 이으세요.

(1)   •   •㉠ 졸려요

(2)   •   •㉡ 웃겨요

(3)   •   •㉢ 고마워요

(4)   •   •㉣ 떨려요

28 그림에 알맞은 '기분을 나타내는 말'을 보기 에서 찾아 쓰세요.

보기
감사해요   편안해요
걱정돼요   사랑해요

(   )

29 (   ) 안의 알맞은 말에 ○표 하세요.

• 달리기에서 일 등을 해서 (속상 / 뿌듯)했어요.

30 (   ) 안에 기분을 나타내는 말을 쓰세요.

• 회전목마를 처음 타서 (   ).

화내지 말고 예쁘게 말해요

· 글쓴이: 안미연
· 생각할 점: 듣는 사람을 생각하며 자신의 기분을 말하면 좋은 점을 생각해 봅니다.

❶ 도치는 화를 내며 말을 하는 버릇이 있어요.

그래서 도치 별명은 버럭쟁이예요.

그러던 어느 날, 도치 머리 위에 손바닥만 한 구름이 생겼어요.

"저리 가! 귀찮단 말이야!" → 나쁜 말

도치가 버럭버럭 소리를 질러도 구름은 없어지지 않았어요.

"내가 먼저 탈 거야!" → 도치가 한 말

도치는 친구 치치에게도 화를 냈어요.

치치가 도치보다 먼저 왔는데도 말이에요.

그러자 구름이 그림책만 하게 커졌어요.

번쩍! 우르르 쾅!
천둥이 울리는 소리
구름에서 번개가 떨어지고 천둥이 쳤어요.

✏️ **중심 내용 1** 화를 내며 말하는 도치의 머리 위에 구름이 생겨서 번개가 떨어지고 천둥이 쳤어요.

버릇 오랫동안 자꾸 하여 몸에 익어 버린 행동.
　예 형은 코를 만지는 <u>버릇</u>이 있다.
별명 사람의 생김새나 성격 등의 특징을 바탕으로 남들이 지어 부르는 이름.
버럭버럭 화가 나서 소리를 지르는 모양.

31 도치는 어떤 버릇이 있나요? (　　)

① 다리를 떠는 버릇

② 늦잠을 자는 버릇

③ 화를 내며 말을 하는 버릇

④ 해야 할 일을 미루는 버릇

⑤ 콧노래를 흥얼거리는 버릇

🎓 교과서 문제

33 도치 머리 위의 구름이 점점 커지는 까닭은 무엇일까요? (　　)

① 도치가 욕심을 부리기 때문이다.

② 도치가 거짓말을 하기 때문이다.

③ 도치가 친구를 놀리기 때문이다.

④ 도치가 자꾸 나쁜 말을 하기 때문이다.

⑤ 도치가 친구의 말을 무시하기 때문이다.

🎓 교과서 문제

32 도치의 별명은 무엇인가요? (　　)

① 꾀돌이　　　② 구름이

③ 엄살왕자　　④ 버럭쟁이

⑤ 거짓말쟁이

치치는 도치보다 먼저 왔는데도 도치는 화를 내며 새치기를 했어요.

34 도치가 화를 내자 치치의 마음은 어떠하였을까요?

(　　　　　　)

❷ "구름 때문에 친구들이랑 놀 수가 없잖아."

도치는 슬퍼서 펑펑 울었어요.
_{눈물이 눈에서 막 나오는 소리.}

"이런, 나쁜 말 구름이잖아!"

어디선가 작은 양산을 쓴 할머니가 나타나 말했어요.

"나쁜 말 구름을 없애려면 말이다……."

할머니는 도치에게 소곤소곤 이야기해 주었어요.

도치는 놀이터에 갔어요.

그런데 친구들이 모두 도치를 모른 척했어요.

도치는 화가 났어요.

하지만 양산 할머니의 말씀이 떠올랐지요.

"얘들아, 난 너희들이랑 함께 놀면 좋겠어." → _{도치가 예쁘게 말함.}

친구들은 깜짝 놀라 도치를 쳐다보았어요.

도치가 이렇게 예쁘게 말을 하다니요.

도치는 친구들과 사이좋게 놀 수 있어서 무척 기뻤어요.

이제 도치 머리 위에 있던 구름은 감쪽같이 사라졌어요.

중심 내용 ❷ 도치가 친구들에게 말을 예쁘게 하자 나쁜 말 구름이 사라졌어요.

> 도치가 화를 내거나 나쁜 말을 할 때마다 도치 머리 위의 구름이 점점 커졌어요.

양산 볕을 가리기 위하여 쓰는 우산 모양의 물건.

소곤소곤 남이 알아듣지 못하도록 작은 목소리로 자꾸 가만가만 이야기하는 소리나 모양.

감쪽같이 전혀 알아챌 수 없을 정도로 티가 나지 않게.

---

35 도치 머리 위에 있던 구름은 어떤 구름인가요? (   )

① 거짓말 구름   ② 고운 말 구름
③ 나쁜 말 구름   ④ 사이좋은 구름
⑤ 게으름뱅이 구름

36 도치가 놀이터에 갔을 때 화가 난 까닭은 무엇인가요? (   )

① 구름에서 또 번개가 쳐서
② 친구들이 나쁜 말을 해서
③ 양산 할머니가 자신을 혼내서
④ 친구들이 자신을 모른 척해서
⑤ 친구들이 머리 위 구름을 보고 놀려서

🧢 교과서 문제

37 도치는 머리 위의 구름을 어떻게 없앴는지 ○표 하세요.

(1) 친구들에게 사과했다.　　　　(　　)
(2) 할머니의 양산을 썼다.　　　　(　　)
(3) 바르고 고운 말을 썼다.　　　　(　　)

📚 서술형·논술형 문제

38 듣는 사람을 생각하며 자신의 기분이 드러나는 말을 써 보세요.

| 친구가 나에게 자전거를 빌려줬을 때 |

_____

🧢 **교과서 문제**

39 자신의 기분을 말하는 방법으로 알맞은 것을 두 가지 고르세요. (,   )

① 너 때문이라고 말합니다.

② '나'라는 말로 시작합니다.

③ 자신의 기분만을 말합니다.

④ 있었던 일과 자신의 기분을 말합니다.

⑤ 듣는 사람의 기분은 생각하지 않습니다.

40 다음 빈칸에 들어갈 흉내 내는 말을 찾아 선으로 이으세요.

(1) 동생의 키가 (   ) 큽니다. •

• ① 쨍그랑

• ② 씽씽

(2) 접시가 깨지며 (   ) 소리가 납니다. •

• ③ 쑥쑥

41 다음 [   ]에 들어갈 흉내 내는 말로 알맞은 것은 무엇인가요? (   )

들키지 않게 [   ] 걸어요.

① 깡충깡충   ② 엉금엉금

③ 살금살금   ④ 뒤뚱뒤뚱

⑤ 성큼성큼

기초 다지기

[42~44] 다음을 보고 물음에 답하세요.

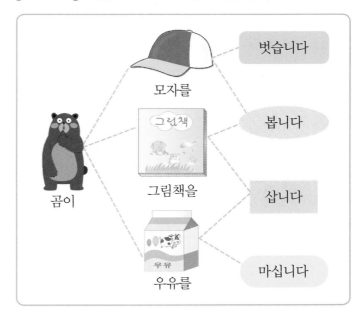

42 다음 [   ]에 알맞은 말을 써넣으세요.

곰이 [   ] 벗습니다.

43 다음 [   ]에 들어갈 알맞은 말을 두 가지 고르세요.

곰이 그림책을 [   ].

㉠ 봅니다   ㉡ 삽니다
㉢ 벗습니다   ㉣ 마십니다

(,   )

📖 **서술형·논술형 문제**

44 다음 문장을 완성하여 쓰세요.

곰이 _____

1 다음 뜻을 가진 낱말을 보기 에서 찾아 쓰세요.

> 보기
>
> 두근두근　　　　꽁꽁　　　　반짝반짝

(1) 몹시 놀라거나 불안하여 자꾸 가슴이 뛰는 소리. 또는 그 모양.

(　　　　　　　　)

(2) 물체가 매우 단단히 언 모양. / 힘주어 단단하게 묶는 모양.

(　　　　　　　　)

(3) 작은 빛이 잠깐 잇따라 나타났다가 사라지는 모양.

(　　　　　　　　)

- 발표할 차례가 되자 가슴이 **두근두근** 떨렸습니다.
- 장갑을 끼지 않았더니 손이 **꽁꽁** 언 것 같아요.
- 시골에서 본 밤하늘은 **반짝반짝** 아름다웠습니다.

2 다음 낱말의 알맞은 뜻을 찾아 선으로 이으세요.

(1) 버럭버럭　•

(2) 소곤소곤　•

(3) 감쪽같이　•

• ㉠ 작은 목소리로 가만가만 이야기하는 소리나 모양.

• ㉡ 화가 나서 잇따라 기를 쓰거나 소리를 지르는 모양.

• ㉢ 전혀 알아챌 수 없을 정도로 티가 나지 않게.

📍 '감쪽같이'가 들어간 문장

㉞ 상처가 <u>감쪽같이</u> 아물었다.

/ 모기가 <u>감쪽같이</u> 사라졌다.

3 첫소리에 알맞은 낱말을 써넣어 문장을 완성하세요.

(1) 음료수가 [ㄲ][ㄲ] 얼어서 마실 수가 없어요.

(2) 망가진 장난감을 [ㄱ][ㅉ][ㄱ][ㅇ] 고쳤습니다.

(3) 간식을 다 먹었다고 동생이 [ㅂ][ㄹ][ㅂ][ㄹ] 화를 낸다.

📍 빈칸에 들어갈 낱말 짐작하기

• ○○ 얼어서 마실 수가 없어요.

→ 물체가 매우 단단히 언 모양.

• ○○○○ 화를 낸다.

→ 화가 나서 잇따라 기를 쓰거나 소리를 지르는 모양.

4 보기 와 같이 알맞은 흉내 내는 말에 ○표 하세요.

> **보기**
>
> 병아리가 (멍멍 / (삐악삐악)) 웁니다.

(1) 송아지가 (꿀꿀 / 음매) 하고 웁니다.

(2) 강아지가 (멍멍 / 짹짹) 하고 웁니다.

(3) 참새가 (짹짹 / 꽥꽥) 지저귑니다.

(4) 아기가 (울긋불긋 / 방긋방긋) 웃습니다.

(5) 들키지 않도록 (살금살금 / 쿵쾅쿵쾅) 조심히 나갑니다.

(6) 봄바람이 (주르륵 / 살랑살랑) 불어 옵니다.

(7) 솜사탕 같은 구름이 (뒤뚱뒤뚱 / 둥실둥실) 떠 있습니다.

(8) 더운 여름날에 햇볕이 (쨍쨍 / 쨍그랑) 내리쬡니다.

(9) 탈을 쓴 무용수가 (덩실덩실 / 엉금엉금) 춤을 춥니다.

(10) 갑자기 소나기가 (보글보글 / 주룩주룩) 내립니다.

• **흉내 내는 말**: '둥실둥실', '야옹'처럼 모양이나 소리를 나타내는 말.

📍 **문장에 어울리는 흉내 내는 말 찾기**
① 소리를 나타내는 문장인지 모양을 나타내는 문장인지 구별합니다.
② 흉내 내는 말이 주는 느낌을 떠올려 봅니다.

• 오리가 뒤뚱뒤뚱 걸어갑니다.

• 떨어뜨린 접시가 쨍그랑 하고 깨졌습니다.

• 라면이 보글보글 끓습니다.

☑ **평가1** **쪽지 평가**
간단한 문답을 통해 단원 개념과
제재에 대한 이해도를 평가

☑ **평가2** **단원 평가**
다양한 유형의 문제를 통해 단원 학습 성취도와
독해력, 어휘력 등 국어 실력 전반을 평가

☑ **평가1**

정답 4쪽

쪽지 평가   1 기분을 말해요

1 다음과 같은 말들을 무엇이라고 합니까?

> 삐악삐악   맴맴
> 활짝   울긋불긋

(   )

2 빈칸에 알맞은 흉내 내는 말을 보기에서 찾아 쓰시오.

> **보기**
> 엉금엉금   뒤뚱뒤뚱   사뿐사뿐

• 새끼 거북이 (   ) 기어
가는 모습이 귀엽습니다.

3 「내 마음을 보여 줄까?」에서 '나'는 뜀틀에 혼자만 오를 수 있었을 때 마음이 어떠하다고 하였습니까?

• 내 마음이 보석처럼 (   )!

4 다음을 무엇이라고 하는지 (   ) 안의 알맞은 말에 ○표 하시오.

> 신나요   뿌듯해요   행복해요
> 편안해요   부끄러워요

(날씨 / 기분)을/를 나타내는 말

5 빈칸에 들어갈 알맞은 말을 보기에서 찾아 쓰시오.

> **보기**
> 미안해   속상해   뿌듯해

• 나는 노래를 잘 부른다고 선생님께 칭찬을
받아서 정말 (   ).

6 「화내지 말고 예쁘게 말해요」에서, 도치는 어떤 버릇을 갖고 있었습니까?

• (   )를 내며 말하는 버릇

1 다음 ☐에 들어갈 흉내 내는 말은 무엇입니까? ( )

꽃이 ☐ 피었습니다.

① 씽씽   ② 활짝
③ 으르렁   ④ 꽁꽁
⑤ 무럭무럭

2 다음 ☐에 알맞은 흉내 내는 말을 보기에서 찾아 써넣으시오.

> **보기**
> 음매   맴맴   꽉꽉

매미가 ☐ 울고 있습니다.

3 ( ) 안의 알맞은 말에 ○표 하시오.

(1) 동생이 나를 보고 (엉엉 / 깔깔) 웃어요.
(2) 갑자기 하늘에서 빗방울이 (후드득 / 쾅쾅) 떨어집니다.
(3) 오래된 벽 시계에서 (똑딱똑딱 / 데굴데굴) 소리가 납니다.

4 사진에 어울리는 흉내 내는 말을 찾아 선으로 이으시오.

(1)    ⓐ 야옹

(2)    ⓑ 멍멍

(3)    ⓒ 울긋불긋

(4)    ⓓ 꿀꿀

🗂 서술형·논술형 문제

5 그림을 보고 흉내 내는 말을 넣어 다음 문장을 완성하여 쓰시오.

토끼가 _____

_____

1 단원

친구들 앞에서 노래를 불렀어.
떨려서 노랫말이 떠오르지 않아.
내 마음이 꽁꽁, 얼음처럼 꽁꽁!

폴짝! 나만 뜀틀에 올랐어.
친구들 모두 날 부러워해.
㉠내 마음이 반짝반짝, 보석처럼 반짝반짝!

6 '내'가 노래를 부를 때 노랫말이 떠오르지 않은 까닭은 무엇입니까? ( )

① 다른 노래와 헷갈려서
② 친구들이 자꾸 놀려서
③ 노랫말이 너무 길어서
④ 친구들 앞에서 떨려서
⑤ 배운 적 없는 노래여서

7 '나'는 노랫말이 떠오르지 않자 기분이 어떠하다고 하였습니까?

• 마음이 [ ] 처럼 꽁꽁 얼었다.

8 ㉠에서 '나'의 기분은 어떠하였겠습니까?

( )

① 부럽다.   ② 답답하다.
③ 짜증 난다.   ④ 자랑스럽다.
⑤ 욕심이 난다.

블록으로 멋진 성을 만드는데, 민호가 달려들어 깜짝 놀랐어.
내 마음이 찌지직, 번개처럼 찌지직!

내가 만든 성이 와장창 무너졌어.
민호한테 너무 화가 나.
내 마음이 우르릉 쾅쾅, 화산처럼 우르릉 쾅쾅!

9 '내'가 겪은 일은 무엇입니까? ( )

① 민호가 '나'한테 화를 냈다.
② 민호와 함께 성을 만들었다.
③ 민호가 '나'의 블록 장난감을 잃어버렸다.
④ 민호가 달려들어서 '내'가 만든 성이 무너졌다.
⑤ 블록으로 만들던 성을 '내'가 실수로 망가뜨렸다.

서술형·논술형 문제

10 (1)~(4)를 보고 '내'가 민호에게 말할 기분을 쓰시오.

(1) 무슨 일이 있었는지 생각해 본다.
(2) 그때의 솔직한 자신의 기분을 생각해 본다.
(3) 솔직하게 말했을 때의 듣는 사람의 기분을 생각해 본다.
(4) '나'로 시작하며 정리한 생각을 말한다.

나는 _____

_____

[11~12] 다음 그림을 보고 물음에 답하시오.

11 그림 ❶의 기분을 나타내는 말은 어느 것입니까? (   )

① 놀라다

② 무섭다

③ 기쁘다

④ 외롭다

⑤ 안타깝다

12 그림 ❷의 기분이 드는 일은 무엇이겠습니까? (   )

① 친구와 축구를 한 일

② 맛있는 음식을 먹은 일

③ 재미있는 책을 읽은 일

④ 선생님께 칭찬을 들은 일

⑤ 전학 때문에 친구와 헤어진 일

13 다음 중, 기분을 나타내는 말이 <u>아닌</u> 것은 어느 것입니까? (   )

① 즐겁다

② 반갑다

③ 힘들다

④ 마시다

⑤ 심심하다

[14~15] 다음 그림을 보고 물음에 답하시오.

14 주영이가 자신의 기분을 말하는 방법으로 알맞지 <u>않은</u> 것은 무엇입니까? (   )

① 무슨 일이 있었는지 생각해 본다.

② '너'로 시작하며 자신의 기분만 말한다.

③ '나'로 시작하며 정리한 생각을 말한다.

④ 솔직하게 말했을 때의 듣는 사람의 기분을 생각해 본다.

⑤ 일이 있어났을 때의 솔직한 자신의 기분을 생각해 본다.

15 주영이가 민지에게 할 말로 알맞은 것은 무엇입니까? (   )

① 너 때문에 망가졌잖아!

② 나한테 왜 그러는 거니?

③ 나는 너 때문에 너무 힘들어.

④ 나는 너랑 다시는 말도 하기 싫어.

⑤ 나는 내가 만든 성이 무너져서 참 속상해.

단원 평가

16~18 화내지 말고 예쁘게 말해요

도치는 화를 내며 말을 하는 버릇이 있어요.

그래서 도치 별명은 버럭쟁이예요.

그러던 어느 날, 도치 머리 위에 손바닥만 한 구름이 생겼어요.

㉠"저리 가! 귀찮단 말이야!"

도치가 버럭버럭 소리를 질러도 구름은 없어지지 않았어요.

"내가 먼저 탈 거야!"

도치는 친구 치치에게도 화를 냈어요.

치치가 도치보다 먼저 왔는데도 말이에요.

그러자 구름이 그림책만 하게 커졌어요.

번쩍! 우르르 쾅!

구름에서 번개가 떨어지고 천둥이 쳤어요.

"구름 때문에 친구들이랑 놀 수가 없잖아."

도치는 ㉡ 펑펑 울었어요.

16 도치의 별명이 버럭쟁이인 까닭은 무엇입니까? ( )

① 목소리가 무척 커서

② 화가 나도 잘 참아서

③ 고운 말을 쓸 줄 몰라서

④ 웃어른께 인사를 하지 않아서

⑤ 화를 내며 말을 하는 버릇이 있어서

17 ㉠에서 알 수 있는 도치의 기분을 나타내는 말은 무엇입니까? ( )

① 슬프다   ② 무섭다   ③ 귀찮다

④ 재미있다   ⑤ 심심하다

18 ㉡에 들어갈 도치의 기분을 나타내는 말은 무엇입니까? ( )

① 기뻐서   ② 슬퍼서   ③ 좋아서

④ 신나서   ⑤ 미안해서

19~20 화내지 말고 예쁘게 말해요

가 "이런, 나쁜 말 구름이잖아!"

어디선가 작은 양산을 쓴 할머니가 나타나 말했어요.

"나쁜 말 구름을 없애려면 말이다……."

할머니는 도치에게 소곤소곤 이야기해 주었어요.

나 "얘들아, 난 너희들이랑 함께 놀면 좋겠어."

친구들은 깜짝 놀라 도치를 쳐다보았어요.

도치가 이렇게 예쁘게 말을 하다니요.

도치는 친구들과 사이좋게 놀 수 있어서 무척 기뻤어요.

19 도치에게 나쁜 말 구름을 없애는 방법을 가르쳐 준 사람은 누구입니까?

( )

20 글 나에서 도치의 친구들이 깜짝 놀란 까닭은 무엇입니까? ( )

① 도치가 예뻐져서

② 도치가 말을 예쁘게 해서

③ 도치가 화를 더 많이 내서

④ 도치 머리 위의 구름이 사라져서

⑤ 도치 머리 위의 구름이 더 커져서

낱말을
정확하게 읽어요

낱말을 정확하게 읽고, 글에서 글쓴이가 하고 싶은 말 찾기

2

1 받침이 있는 낱말 바르게 읽고 쓰기

2 글을 읽고 글쓴이가 하고 싶은 말 찾기

단원 핵심 어휘

글쓴이

뜻 글을 쓴 사람.
예 이 책의 글쓴이는 생각보다 젊다.

개념① 쌍받침과 겹받침

① 'ㄲ'과 같이 같은 자음자가 두 번 쓰이는 받침을 '쌍받침'이라고 합니다.
② 'ㄺ', 'ㄼ'과 같이 서로 다른 두 개의 자음자로 이루어진 받침을 '겹받침'이라고 합니다.

● 쌍받침과 겹받침이 있는 글자

'낚'의 받침에는 같은 자음자가 두 개 있어.

'밟'의 받침에는 서로 다른 자음자가 있어.

개념② 겹받침이 있는 낱말 바르게 읽기

① 받침에 자음자가 두 개 있어도 한 개만 발음합니다.
② 'ㄺ' 받침이 있는 낱말은 뒤에 오는 글자에 따라 'ㄹ'이나 'ㄱ'으로 발음합니다.

● 겹받침 'ㄺ'이 들어간 낱말 읽기

흙이 어디 있는지 아세요?
흙 속에 들어가서 달고 맛있는 참외가 되는 거예요.

'흙이'는 [흘기]로 발음하고, '흙 속에'는 [흑쏘게]로 발음해요.

개념③ 글쓴이가 하고 싶은 말

① 글을 쓴 사람을 '글쓴이'라고 합니다.
② 글쓴이가 글을 통해 전하고 싶은 생각을 글쓴이의 생각이라고 합니다.
③ 글쓴이의 생각은 글의 제목에 나타나기도 합니다.

● 글쓴이가 하고 싶은 말

> 사용한 물건을 제자리에 두자
>
> 1학년 김서연
>
> 나는 물건을 쓰고 나서 제자리에 둡니다. 그렇게 하면   ……
> 물건을 쓰고 나서 제자리에 둡시다. 그렇게 해야 물건을 쉽고 빠르게 찾을 수 있습니다. ← 글쓴이가 하고 싶은 말

개념④ 글을 읽고 인물의 생각 알기

① 이야기에서 어떤 인물이 나오는지 찾아봅니다.
② 인물의 말과 행동을 살펴보며 인물의 생각을 알아봅니다.

● 「다니엘의 멋진 날」 속 인물이 생각하는 '멋진 날'

산체스 부인	하늘이 맑아서 페인트칠하기 좋은 날
에마 누나	바람이 씽씽 불어서 연 날리기 좋은 날
안전 요원	모두들 안전하게 귀가하는 날
할머니	다니엘이 꼭 안아 주는 날

[1~2] 다음 글을 읽고 물음에 답하세요.

박물관을 관람할 때 주의할 점

• 사진을 찍지 않습니다.
• 뛰어다니거나 큰 소리로 떠들지 않습니다.
• 전시된 물건은 만지지 않습니다.

○○ 박물관

관람 연극, 영화, 운동 경기, 미술품 따위를 구경함.
전시 여러 가지 물품을 한곳에 벌여 놓고 보임.

---

1 이 글은 어디에서 볼 수 있는 글인가요?

( )

2 다음 그림을 보고 은서에게 해 줄 수 있는 말은 무엇인가요? ( )

① 박물관에서는 조용히 해야 해.
② 박물관에서 뛰어다니면 안 돼.
③ 박물관에서 사진을 찍으면 안 돼.
④ 박물관에 있는 물건을 만지면 안 돼.
⑤ 박물관 안에서 음식을 먹으면 안 돼.

[3~4] 다음 이야기를 읽고 물음에 답하세요.

호랑이가 잡은 동아줄은 썩은 동아줄이었어요.
"어흥! 어흥!"
호랑이는 수수밭으로 뚝 떨어졌어요.
호랑이가 흘린 피 때문에 수수가 붉게 물었어요.

동아줄 굵고 튼튼하게 꼬아 만든 줄.
수수 벼와 비슷하게 생긴 곡식으로, 과자나 떡으로 만들어 먹음.

---

3 호랑이가 수수밭으로 뚝 떨어진 까닭은 무엇일까요?

• 호랑이가 잡은 동아줄이 ( ) 동아줄이라 끊어져서

4 빈칸에 들어갈 알맞은 말은 무엇인가요?

( )

'붉게'에는 내가 모르는 받침이 있어.

서로 다른 두 개의 자음자로 이루어진 ☐☐☐이야.

① 낱말   ② 자음
③ 모음   ④ 겹받침
⑤ 쌍받침

5 그림을 보고 알맞은 받침을 써넣으세요.

이를 다 다 .

6 빈칸에 들어갈 글자는 무엇인가요? (   )

냄비가 □ 다.

① 끌   ② 끊   ③ 끈
④ 끓   ⑤ 꿇

7 빈칸에 모두 들어갈 겹받침은 어느 것인가요?
(   )

부 다   이 다

① ㄲ   ② ㅆ   ③ ㄺ
④ ㄹㅐ   ⑤ ㅉ

8 (   ) 안에 바른 낱말에 ○표 하세요.

⑴ 시간이 (업습니다 / 없습니다).

⑵ 날이 (밝았습니다 / 발갔습니다).

⑶ 가구가 (날갔습니다 / 낡았습니다).

[9~10] 다음 그림을 보고 물음에 답하세요.

누렁이는 못 하는 게 □구나!

9 □에 들어갈 글자는 무엇인가요? (   )

① 업   ② 엇
③ 없   ④ 엎
⑤ 었

10 빈칸에 들어갈 글자를 순서대로 나타낸 것은 무엇인가요? (   )

| • 하늘이 □ 다.   • 엄마 옷이 □ 다. |

① 막-국   ② 막-굵
③ 맑-국   ④ 맑-붉
⑤ 맑-붑

11 다음 빈칸에 들어갈 받침은 어느 것인가요?
( )

들판이 너☐다.

① ㄹ ② ㅂ
③ ㄺ ④ ㅄ
⑤ ㅍ

12 빈칸에 알맞은 겹받침을 써넣으세요.

불빛이 바☐다.

13 빈칸에 들어갈 글자는 무엇인가요? ( )

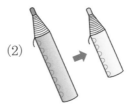

감기를 ☐았습니다.

① 알 ② 앓 ③ 낳
④ 앓 ⑤ 않

14 그림에 어울리는 낱말을 [보기]에서 골라 쓰세요.

보기
잃어버리다 굵다 긁다

(1)

열쇠를

_____.

(2)

등을

_____.

15 다음 문장에서 잘못 쓴 글자를 바르게 고쳐 쓰세요.

(1)

닥이 알을 품고 있다.

➡ _____

(2)

색연필이 많이 달았다.

➡ _____

(3)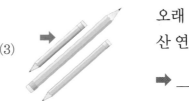

오래 쓴 연필이 새로 산 연필보다 짧다.

➡ _____

16 다음 그림이 나타내는 것은 무엇인가요?

( )

① 흑
② 흘
③ 흙
④ 휴
⑤ 흑

17 빈칸에 모두 들어갈 받침을 찾아 선으로 이으세요.

(1) 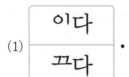 이다 / 끄다 •

(2)  바다 / 짜다 •

(3) 이다 / 바다 •

• ① ㄲ

• ② ㄶ

• ③ ㄺ

• ④ ㄿ

18 ( ) 안의 알맞은 말에 ○표 하세요.

크고 둥근 보름달이
참 (발 / 밝)습니다.

19 그림에 알맞은 낱말을 보기에서 골라 쓰세요.

보기

값   낡다   얇다

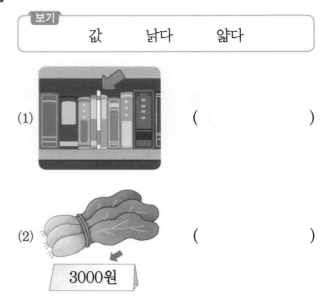

(1) ( )

(2) ( )

3000원

20 그림을 보고 바르게 쓴 것을 찾아 ○표 하세요.

(1)

① 햇빛이 실타.
( )
② 햇빛이 싫다.
( )

(2)

3000원   5000원

① 빵값이 비싸다.
( )
② 빵갑이 비싸다.
( )

(3)

① 땅을 밟다.
( )
② 땅을 발다.
( )

대단한 참외씨

· 글쓴이: 임수정
· 생각할 점: 겹받침과 쌍받침이 있는 낱말에 주의하며 이야기를 읽습니다.

"휴, 간신히 살았네. 하마터면 잡아먹힐 뻔했어."

참외씨 한 개가 탈출을 했네요!

철이가 쓰윽 입을 닦아요.

"아이쿠! 세상은 무시무시한 곳이구나."

참외씨는 재빨리 팔꿈치로 도망갔어요.

"두 번째 탈출 성공!"

참외씨는 달리기 시작했어요.

"어딜 그리 바삐 가는 거야?"

"탈출하는 중이에요. 그런데 할아버지는 누구세요?"

"바람 따라 여기저기 떠돌아다니는 먼지란다."

"그럼, 혹시 ㉠흙이 어디 있는지 아세요? 제 꿈은 ㉡흙 속에 들어가서 달고 맛있는 참외가 되는 거예요."

"음, 참외가 되는 건 쉽지 않아. 세상은 아주 넓고 위험하거든."

"그래도 전 꼭 참외가 될 거예요!"

"네 꿈이 그렇다면 알려 주지. 흙은 말이야…….."

참외씨의 꿈: 흙 속에 들어가 참외로 자라는 것

그런데 그때 세상이 흔들리기 시작했어요.

"으악! 어딜 가는 거야?"

참외씨는 휘리릭 날아가다가…….

고양이 꼬리에 툭!

앞 발등에 퉁!

나비 날개에 매달려 흔들흔들

"참외씨 살려!"

툭!

"휴, 이제 살았네." ➡ 참외씨가 흙에 도착함.

탈출 붙잡혀 있는 곳에서 빠져나옴.
팔꿈치 팔의 위아래 마디가 붙은 관절의 바깥쪽.

떠돌아다니는 정해 둔 곳 없이 이곳저곳을 옮겨 다니는.
흔들흔들 자꾸 이리저리 왔다 갔다 하는 모양.

📖 낱말 알기

21 다음과 같은 뜻을 나타내는 낱말은 무엇인지 보기 에서 찾아 ○표 하세요.

> 겨우, 매우 힘들게.

> 보기
> 간신히   하마터면   팔꿈치

🧢 교과서 문제

22 참외씨가 흙을 찾아다니는 까닭은 무엇인지 ○표 하세요.

(1) 자신의 형과 동생을 찾기 위해서 (   )

(2) 달고 맛있는 참외가 되기 위해서 (   )

(3) 자신이 태어난 곳을 보기 위해서 (   )

🧢 교과서 문제

23 먼지 할아버지는 세상을 어떤 곳이라고 했나요? (   )

① 행복한 곳   ② 쓸쓸한 곳

③ 재미있는 곳   ④ 아름다운 곳

⑤ 아주 넓고 위험한 곳

24 ㉠과 ㉡을 알맞게 소리 내어 읽은 친구는 누구인가요?

> 지유: ㉠은 [흐기], ㉡은 [흑소게]로 읽어요.
> 영채: ㉠은 [흘기], ㉡은 [흘쏘게]로 읽어요.
> 태민: ㉠은 [흘기], ㉡은 [흑쏘게]로 읽어요.

(   )

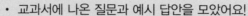
- 교과서에 나온 질문과 예시 답안을 모았어요!
- 수업 시간 선생님의 질문에 자신 있게 발표해 보아요!

국어 교과서 **가** 59~61쪽

2
단원

진도 완료
체크

😊 「대단한 참외씨」를 읽고 물음에 답해 봅시다.

(1) 참외씨가 흙을 찾아다니는 까닭은 무엇인가요?

　㉠ 달고 맛있는 참외가 되기 위해서입니다.

　㉠ 참외가 되겠다는 자신의 꿈을 이루기 위해서입니다.

(2) 먼지 할아버지는 세상을 어떤 곳이라고 했나요?

　㉠ 아주 넓고 위험하다고 했습니다.

(3) 참외씨가 마지막으로 도착한 곳은 어디인가요?

　㉠ 흙 속입니다.

　㉠ 흙이 있는 곳입니다.

😊 **자신이 만약 참외씨라면 어디로 가고 싶은지 친구들과 이야기해 봅시다.**

자신이 만약 참외씨라면 어디로 가고 싶은지 이야기해 볼까요?

㉠ 제가 만약 참외씨라면 먼지 할아버지와 이곳저곳을 여행하고 싶습니다.

서연이가 학교 신문에 쓴 글

사용한 물건을 제자리에 두자

1학년 김서연

나는 물건을 쓰고 나서 제자리에 둡니다. 그렇게 하면 다음에 그 물건을 쓰려고 할 때 빨리 찾을 수 있습니다. 하지만 내 동생은 풀이나 가위와 같은 물건을 쓰고 나서 아무 데나 둡니다. 그래서 다음에 쓰려면 한참을 찾아야 합니다.

<u>물건을 제자리에 두면</u>

물건을 쓰고 나서 제자리에 둡시다. 그렇게 해야 물건을 쉽고 빠르게 찾을 수 있습니다.

<u>글쓴이의 생각대로 하면 좋은 점</u>

글의 제목을 살펴보고 글쓴이가 하고 싶은 말은 무엇일지 생각해 봅니다.

제자리 본래 있던 자리.

한참 시간이 꽤 많이 지나는 동안.
㉠ 친구가 늦게 와서 한참이나 기다렸습니다.

---

25 이 글을 쓴 사람은 누구인가요?

(   )

🎓 교과서 문제

26 이 글의 제목은 무엇인가요? (   )

① 사용한 물건을 제자리에 두자
② 나는 물건을 쓰고 제자리에 둔다
③ 내 동생은 물건을 아무 데나 둔다
④ 다음에 쓰려면 한참을 찾아야 한다
⑤ 다음에 찾을 때 물건을 빨리 찾을 수 있다

27 글쓴이의 동생은 어떤 습관을 가지고 있는지 기호를 쓰세요.

> ㉠ 엄마를 도와 청소를 잘한다.
> ㉡ 물건을 쓰고 나서 제자리에 둔다.
> ㉢ 물건을 쓰고 나서 아무 데나 둔다.

(   )

✏️ 서술형·논술형 문제

28 글쓴이가 하고 싶은 말을 한 문장으로 쓰세요.

_____

_____

복도에서 걸어 다니자

김은성

㉠요즘 복도에서 뛰어다니는 친구들이 있습니다. 어제는 옆 반 친구가 복도에서 뛰다가 다른 반 친구랑 부딪쳐서 보건실에 가는 것을 보았습니다. ㉡무척 아파 보였습니다.

복도에서 뛰면 다칠 수도 있고 다른 사람들을 놀라게 할 수도 있습니다. 복도에서 서로 부딪치게 되면 다칠 수도 있습니다. ㉢<u>복도에서는 뛰지 말고 오른쪽으로 천천히 걸어 다녀야 합니다. 그래야 다치지 않고 안전하게 생활할 수 있습니다.</u>
<u>글쓴이의 생각대로 하면 좋은 점</u>

글쓴이가 본 일은 무엇인지, 무엇이 문제라고 생각하는지 떠올려 봅니다.

복도 건물 안에 만든 통로.

보건실 학교에서 아프거나 다치면 간단한 처치를 할 수 있는 곳.

안전하게 위험이 생기거나 사고가 날 염려가 없이.

---

29 글쓴이는 어제 무엇을 보았나요?

• (   )에서 뛰다가 다른 친구와 부딪친 친구

🎓 교과서 문제

30 글쓴이는 복도에서 뛰면 어떤 일이 일어날 수 있다고 하였는지 두 가지 고르세요.

(,   )

① 다칠 수 있다.
② 선생님께 혼날 수 있다.
③ 달리기가 빨라질 수 있다.
④ 다른 사람을 놀라게 할 수 있다.
⑤ 다른 교실로 더 빨리 갈 수 있다.

31 ㉠~㉢ 중, 글쓴이가 하고 싶은 말을 가장 잘 나타내는 문장은 어느 것인가요?

(   )

32 글쓴이가 하고 싶은 말을 찾는 방법에 대하여 잘못 설명한 친구는 누구인가요?

윤호: 글의 제목을 살펴봐야 해.
지인: 글의 첫 번째 문장만 살펴보면 돼.
예서: 글쓴이가 글을 쓴 까닭을 생각해야 해.

(   )

다니엘의 멋진 날

- 글쓴이: 미카 아처(옮김: 이상희)
- 등장인물: 다니엘, 산체스 부인, 에마 누나, 할머니 등

다니엘은 여러 이웃들과 잘 알고 지내요.

다니엘이 할머니 집에 갈 때면 이웃들이 인사하지요. "멋진 날 보내렴!"

"잠깐만요." 하고 다니엘이 산체스 부인에게 물어요.

"어떤 날이 멋진 날이에요?" → 다니엘이 이웃들에게 물어본 것

산체스 부인이 대답해요.

"하늘이 이렇게 맑아서 페인트칠하기 좋은 날이란다."

"어떤 날이 멋진 날이야?"

다니엘은 연을 들고 공원으로 가는 에마 누나에게 물어요.

"바람이 씽씽 불어서 연 날리기 좋은 날!" / 에마가 대답해요.

건널목 안전 요원이 대답해요.

어떤 일을 하는 데 꼭 필요한 사람.

"나의 멋진 날은 모두들 안전하게 ㉠귀가하는 날."

다니엘이 할머니 집에 도착하자 할머니가 대답해요.

"나의 멋진 날은 우리 다니엘이 할머니를 꼭 안아 주는 날이란다!"

다니엘이 집에 도착하자 엄마가 물어요.

"오늘 하루 어땠니, 다니엘?"

"아주 멋진 날이었어요!"

인물의 말이나 행동을 살펴보고 인물의 생각을 알아봅니다.

연 종이에 대나무 가지를 가로세로로 붙여 실을 맨 다음 공중에 높이 날리는 장난감.
건널목 길을 건널 수 있게 정해진 곳.

▲ 연

🎓 교과서 문제

33 이웃들이 다니엘에게 어떻게 인사하나요?

- (   ) 보내렴!" 하고 인사합니다.

📖 낱말 알기

34 ㉠의 뜻으로 알맞은 것은 무엇인가요?

(   )

① 학교에 감.　　② 놀러 나감.
③ 집에서 나옴.　④ 집으로 돌아감.
⑤ 친구네 집으로 감.

🎓 교과서 문제

35 멋진 날에 대한 등장인물들의 생각을 찾아 선으로 이으세요.

(1) 산체스 부인	•	•	① 다니엘이 꼭 안아 주는 날
(2) 에마 누나	•	•	② 모두 안전하게 귀가하는 날
(3) 안전 요원	•	•	③ 바람이 불어서 연 날리기 좋은 날
(4) 할머니	•	•	④ 맑아서 페인트칠하기 좋은 날

정리하기

36 바르게 쓴 낱말을 골라 ○표 하며 길을 찾아가 보세요.

[37~38] 다음 글을 읽고 물음에 답하세요.

> 준호야, 안녕?
> 지난번에 내가 넘어졌을 때 기억나?
> 그때 나는 넘어져서 발도 아프고 친구들도 쳐다봐서 많이 부끄러웠어. 그런데 네가 다가와서 괜찮냐고 물어보고 일으켜 주었어. 그때 고맙다는 말을 제대로 하지 못했어. 준호야, 정말 고마워. 다음에 네가 힘든 일이 있을 때 내가 꼭 도와줄게.
>
> 민혁이가

37 이 글의 글쓴이는 누구인가요? ( )

① 준호　　② 민혁
③ 아빠　　④ 엄마
⑤ 선생님

38 글쓴이가 편지를 받는 사람에게 하고 싶은 말은 무엇인가요? ( )

① 내가 넘어졌을 때 많이 부끄러웠다.
② 내가 넘어졌을 때 도와줘서 고맙다.
③ 친구가 자주 넘어지는 게 걱정스럽다.
④ 넘어졌을 때 도와주지 못해서 미안하다.
⑤ 나는 도와주지 않아도 일어날 수 있었다.

기초 다지기

39 다음 낱말을 알맞게 소리 내어 읽은 것에 ○표 하세요.

(1) 까마귀	① [까마기]	
	② [까마귀]	
(2) 다람쥐	① [다람직]	
	② [다람쥐]	

40 밑줄 그은 낱말을 알맞게 소리 내어 읽은 것의 기호를 쓰세요.

> ㉠ 널뛰기 같이 할래?
> [널띠기]
> ㉡ 가위바위보로 순서를 정하자.
> [가이바이보]
> ㉢ 주사위를 던져서 순서를 정하자.
> [주사위]

( )

1 다음 뜻을 가진 낱말을 보기 에서 찾아 쓰세요.

보기
뚫다　　　탈출　　　닳다

(1) 구멍을 내다. / 막힌 것을 통하게 하다.
（　　　　　）

(2) 붙잡혀 있는 곳이나 어떤 상황에서 벗어남.
（　　　　　）

(3) 오래 쓰여서 어떤 물건이 낡아지거나, 그 물건의 길이, 두께, 크기 따위가 줄어들다.
（　　　　　）

- 만화 영화에서 주인공이 멋지게 탈출하는 장면이 재미있었다.
- 송곳으로 구멍을 **뚫**다가 다치지 않게 조심합니다.
- 오래 쓴 네모 지우개가 많이 **닳**아서 이제는 동그랗습니다.

2 단원

2 다음 뜻에 알맞은 낱말을 찾아 선으로 이으세요.

(1) 겨우, 매우 힘들게. ·

(2) 조금만 잘못 했더라면. ·

(3) 아주 많이 무섭다. ·

· ㉠ 무시무시하다

· ㉡ 하마터면

· ㉢ 간신히

❓ 하마터면
위험한 상황을 겨우 벗어났을 때에 쓰는 말입니다.

3 첫소리에 알맞은 낱말을 써넣어 문장을 완성하세요.

(1) 강아지가 [ㅌ][ㅊ] 해서 마당으로 나갔어요.

(2) 계속 뛰어서 [ㄱ][ㅅ][ㅎ] 버스를 탈 수 있었어요.

(3) [ㅎ][ㅁ][ㅌ][ㅁ] 전화기를 잃어버릴 뻔했네. 고마워.

(4) 전시된 거북선을 보니 생각보다 [ㅁ][ㅅ][ㅁ][ㅅ] 하다.

❓ 빈칸에 들어갈 낱말 짐작하기
- 강아지가 마당으로 나갔어요.
→ 붙잡혀 있는 곳이나 어떤 상황에서 벗어남.
- 계속 뛰었기 때문에 버스를 놓치지 않았어요.
→ 겨우, 매우 힘들게.

4 보기 와 같이 글쓴이가 하고 싶은 말을 한 문장으로 정리하여 쓰세요.

보기

나는 물건을 쓰고 나서 제자리에 둡니다. 그렇게 하면 다음에 그 물건을 쓰려고 할 때 빨리 찾을 수 있습니다. 하지만 내 동생은 풀이나 가위와 같은 물건을 쓰고 나서 아무 데나 둡니다. 그래서 다음에 쓰려면 한참을 찾아야 합니다. / 물건을 쓰고 나서 제자리에 둡시다. 그렇게 해야 물건을 쉽고 빠르게 찾을 수 있습니다.

예 물건을 쓰고 제자리에 두어야 합니다.

· 글쓴이: 글을 쓴 사람.
· 글쓴이가 하고 싶은 말

글쓴이가 글을 통해 전달하고 싶은 생각

(1)

요즘 복도에서 뛰어다니는 친구들이 있습니다. 어제는 옆 반 친구가 복도에서 뛰다가 다른 반 친구를 부딪쳐서 보건실에 가는 것을 보았습니다. 무척 아파 보였습니다.
복도에서 뛰면 다칠 수도 있고 다른 사람들을 놀라게 할 수도 있습니다. 복도에서 서로 부딪치게 되면 다칠 수도 있습니다. 복도에서는 뛰지 말고 오른쪽으로 천천히 걸어 다녀야 합니다.

♀ 글쓴이가 하고 싶은 말을 찾는 방법
① 글의 제목을 살펴본다.
② 글쓴이가 글을 쓴 까닭이 무엇인지 찾는다.
③ 글쓴이가 누구인지 알고 어떤 말을 하고 싶은지 살펴본다.

(2)

준호야, 안녕?
지난번에 내가 넘어졌을 때 기억나?
그때 나는 넘어져서 발도 아프고 친구들도 쳐다봐서 많이 부끄러웠어. 그런데 네가 다가와서 괜찮냐고 물어보고 일으켜 주었어. 그때 고맙다는 말을 제대로 하지 못했어. 준호야, 정말 고마워. 다음에 네가 힘든 일이 있을 때 내가 꼭 도와줄게.

민혁이가

· 글쓴이: 민혁
· 글쓴이가 겪은 일
– 넘어져서 아프고 친구들이 쳐다봐서 부끄러움.
– 준호가 나를 일으켜 줌.
– 준호에게 고맙다는 말도 제대로 못함.

☑ 평가 1 쪽지 평가
간단한 문답을 통해 단원 개념과
제재에 대한 이해도를 평가

☑ 평가 2 단원 평가
다양한 유형의 문제를 통해 단원 학습 성취도와
독해력, 어휘력 등 국어 실력 전반을 평가

☑ 평가 1

쪽지 평가   2 낱말을 정확하게 읽어요

정답 6쪽

1 다음 낱말들에 있는 받침을 무엇이라고 합니까?

| 굵다 | 밟다 | 없다 |

(   )

2 빈칸에 모두 들어갈 글자를 쓰시오.

- 라면을 ☐여 먹었습니다.
- 주전자의 물이 ☐어 넘칩니다.
- 엄마가 맛있는 찌개를 ☐여 주셨습니다.

3 ( ) 안의 알맞은 말에 ○표 하시오.

(1) 가방을 (잃어버렸다 / �어버렸다).
(2) 저는 면이 (굵은 / 굵은) 것이 좋아요.
(3) 이 책들은 모두 (얇습니다 / 얇습니다).

4 「대단한 참외씨」에 나오는 인물이 아닌 것은 누구입니까?

㉠ 철이 　　　㉡ 수박씨
㉢ 참외씨 　　　㉣ 먼지 할아버지

(   )

5 「사용한 물건을 제자리에 두자」에서, 글쓴이의 동생은 어떤 버릇을 갖고 있습니까?

- 글쓴이의 동생은 풀이나 가위와 같은 물건을 쓰고 나서 (   ) 둔다.

6 「다니엘의 멋진 날」에서, 다니엘의 할머니는 어떤 날이 멋진 날이라고 하였습니까?

- 다니엘이 할머니를 꼭 (   ) 주는 날

단원 평가

2. 낱말을 정확하게 읽어요

1 빈칸에 들어갈 글자는 무엇입니까? (　　　)

공을 □습니다.

① 찻　② 찾　③ 찼
④ 탔　⑤ 있

2 그림을 보고 알맞은 받침을 써넣으시오.

하늘이 | 마 | 다 |.

3 밑줄 그은 낱말을 알맞게 고쳐 쓰시오.

가방에 넣어 둔 책이 <u>업다</u>.

(　　　　　　　　)

4 (　) 안의 알맞은 낱말에 ○표 하시오.

(1) 새로 생긴 공원이 (널다 / 넓다).
(2) 내 연필이 새 연필보다 (짭다 / 짧다).

5~6

5 빈칸에 모두 들어갈 받침으로 알맞은 것은 무엇입니까? (　　　)

- 잠자리의 날개가 | 야 | 습니다.
- 아이가 풀밭을 | 바 | 고 있습니다.

① ㄲ　② ㅆ　③ ㄺ
④ ㄼ　⑤ ㅉ

서술형·논술형 문제

6 보기 에서 낱말을 하나 골라 그림의 내용을 짧은 문장으로 쓰시오.

보기
굵다　맑다　얇다

____

대단한 참외씨

ⓐ"휴, 간신히 살았네. 하마터면 잡아먹힐 뻔했어." / 참외씨 한 개가 탈출을 했네요!

철이가 쓰윽 입을 ⓑ닦아요.
"아이쿠! 세상은 무시무시한 곳이구나."
참외씨는 재빨리 팔꿈치로 도망갔어요.
"두 번째 탈출 성공!"
참외씨는 달리기 시작했어요.

"어딜 그리 바삐 가는 거야?"
"탈출하는 중이에요. 그런데 할아버지는 누구세요?"
"바람 따라 여기저기 떠돌아다니는 먼지란다."
"그럼, 혹시 흙이 어디 있는지 아세요? 제 꿈은 ⓒ흙 속에 들어가서 달고 맛있는 참외가 되는 거예요."

7 ⓐ은 누가 한 말입니까?

(1) 철이 ( )
(2) 참외씨 ( )
(3) 먼지 할아버지 ( )

8 ⓑ을 알맞게 읽은 친구는 누구입니까?

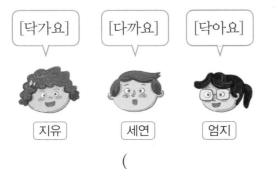

[닥가요] [다까요] [닥아요]

지유   세연   엄지

( )

📖 낱말 알기

9 다음과 같은 뜻을 나타내는 낱말을 찾아 쓰시오.

아주 많이 무서운.

( )

10 참외씨가 만난 할아버지는 무엇이었습니까?

( )

① 흙   ② 먼지   ③ 바람
④ 벌레   ⑤ 고양이

11 참외씨가 할아버지에게 여쭈어본 것은 무엇입니까?

• ☐ 이/가 어디 있는지 여쭈어보았다.

12 참외씨의 꿈은 무엇입니까?

㉮ 살기 좋은 곳을 찾는 것
㉯ 달고 맛있는 참외가 되는 것
㉰ 자신을 낳아 준 부모를 찾는 것

( )

13 ⓒ을 어떻게 소리 내어 읽는지 쓰시오.

[☐]

2 단원

진도 완료 체크

14~17 사용한 물건을 제자리에 두자

㉠나는 물건을 쓰고 나서 제자리에 둡니다. 그렇게 하면 다음에 그 물건을 쓰려고 할 때 빨리 찾을 수 있습니다. ㉡하지만 내 동생은 풀이나 가위와 같은 물건을 쓰고 나서 아무 데나 둡니다. 그래서 다음에 쓰려면 한참을 찾아야 합니다.

㉢물건을 쓰고 나서 제자리에 둡시다. 그렇게 해야 물건을 쉽고 빠르게 찾을 수 있습니다.

14 '나'는 물건을 쓰고 나서 어떻게 합니까?

• ( )에 둔다.

15 '나'는 문제 14에서 답한 것처럼 행동하면 어떤 점이 좋다고 하였는지 ○표 하시오.

⑴ 물건을 오래 쓸 수 있다. ( )

⑵ 엄마한테 칭찬을 들을 수 있다. ( )

⑶ 다음에 물건을 쓰려고 할 때 빨리 찾을 수 있다. ( )

🖥 서술형·논술형 문제

16 '나'의 동생처럼 행동하면 어떤 점이 불편하다고 하였는지 쓰시오.

_____

_____

17 ㉠~㉢ 중, 글쓴이가 하고 싶은 말은 어느 것입니까?

( )

18~20 다니엘의 멋진 날

다니엘이 할머니 집에 갈 때면 이웃들이 인사하지요, "멋진 날 보내렴!"

"잠깐만요." 하고 다니엘이 산체스 부인에게 물어요.

"어떤 날이 멋진 날이에요?"

산체스 부인이 대답해요.

"하늘이 이렇게 맑아서 페인트칠하기 좋은 날이란다."

"어떤 날이 멋진 날이야?"

다니엘은 연을 들고 공원으로 가는 에마 누나에게 물어요.

"바람이 씽씽 불어서 연 날리기 좋은 날!"

에마가 대답해요.

18 다니엘은 어디로 가고 있었습니까? ( )

① 학교 ② 공원 ③ 놀이터

④ 할머니 댁 ⑤ 선생님 댁

19 산체스 부인은 어떤 날이 멋진 날이라고 하였습니까? ( )

① 다니엘이 인사해 주는 날

② 비가 그친 뒤 무지개가 뜬 날

③ 모든 사람이 안전하게 귀가하는 날

④ 가족과 함께 맛있는 음식을 먹은 날

⑤ 하늘이 맑아서 페인트칠하기 좋은 날

20 에마 누나는 어떤 날이 멋진 날이라고 대답하였습니까?

• ⑴ ( )이/가 씽씽 불어서 ⑵ ( ) 날리기 좋은 날

그림일기를 써요

3

경험한 일을 발표하고 그림일기로 표현하기

1 자신의 경험을 바른 자세로 발표하기

2 경험한 일을 그림일기로 나타내기

단원 핵심 어휘

그림일기

뜻 하루에 경험한 일 가운데에서 기억에 남는 일을 골라
글과 그림으로 나타낸 일기.

예 그림일기를 쓰고 나중에 읽어 보면 그날의 기억이
떠올라서 좋습니다.

개념① 바른 자세로 발표하고 듣기

① 바른 자세로 발표하는 방법
- 듣는 사람을 바라보며 말합니다.
- 허리를 펴고 바르게 서서 말합니다.
- 알맞은 크기의 목소리로 또박또박 말합니다.

② 바른 자세로 발표를 듣는 방법
- 말하는 사람을 바라보며 듣습니다.
- 궁금한 점을 생각하며 듣습니다.

◐◑ 바른 자세로 발표하기

➡ 발표를 할 때는 바르게 서서 여러 사람이 들을 수 있는 알맞은 크기의 목소리로 또박또박 말합니다.

개념② 그림일기 쓰는 방법 알기

① 그림일기는 하루에 경험한 일 가운데에서 기억에 남는 일을 골라 글과 그림으로 나타낸 일기입니다.

② 그림일기에 들어가는 내용
- 날짜와 요일, 날씨를 씁니다.
- 경험한 일을 표현하는 그림을 그립니다.
- 그날 경험한 일 가운데에서 기억에 남는 일을 씁니다.
- 경험한 일에 대한 생각이나 느낌을 씁니다.

◐◑ 찬호가 쓴 그림일기

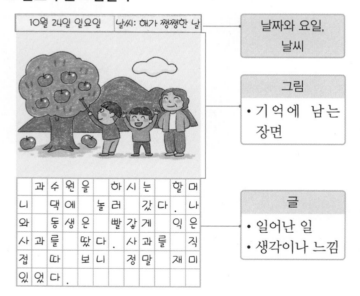

날짜와 요일, 날씨

그림
• 기억에 남는 장면

글
• 일어난 일 • 생각이나 느낌

개념③ 경험한 일을 그림일기로 쓰기

① 날짜, 요일, 날씨를 확인해서 씁니다.
② 경험한 일 가운데에서 중요한 장면을 정해 그림으로 그립니다.
③ 누구와 어디에서 무엇을 했는지 경험한 일을 자세히 씁니다.
④ 경험한 일에 대한 생각이나 느낌을 문장으로 씁니다.

◐◑ 그림일기를 보고 고칠 점 생각하기

	나	는		오	늘		아	침	에		일
어	나		밥	을		먹	고		학	교	에
가	서		공	부	를		했	다	.	그	리
고		집	에		와	서		숙	제	를	
하	고		잤	다	.						

➡ 오늘 한 일을 늘어놓기만 해 놓아서 기억에 남는 일이 무엇인지 알 수 없습니다. 그림일기를 쓸 때는 자신의 생각이나 느낌도 써야 합니다.

1 자신의 경험을 바른 자세로 발표하기

1 선생님께서 무엇에 대해 발표하라고 하셨나요? (   )

① 자신의 꿈
② 자신의 성격
③ 자신의 가족
④ 좋아하는 친구
⑤ 좋아하는 과목

2 진호의 꿈은 무엇인가요? (   )

① 의사
② 탐험가
③ 경찰관
④ 과학자
⑤ 우주비행사

3 진호의 발표하는 목소리는 어땠는지 ○표 하세요.

(1) 작은 목소리로 소곤소곤 말했다. (   )
(2) 우렁찬 목소리로 시끄럽게 말했다.
(   )
(3) 알맞은 크기의 목소리로 또박또박 말했다.
(   )

4 진호의 발표에 대해 알맞게 말한 친구의 이름을 쓰세요.

(   )

🔵 바른 자세로 발표를 듣는 방법
• 바른 자세로 듣습니다.
• 궁금한 점을 생각하며 듣습니다.
• 말하는 사람을 바라보며 듣습니다.

5 듣는 자세가 바른 친구는 누구인가요?
( )

① ❶ ② ❷ ③ ❸
④ ❹ ⑤ ❺

🧢 교과서 문제

6 다음 그림에서 듣는 친구에게 해 줄 수 있는 칭찬은 무엇인가요? ( )

① 숙제를 열심히 하면서 듣고 있구나.
② 궁금한 점을 생각하며 잘 듣고 있구나.
③ 선생님을 바라보며 열심히 듣고 있구나.
④ 들은 내용을 모두 적으며 잘 듣고 있구나.
⑤ 친구와 대화를 하면서 열심히 듣고 있구나.

🧢 교과서 문제

7 듣는 자세가 바르지 못한 친구에게 해 주고 싶은 말로 알맞은 것에 ○표 하세요.

(1) 시끄럽게 떠들면 안 돼. ( )
(2) 딴짓하지 말고 들어야 해. ( )
(3) 발표하는 사람이 아니라 선생님을 바라봐야 해. ( )

8 다른 사람의 발표를 들을 때의 자세로 알맞지 않은 것은 무엇인가요? ( )

① 궁금한 점을 생각하며 듣는다.
② 듣는 사람을 방해하지 않는다.
③ 딴짓을 하지 않고 집중하며 듣는다.
④ 발표하는 친구의 얼굴을 바라보며 듣는다.
⑤ 발표하는 친구의 목소리보다 크게 떠들면서 듣는다.

오늘 아침에 있었던 일 발표하기

📍 발표할 내용 정하기
· 어디에서 있었던 일인지 생각해 봅니다.
· 무슨 일이 있었는지 생각해 봅니다.
· 그래서 어떻게 되었는지 생각해 봅니다.

일곱 시에 일어났다.

된장찌개를 먹었다.

친구를 만났다.

이불을 정리했다.

3
단원

---

9 그림을 보고 친구들이 아침에 겪은 일은 무엇인지 빈칸에 알맞은 말을 쓰세요.

보기
먹었다   일어났다   만났다

(1)
민지는 친구를 (   ).

(2)
진영이는 일곱 시에 (   ).

(3)
주호는 된장찌개를 (   ).

10 그림 ④에서 겪은 일을 알맞게 발표한 사람은 누구인가요? (   )

① 하연: 수업 시간에 칭찬을 받았습니다.
② 나윤: 학교 가는 길에 친구를 만났습니다.
③ 서진: 아침 일찍 줄넘기 연습을 했습니다.
④ 유나: 아침에 늦잠을 자서 지각을 했습니다.
⑤ 규리: 아침에 스스로 이불을 정리했습니다.

11 자신이 잘 발표했는지 확인할 점으로 알맞지 않은 것은 무엇인가요? (   )

① 목소리의 크기는 알맞은가요?
② 듣는 사람을 바라보며 말했나요?
③ 허리를 펴고 바르게 서서 말했나요?
④ 친구들이 발표를 듣고 많이 웃었나요?
⑤ 경험한 일을 자세히 정리해서 말했나요?

3
단원

12 내일은 무슨 날인가요? (　　　)

① 공원에 가는 날

② 시험을 보는 날

③ 집에서 쉬는 날

④ 급식을 먹는 날

⑤ 현장 체험 학습을 가는 날

13 선생님께서 하신 말씀이 <u>아닌</u> 것은 무엇인가요?

(　　　)

① 부모님과 함께 오세요.

② 과자는 통에 담아 오세요.

③ 돗자리와 물을 가지고 오세요.

④ 과자는 봉지째 가지고 오지 마세요.

⑤ 준비물을 안내할 테니 집중해서 잘 들으세요.

14 선생님의 말씀을 바른 자세로 듣고 있는 아이는 누구인가요? (　　　)

15 선생님의 말씀에 따라 바르게 준비한 가방에 ○표 하세요.

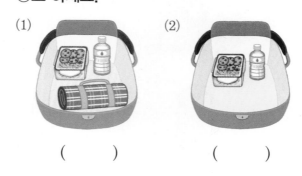

(1)　　　　　　　　　　(2)

(　　　)　　　　　　　　(　　　)

기억에 남는 일 문장으로 말하기

📍 1학년이 되어 우리 반이 함께한 일

가	입학식
나	현장 체험 학습
다	체육 대회
라	농장 견학

1학년이 되어 우리 반에서 함께 했던 일을 시간 순서대로 돌아보고 어떤 느낌이 들었는지 생각해 보아요.

---

16 무엇을 떠올린 그림인가요? (   )

① 우리 가족
② 가족끼리 한 일
③ 나와 가장 친한 친구
④ 우리 반이 함께한 일
⑤ 내가 좋아하는 수업 시간

17 어떤 경험을 나타낸 그림인지 선으로 이으세요.

(1) 그림 **가** •
(2) 그림 **다** •

• ① 3월에 입학식을 했다.
• ② 여름에 체육 대회를 했다.

18 그림을 보고 친구들이 경험한 일은 무엇인지 빈칸에 알맞은 말을 쓰세요.

보기
술래잡기   물고기   노을   공원

(1)

물가에서
(   )을/를
잡았다.

(2)
공원에서 친구들과
(   )을/를
했다.

(3)

산책하다가
(   )을/를
보았다.

◎ 찬호의 그림일기

| 20○○년 10월 24일 일요일 | 날씨: 해가 쨍쨍한 날 |

	과	수	원	을		하	시	는		할	머
니		댁	에		놀	러		갔	다	.	나
와		동	생	은		빨	갛	게		익	은
사	과	를		땄	다	.	사	과	를		직
접		따		보	니		정	말		재	미
있	었	다	.								

- **종류**: 그림일기
- **내용**: 찬호가 할머니 댁에 놀러간 일을 썼습니다.

📍 그림일기에 들어갈 내용과 쓰는 방법

날짜와 요일, 날씨	• 날짜와 요일을 쓴다. • 날씨를 쓴다.
그림	• 경험한 일을 표현하는 그림을 그린다.
글	• 그날 경험한 일 가운데에서 기억에 남는 일을 쓴다. • 경험한 일에 대한 생각이나 느낌을 쓴다.

19 언제 쓴 일기인지 빈칸에 알맞은 말을 쓰세요.

(1) 날짜	( )월 ( )일
(2) 요일	( )요일

20 어떤 일을 쓴 그림일기인가요? (   )

① 동생과 다툼을 한 일
② 할머니 댁에 놀러간 일
③ 할머니와 시장에 간 일
④ 동생의 생일잔치를 한 일
⑤ 사과를 사러 시장에 간 일

🧰 서술형·논술형 문제

21 경험한 일에 대한 찬호의 생각이나 느낌을 쓰세요.

_____

22 그림일기를 쓴 날의 날씨로 알맞은 그림을 찾아 ○표 하세요.

(1)
(2)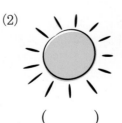

(   )   (   )

- 교과서에 나온 질문과 예시 답안을 모았어요!
- 수업 시간 선생님의 질문에 자신 있게 발표해 보아요!

3 단원

😊 찬호가 쓴 그림일기를 보며 그림일기에 들어갈 내용을 알아봅시다.

날짜와 요일, 날씨	• 날짜와 요일: 20○○년 10월 24일 일요일 • 날씨: <u>　　　　예 해가 쨍쨍한 날　　　　</u>
• 날짜와 요일을 쓴다. • 날씨를 쓴다.	

그림	• 할머니, 동생과 사과를 따는 그림
•　<u>예 경험한 일을 표현하는 그림을 그린다.</u>	

글	•　<u>　예 나와 동생은 빨갛게 익은 사과를 땄다.　</u> • 사과를 직접 따 보니 정말 재미있었다.
• 그날 경험한 일 가운데에서 기억에 남는 일을 쓴다. • 경험한 일에 대한 생각이나 느낌을 쓴다.	

그림일기를 쓸 때 주의할 점에는 무엇이 있을까요?

예 경험한 일이 드러나게 내용을 자세히 쓰고 생각이나 느낌도 빠뜨리지 않아요.

2000년 10월 22일 화요일	날씨:

	나	는		오	늘		아	침	에		일
어	나		밥	을		먹	고		학	교	에
가	서		공	부	를		했	다	.		그	리
고		집	에		와	서		숙	제	를
하	고		잤	다	.						

📍 이 그림일기에서 고쳐야 할 점

날짜와 요일, 날씨	• 날씨가 없음.
그림	• 기억에 남는 장면을 그리지 않음.
글	• 늘 하는 일을 일기로 써서 특별한 생각이나 느낌이 없음. • 오늘 한 일을 늘어놓기만 해서 기억에 남는 일이 무엇인지 알 수 없음.

📍 그림일기를 쓸 때 주의할 점

• 날짜와 요일, 날씨를 쓴다.
• 경험한 일이 그림에 잘 드러나게 표현한다.
• 경험한 일이 드러나게 내용을 자세히 쓴다.
• 경험한 일에 대한 생각이나 느낌을 쓴다.

23 그림일기에 들어갈 내용 중 이 그림일기에서 빠진 것은 무엇인가요? (   )

① 날짜   ② 요일   ③ 날씨
④ 이름   ⑤ 그림

24 이 그림일기에 대해 바르게 말한 친구는 누구인가요? (   )

① 민용: 오늘 한 일을 쓰지 않았어.
② 진선: 경험한 일에 대한 자신의 생각을 잘 썼어.
③ 민주: 경험한 일에 대한 느낌을 자세하게 나타냈어.
④ 라희: 있었던 일을 모두 쓰지 않고 기억에 남는 일만 썼어.
⑤ 정윤: 오늘 한 일을 늘어놓기만 해 놓아서 기억에 남는 일이 무엇인지 알 수 없어.

25 그림일기를 쓸 때 주의할 점입니다. 빈칸에 들어갈 알맞은 말을 보기 에서 찾아 쓰세요.

보기
날씨   경험한 일   내용   이름

날짜와 요일, 날씨를 쓴다.	(1) [ ] 이/가 그림에 잘 드러나게 표현한다.
경험한 일이 드러나게 (2) [ ] 을/를 자세히 쓴다.	경험한 일에 대한 생각이나 느낌을 쓴다.

 그림일기에는 기억에 남는 일을 쓰는 것이 좋아요.

경험한 일을 그림일기로 쓰기

아침
- 늦잠 잔 일
- ㉠아침에 동생과 다툰 일

낮
- 선생님께 칭찬받은 일
- ㉡운동장에서 공놀이를 한 일

경험한 일

저녁
- 동생과 동화책을 읽은 일
- ㉢저녁에 잠을 잔 일

경험한 일을 그림일기로 쓰기

하루 동안에 경험한 일 떠올리기
↓
기억에 남는 일 고르기
↓
어떤 장면을 그릴지 정하기
↓
쓸 내용 정하기
↓
그림일기 쓰기
↓
쓴 것을 다시 읽고 다듬기

3단원

진도 완료 체크

---

26 ㉠~㉢ 중 기억에 남는 일로 보기 어려운 것은 무엇인가요?

( )

27 그림일기를 쓸 때 생각할 점으로 알맞은 것에 ○표 하세요.

(1) 나에게 일어나길 바라는 일을 생각하면서 쓸 내용을 정해야 해. ( )

(2) 어느 곳에서 누구와 어떤 일이 있었는지 떠올려서 어떤 장면으로 그릴지 생각해야 해. ( )

28 하루 동안에 있었던 일 중에서 기억에 남는 일을 알맞게 말한 친구의 이름을 쓰세요.

> 영주: 나는 작년에 초등학교에 입학했어.
> 시율: 오늘 낮에 가족들과 놀이공원에 다녀왔어.

( )

29 그림일기를 잘 썼는지 생각할 점으로 알맞지 않은 것은 무엇인가요? ( )

① 날짜와 요일, 날씨를 썼는지 살펴본다.
② 경험한 일이 드러나게 썼는지 살펴본다.
③ 생각이나 느낌이 잘 드러났는지 살펴본다.
④ 경험한 일이 그림에 잘 드러났는지 살펴본다.
⑤ 있었던 일을 그림으로 모두 표현했는지 살펴본다.

가

| 20○○년 9월 15일 ○요일 | 날씨: 흐리다가 비가 옴. |

	어	머	니	께	서		곰		인	형
을		사		주	셨	다	.	곰		인
형	과		함	께		자	라	고		사
주	신		것	이	다	.	오	늘	부	터
곰		인	형	과		같	이		자	야
겠	다	.								

나

| 9월 4일 |

	나	는		오	늘		아	침	에
일	어	나	서		세	수	를		하	고
옷	을		입	고		학	교	에		갔
다	.	학	교	에	서		점	심	을
먹	고		친	구	랑		놀	았	다	.
저	녁	에		밥	을		먹	고		잤
다	.									

30 날짜와 요일, 날씨를 모두 쓴 일기는 어느 것인지 ○표 하세요.

(가 / 나)

31 그림을 내용에 알맞게 그린 일기는 어느 것인지 ○표 하세요.

(가 / 나)

32 있었던 일이 잘 드러나게 쓴 일기는 어느 것인지 ○표 하세요.

(가 / 나)

33 그림일기의 '글'에 들어갈 내용을 알맞게 말한 친구의 이름을 쓰세요.

윤지: 오늘 그림일기를 쓸 때 내가 가장 좋아하는 만화 주인공을 그려야겠어.
정윤: 오늘은 동생과 엄마를 도와드린 일이 가장 기억에 남아. 이 일을 써야겠어.
한결: 오늘 날씨는 비가 왔지만 나는 어제의 날씨가 더 좋았으니 어제의 날씨를 써야겠어.

( )

34 그림일기를 잘 쓰는 방법으로 알맞지 <u>않은</u> 것은 무엇인가요? ( )

① 가장 중요한 내용을 그린다.
② 가장 기억에 남는 내용을 쓴다.
③ 그날의 연, 월, 일과 요일을 확인해 쓴다.
④ 부모님이 보면 좋아하실 것 같은 말만 쓴다.
⑤ 날씨는 '맑음', '비'처럼 간단히 쓰거나 '눈이 와서 신나는 날'처럼 자세하게 쓸 수도 있다.

정리하기

35 바른 자세로 발표하는 방법으로 알맞은 것을 모두 고르세요.

> ㉠ 또박또박 말한다.
> ㉡ 교실 천장을 바라본다.
> ㉢ 듣는 사람을 바라본다.
> ㉣ 아주 작은 목소리로 말한다.

(　　　　　,　　　　　)

36 바르게 듣는 자세로 알맞은 것에 모두 ○표 하세요.

(1) 귀 기울여 듣는다.　　　　　(　　)

(2) 말하는 사람을 바라본다.　　　(　　)

(3) 옆에 있는 친구와 마주본다.　　(　　)

37 그림일기에 들어갈 내용을 찾아 색칠하고 토끼와 거북 중에서 어떤 동물이 숨어 있는지 ○표 하세요.

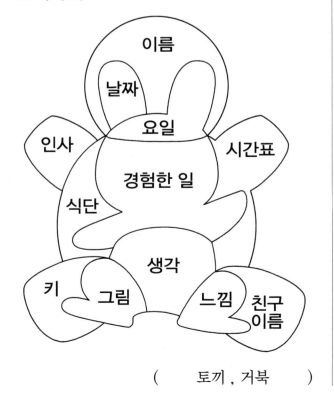

이름
날짜
요일
인사
시간표
경험한 일
식단
생각
키
그림
느낌
친구 이름

(　　토끼 , 거북　　)

기초 다지기

38 보기에서 알맞은 낱말을 골라 그림에 어울리는 문장을 완성해 보세요.

> 보기
> 책을　꿈을　선물을　거울을　그림을

(1)

영수는
(　　　　　　)
꿉니다.

(2)

재현이가
(　　　　　　)
읽습니다.

(3)

현지가
(　　　　　　)
닦습니다.

(4)

영수가 은혜에게
(　　　　　　)
줍니다.

(5)

현수는
(　　　　　　)
그립니다.

1 다음 뜻을 가진 낱말을 보기에서 찾아 쓰세요.

보기

발표　　　일기　　　자세

(1) 몸을 움직이거나 가누는 태도.

(　　　　　　　)

(2) 어떤 사실이나 결과를 세상에 널리 알림.

(　　　　　　　)

(3) 날마다 그날그날 겪은 일이나 생각을 적은 글.

(　　　　　　　)

2 다음 뜻에 알맞은 낱말을 찾아 선으로 이으세요.

(1) 자신이 실제로 해 보거나 겪어 봄. ·

· ㉠ 경험

(2) 몸이나 마음에서 일어나는 기분이나 감정. ·

· ㉡ 느낌

3 첫소리에 알맞은 낱말을 써넣어 문장을 완성하세요.

(1) 허리를 똑바로 펴고 바른 [ㅈ][ㅅ]로 앉았다.

(2) 방학 동안에 여행을 하면서 많은 [ㄱ][ㅎ]을 했다.

(3) 나는 매일 밤 [ㅇ][ㄱ]를 적으며 하루를 돌아본다.

(4) 선생님께서 나의 꿈에 대한 [ㅂ][ㅍ]를 준비하라고 하셨다.

- 나는 꾸준히 **일기**를 쓰며 하루 경험을 정리하고 있다.
- 수업 시간에는 바른 **자세**로 선생님 말씀을 들어야 한다.
- **발표**할 때는 바르게 서서 말끝을 흐리지 않고 끝까지 분명하게 말해야 한다.

📍 '경험'과 '느낌'

실제로 겪거나 해 보는 것은 경험이고, 그 경험을 통해 몸이나 마음에서 일어나는 기분은 느낌입니다.

정답 9쪽

4 보기 와 같이 문장을 읽고 '누가', '무엇을', '어찌하였는지' 정리해 보세요.

보기

> 동생이 장난감을 망가뜨렸다.

① 누가 : 동생이

② 무엇을 : 장난감을

③ 어찌하였나요? : 망가뜨렸다

📍 누가

뒤에 '은/는/이/가'가 붙어 문장의 주인 역할을 하는 말입니다.

> 철수는 학생이다.
> 영수는 내 짝꿍이다.

(1)

> 수연이가 자전거를 탑니다.

① 누가 : (   )

② 무엇을 : (   )

③ 어찌하였나요? : (   )

📍 무엇을

뒤에 '을/를'이 붙어 '무엇을'을 나타내어 주는 말입니다.

> 축구를   병을
> 공을   마음을
> 딸기를   사과를

(2)

> 나와 동생은 사과를 먹었습니다.

① 누가 : (   )

② 무엇을 : (   )

③ 어찌하였나요? : (   )

📍 어찌하다

누가 무엇을 어찌하는지, 움직임이나 동작을 풀어 주는 말입니다.

> 철수는 축구를 한다.
> 수희가 공을 찬다.
> 동생이 잠을 잔다.

(3)

> 여자아이는 인형을 안았습니다.

① 누가 : (   )

② 무엇을 : (   )

③ 어찌하였나요? : (   )

수행 평가

☑평가1 **쪽지 평가**
간단한 문답을 통해 단원 개념과
제재에 대한 이해도를 평가

☑평가2 **단원 평가**
다양한 유형의 문제를 통해 단원 학습 성취도와
독해력, 어휘력 등 국어 실력 전반을 평가

☑평가1

정답 **9**쪽

3 단원

쪽지 평가　　　　　3 그림일기를 써요

1 하루에 경험한 일 가운데에서 기억에 남는 일을 골라 글과 그림으로 나타낸 일기를 무엇이라고 합니까?

(　　　　　　　)

2 보기 에서 알맞은 말을 골라 바르게 발표하는 자세를 쓰시오.

　보기
　목소리　　또박또박　　듣는 사람

(1) 바르게 서서 [　　　　　　] 말한다.

(2) [　　　　　　] 을 바라보며 말한다.

3 친구가 발표할 때 듣는 자세로 알맞은 것의 번호를 쓰시오.

① 내가 할 일을 하면서 듣는다.
② 발표하는 친구의 얼굴을 보면서 바른 자세로 듣는다.

(　　　　　　　)

4 친구들 앞에서 자신의 꿈에 대해 발표하는 내용을 쓰시오.

• 제 꿈은 (　　　　　　　)입니다.

5 어떤 내용을 그림일기로 쓰면 좋을지 두 가지 골라 ○표 하시오.

(1) 기억에 남는 일.　　　　　　(　　　)
(2) 읽는 사람에게 하고 싶은 말.　(　　　)
(3) 있었던 일에 대한 생각이나 느낌.　(　　　)

6 그림일기를 쓸 때 주의할 점을 생각하며 빈칸에 알맞은 말을 쓰시오.

• 경험한 일이 (　　　　　　　)에 잘 드러나게 그린다.

1 자신의 꿈을 알맞게 발표한 친구의 이름을 쓰시오.

> 민호: 저는 겨울을 가장 좋아합니다.
> 수영: 저는 커서 소방관이 되고 싶습니다.

(   )

2 지우가 고쳐야 할 점을 바르게 말한 것은 무엇입니까? (   )

① 조금 더 작은 목소리로 발표해야 한다.
② 책상을 바라보며 천천히 발표해야 한다.
③ 다른 친구가 발표할 때 잘 들어야 한다.
④ 말끝을 흐리지 않고 분명하게 말해야 한다.
⑤ 친구가 알아듣기 쉬운 낱말을 사용해야 한다.

3 다른 사람의 발표를 들을 때의 바른 자세는 무엇입니까? (   )

① 친구와 대화하며 듣는다.
② 다른 일도 하면서 듣는다.
③ 말하는 사람을 바라보며 듣는다.
④ 친구의 말이 끝날 때마다 크게 웃는다.
⑤ 발표를 듣다가 궁금한 점을 바로 질문한다.

4 다음 그림을 보고 빈칸에 알맞은 말을 써넣으시오.

언제	• 오늘 아침에
어디서	(1) ( )에서
무엇을	(2) 가족들과 ( ) 먹었다.

5 우리 반이 함께한 일을 발표한 친구의 이름을 쓰시오.

어제 부모님께서 국어 시험에서 백 점을 맞은 일을 칭찬해 주신 일이 떠오릅니다. 용돈도 주셔서 정말 행복했습니다.

수학 시간에 덧셈 놀이를 한 일이 떠오릅니다. 친구들과 숫자 카드를 가지고 덧셈식을 빠르게 만드는 놀이가 정말 재밌었습니다.

미연   성훈

(   )

6~8 그림일기

| 10월 24일 일요일 | 날씨: 해가 쨍쨍한 날 |

	과	수	원	을		하	시	는		할	머
니		댁	에		놀	러		갔	다	.	나
와		동	생	은		빨	갛	게		익	은
사	과	를		땄	다	.	사	과	를		직
접		따	보	니		정	말		재	미	
있	었	다	.								

6 그림일기를 쓴 날짜와 요일은 언제입니까?

- ( )월 ( )일
  ( )요일

7 어떤 모습을 그림으로 그렸습니까? ( )

① 나무 아래에서 사과를 먹는 모습
② 동생이 나무 아래에서 자는 모습
③ 할머니가 사과를 깎아 주시는 모습
④ 동생과 나무에서 사과를 따는 모습
⑤ 동생과 나무 그늘에서 뛰어노는 모습

8 있었던 일에 대한 생각이나 느낌을 쓴 부분을 찾아 쓰시오.

- 정말 ( )

9~10 그림일기

| 10월 22일 화요일 |

	나	는		오	늘		아	침	에		일
어	나		밥	을		먹	고		학	교	에
가	서		공	부	를		했	다	.	그	리
고		집	에		와	서		숙	제	를	
하	고		잤	다	.						

9 이 그림일기에서 빠진 것은 무엇입니까?
( )

① 날짜
② 요일
③ 날씨
④ 그림
⑤ 경험한 일

10 이 그림일기에 대하여 알맞게 말한 것 두 가지에 ○표 하시오.

⑴ 생각이나 느낌을 쓰지 않았다. ( )
⑵ 기억에 남는 한 가지 일을 썼다. ( )
⑶ 자기가 직접 경험하지 않은 일을 썼다.
( )
⑷ 오늘 한 일을 모두 써서 기억에 남는 일이
무엇인지 알 수 없다. ( )

11~12 그림일기

| 2000년 9월 15일 ○요일 | 날씨: 흐리다가 비가 옴. |

	어	머	니	께	서		곰		인	형
을		사		주	셨	다	.	곰		인
형	과		함	께		자	라	고		사
주	신		것	이	다	.	오	늘	부	터
곰		인	형	과		같	이		자	야
겠	다	.								

11 그림일기를 쓴 날의 날씨로 알맞은 것을 찾아 ○표 하시오.

(1) 구름 없이 맑았다. ( )

(2) 바람이 많이 불었다. ( )

(3) 흐리다가 비가 왔다. ( )

12 ㉠~㉢ 중 생각이나 느낌을 쓴 부분의 기호를 쓰시오.

> ㉠ 어머니께서 곰 인형을 사 주셨다.
> ㉡ 곰 인형과 함께 자라고 사 주신 것이다.
> ㉢ 오늘부터 곰 인형과 같이 자야겠다.

( )

13 다음 일기에 그릴 그림으로 가장 어울리는 것은 무엇입니까? ( )

> 오늘은 즐거운 현장 체험 학습 날이다. 어머니께서 맛있는 김밥을 싸 주셨다. 선생님을 따라서 장미 공원으로 걸어갔다. 공원에는 예쁜 장미가 활짝 피어 있었다.

① 선생님께 장미를 선물하는 그림

② 어머니와 함께 김밥을 싸는 그림

③ 친구들과 교실에서 요리하는 그림

④ 공원에서 친구들과 쓰레기를 줍는 그림

⑤ 장미 공원에서 친구들과 장미를 보는 그림

14 그림일기를 쓰면 좋은 점이 <u>아닌</u> 것은 무엇입니까? ( )

① 중요한 일을 기억할 수 있다.

② 어떤 일이 일어났는지 알 수 있다.

③ 다른 사람도 같은 일을 겪을 수 있다.

④ 생각이나 느낌을 오래 간직할 수 있다.

⑤ 일어난 일에 대해 깊이 생각할 수 있다.

15 오늘 있었던 일 중에서 어떤 내용을 그림일기로 쓰면 좋을지 ○표 하시오.

(1) 있었던 일을 모두 쓴다. ( )

(2) 기억에 남는 일을 쓴다. ( )

(3) 일어나면 좋을 것 같은 일을 쓴다. ( )

16 빈칸에 들어갈 생각이나 느낌을 나타내는 말을 골라 ○표 하시오.

> 오늘은 공원에서 친구들과 술래잡기를 하고 놀았다.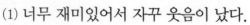

(1) 너무 재미있어서 자꾸 웃음이 났다.
( )

(2) 새로운 사실을 알게 되어서 신기했다.
( )

17 그림일기를 쓸 때 들어가야 할 내용이 <u>아닌</u> 것은 어느 것입니까? ( )

① 날씨
② 경험한 일
③ 날짜와 요일
④ 생각이나 느낌
⑤ 그림일기를 읽을 사람

18 그림일기를 쓸 때 가장 마지막에 하는 일은 어느 것입니까? ( )

① 기억에 남는 일 고르기
② 날짜와 요일, 날씨 쓰기
③ 그림을 그리고 내용 쓰기
④ 쓴 것을 다시 읽고 다듬기
⑤ 하루 동안에 겪은 일 떠올리기

19 그림은 기억에 남는 일을 정리한 내용입니다. 빈칸에 들어갈 내용으로 알맞은 것에 ○표 하시오.

아침
· 늦잠 잔 일
·

낮
· 선생님께 칭찬 받은 일
· 운동장에서 공놀이를 한 일

경험한 일

저녁
· 동생과 동화책을 읽은 일
· 저녁으로 불고기를 먹은 일

(1) 밤에 옥상에서 별을 본 일 ( )
(2) 학교에서 점심을 맛있게 먹은 일 ( )
(3) 학교에 가다 친구를 만나 장난을 친 일
( )

📋 서술형·논술형 문제

20 오늘 하루 동안 나에게 있었던 일 중에서 가장 기억에 남는 일을 보기 와 같이 쓰시오.

> 보기
> 수업 시간에 나의 꿈에 대해 발표를 했다.

_____

_____

감동을
나누어요

4

일이 일어난 차례를 알고 느낀 점 나누기

단원 핵심 어휘

차례

뜻 어떤 일이 일어난 순서.
예 이야기를 읽고 시간의 흐름에 따라 차례를 다시
떠올려 보았다.

개념❶ 누가 무엇을 했는지 생각하며 이야기 듣기

① 인물의 표정이나 몸짓을 살펴봅니다.
② 인물에게 어떤 일이 있었는지 찾아봅니다.
③ 인물의 생각이나 말, 행동을 살펴봅니다.

●「미역도 맛있어」에서 인물의 생각이나 말, 행동

생각	'그럼 나도 한번 먹어 볼까?'
행동	입을 살짝 벌려 미역무침을 먹어 보았다.

개념❷ 이야기를 읽고 일이 일어난 차례 정리하기

① 누가 무엇을 했는지를 중심으로 글의 내용을 파악합니다.
② 인물이 '직접 한 말'과 '인물의 생각'을 구분하며 읽어 봅니다.

큰따옴표	인물이 소리 내어 한 말을 적을 때
작은따옴표	인물이 마음속으로 한 말을 적을 때

③ 시간을 나타내는 말을 찾아보며 일이 일어난 차례를 정리합니다.
→ 예 아침, 점심, 저녁

●따옴표의 종류와 특징

"우리 임금님에게는 신기한 맷돌이 있다네."

"	"

큰따옴표

인물이 소리 내어 한 말을 적을 때 씁니다.

'그 맷돌이 있으면 부자가 될 수 있겠어.'

'	'

작은따옴표

인물이 마음속으로 한 말을 적을 때 씁니다.

개념❸ 만화 영화를 보고 생각이나 느낌 나누기

① 인물이 어떤 말과 행동을 하는지 살펴 봅니다.
② 인물의 말투, 표정, 몸짓을 자세히 살펴 며 봅니다.
③ 만화 영화에서 재미있거나 감동적인 장면을 찾아봅니다.
④ 재미있거나 감동적인 장면에 대해 친구들과 이야기해 봅니다.

●「아기 거북이가 숲으로 왔어요!」를 보고 재미있었던 장면 말하기 예

장면	까투리 가족의 집에서 아기 거북이와 꺼병이들이 재미있게 노는 장면.

 아기 거북이가 미끄럼틀을 타는 모습이 기억에 남았어.

아기 거북이가 까투리 가족의 집으로 찾아오는 장면이 재미있었어.

미역도 맛있어

· 글의 내용: 미역을 싫어하는 주원이가 미역무침 먹기에 도전하는 내용입니다.

❶ 오늘 점심시간에 급식 반찬으로 미역무침이 나왔다. 나는 미역을 가장 싫어한다. 하지만 내 친구 서윤이는 미역무침이 맛있다고 했다.

"너도 한번 먹어 봐. 새콤달콤 맛이 얼마나 좋은데."

서윤이는 미역무침을 맛있게 먹었다. 나는 그 모습을 보고도 먹을 용기가 나지 않아 고개를 절레절레 저었다. 하지만 주위를 둘러보니 친구들이 모두 맛있게 미역무침을 먹고 있었다.

'그럼 나도 한번 먹어 볼까?'

✏️중심 내용 ❶ 맛있게 미역무침을 먹는 친구들을 보며 주원이도 미역무침을 먹어 볼지 고민했습니다.

용기 씩씩하게 겁내지 않는 기운.
절레절레 머리를 왼쪽 오른쪽으로 흔드는 모양.

❷ 나는 눈을 질끈 감고 미역무침을 한번 먹어 보았다. 입을 살짝 벌려 미역무침을 조금 먹어 보았더니 생각보다 맛이 좋았다. 계속 먹다 보니 입안에 새콤함이 가득해졌다. 어느새 미역무침을 모두 다 먹었다.

"주원이는 반찬을 골고루 잘 먹는구나."

선생님께서도 나를 칭찬해 주시며 박수도 쳐 주셨다. 나는 어깨가 으쓱해지고 자꾸만 웃음이 나왔다.
<u>으쓱해지고</u>
자랑스러운 마음이 들고

'다음에도 새로운 음식 먹기에 도전해 봐야지.'

✏️중심 내용 ❷ 미역무침 먹기에 도전한 주원이는 선생님께 칭찬을 들었습니다.

질끈 바짝 힘을 주는 모양.
도전 어렵고 힘든 일에 용감하게 뛰어드는 것.

4
단원

---

1 언제 일어난 일인가요? (   )

① 오늘 아침
② 오늘 점심시간
③ 어제 점심시간
④ 오늘 등교하는 시간
⑤ 급식실을 청소하는 시간

🧢교과서 문제
2 다음을 말한 인물은 누구인가요? (   )

> "너도 한번 먹어 봐. 새콤달콤 맛이 얼마나 좋은데."

① 주원　　　　② 서윤
③ 선생님　　　④ 부모님
⑤ 급식실 아주머니

3 누가 무엇을 했는지 생각하며 일어난 일을 순서대로 써 보세요.

> ㉮ 선생님께서 주원이를 칭찬해 주셨다.
> ㉯ 주원이는 미역무침을 먹기 싫어했다.
> ㉰ 새콤한 맛이 주원이의 입안에 느껴졌다.
> ㉱ 주원이는 용기 내어 미역무침을 먹어 보았다.

㉯ ➡ (   ) ➡ (   ) ➡ (   )

4 주원이와 비슷한 경험을 해 본 친구의 이름을 쓰세요.

> 현아: 나도 어릴 때부터 미역무침을 좋아했어.
> 진우: 나도 좋아하지 않는 음식인 피망을 용기 내어 먹어 본 적이 있어.

(   )

- 교과서에 나온 질문과 예시 답안을 모았어요!
- 수업 시간 선생님의 질문에 자신 있게 발표해 보아요!

국어 교과서 나 115쪽, 117쪽

😊 「미역도 맛있어」를 읽고 물음에 답해 봅시다.

(1) 등장하는 인물은 누구누구인가요?

   예 주원이, 서윤이, 선생님입니다.

(2) 언제 일어난 일인가요?

   예 오늘 점심시간입니다.

(3) 주원이와 비슷한 경험을 해 본 적이 있나요?

   예 브로콜리를 좋아하지 않지만 용기 내어 먹어 본 적이 있습니다.

😊 누가 무엇을 했는지 생각하며 일어난 일을 순서대로 정리해 봅시다.

> 주원이는 미역무침을 먹기 싫어했다.

⬇

> 예 주원이는 용기 내어 미역무침을 먹어 보았다.

⬇

> 예 선생님께서 주원이를 칭찬해 주셨다.

😊 「미역도 맛있어」에서 인물의 생각이나 말, 행동을 정리해 봅시다.

미역무침을 먹고 주원이는 어떤 생각을 했나요?

예 '다음에도 새로운 음식 먹기에 도전해 봐야지.'라고 생각했습니다.

소금을 만드는 맷돌

• 글의 종류: 이야기
• 글의 내용: 임금님의 신기한 맷돌을 훔쳐간 도둑이 벌을 받았습니다.

1 옛날 옛적에 어느 임금님이 신기한 맷돌을 가지고 있었습니다. "나와라, 밥!" 하면 밥이 나오고, "그쳐라, 밥!" 하면 뚝 그치는 신기한 맷돌이었답니다.

어느 날 아침, 사람들은 시장에 모여 신기한 맷돌에 대해 이야기를 했습니다.

"우리 임금님에게는 신기한 맷돌이 있다네."

"그 맷돌이 있으면 귀한 물건을 많이 얻을 수 있어."

사람들 뒤에서 도둑이 그 말을 조용히 듣고 있었습니다. 도둑은 고약한 마음을 먹었습니다.

'그 맷돌이 있으면 부자가 될 수 있겠어.'

중심 내용 1 신기한 맷돌에 대한 이야기를 들은 도둑은 고약한 마음을 먹었습니다.

맷돌 둥글넓적한 두 돌 사이에 곡식을 넣고 손잡이를 돌려서 곡식을 가는 데 쓰는 기구.

고약한 사납고 못된.

---

5 사람들은 모여서 어떤 이야기를 했나요?
( )

① 임금님에게 쌀을 바치자는 이야기
② 임금님이 맷돌을 만들었다는 이야기
③ 임금님이 백성들에게 상을 준 이야기
④ 임금님이 마술을 할 수 있다는 이야기
⑤ 임금님에게 신기한 맷돌이 있다는 이야기

6 사람들의 이야기를 듣고 도둑이 하였을 생각으로 알맞은 것의 기호를 쓰세요.

㉠ 신기한 맷돌을 훔쳐야겠어.
㉡ 임금님은 참 고마운 분이야.
㉢ 내일도 시장에 놀러 와야겠어.

( )

낱말 알기

7 보기의 뜻을 보고 빈칸에 알맞은 낱말을 써넣으세요.

보기
신기하다: 믿을 수 없을 정도로 놀랍다.
서두르다: 어떤 일을 급하게 처리하려고 하다.

• 저절로 움직이는 장난감이 [   ].

8 다음 문장에 쓰인 따옴표의 종류와 특징을 쓰세요.

'그 맷돌이 있으면 부자가 될 수 있겠어.'

• (1) 따옴표의 종류: (   )
• (2) 따옴표의 특징: 인물이 (   ) 한 말을 적을 때 쓴다.

2 저녁이 되자 도둑은 궁궐로 숨어들었습니다. 그리고 깊은 밤, 모두 잠든 사이 몰래 맷돌을 훔쳐 도망갔습니다. 그러고 나서 서둘러 배를 타고 바다를 건너 멀리 도망가려고 했습니다.

도둑은 서둘러 배를 타고 바다를 건너다가 맷돌을 돌려 보고 싶었습니다. 그래서 세상에서 가장 귀한 소금이 나오라고 외쳤습니다.

"나와라, 소금!"

그러자 맷돌에서 하얀 소금이 쏟아져 나왔고, 점점 배 안에 쌓여 갔습니다. 배가 기우뚱거리기 시작했습니다. → 소금 때문에 배가 무거워짐.

도둑은 너무 놀라 무슨 말을 해야 하는지 잊어버렸습니다. 결국, 맷돌은 도둑과 함께 바닷속에 가라앉고 말았습니다.

바닷속에서도 맷돌은 쉬지 않고 돌았습니다. 그래서 바닷물이 짜게 되었습니다.

중심 내용 **2** 맷돌을 멈추는 방법을 잊어버린 도둑은 결국 맷돌과 함께 바닷속에 가라앉고 말았습니다.

💡 시간을 나타내는 말

시간을 나타내는 말을 생각하면 일이 일어난 순서를 정리할 수 있습니다.

| 아침 | ➡ | 점심 | ➡ | 저녁 |

서둘러 일을 빨리 하려고 침착하지 못하고 급하게.

점점 시간이 지남에 따라 정도가 조금씩 더.

기우뚱거리기 자꾸 이쪽저쪽으로 기울어지며 흔들리기.

---

9 모두 잠든 사이에 도둑이 훔친 것은 무엇인가요? (　　　)

① 배　　　② 소금　　　③ 설탕
④ 맷돌　　　⑤ 보석

10 도둑은 왜 맷돌과 함께 바닷속에 가라앉았나요? (　　　)

① 배에 구멍이 뚫려서
② 맷돌이 너무 무거워서
③ 배에 맷돌을 너무 많이 담아서
④ 사람들이 도둑이 탄 배를 밀어서
⑤ 맷돌을 멈추는 방법을 잊어버려 소금이 배에 계속 쌓여서

11 다음 문장에서 시간을 나타내는 말을 찾아 밑줄을 그으세요.

(1) 저녁이 되자 도둑은 궁궐로 숨어들었습니다.
(2) 그리고 깊은 밤, 모두 잠든 사이 몰래 맷돌을 훔쳐 도망갔습니다.

교과서 문제

12 일어난 일을 순서대로 정리해 보세요.

ㄱ 도둑은 맷돌을 훔쳐 도망갔다.
ㄴ 도둑은 저녁이 되자 궁궐로 숨어들었다.
ㄷ 맷돌은 도둑과 함께 바닷속에 가라앉았다.
ㄹ 도둑이 시장에서 신기한 맷돌에 대한 이야기를 듣게 되었다.

ㄹ ➡ (　　　) ➡ (　　　) ➡ (　　　)

양치기 소년

· 글의 종류: 이야기
· 글의 내용: 양치기 소년이 거짓말을 반복하다가 정작 도움이 필요한 때에 도움을 받지 못하게 된 이야기입니다.

❶ 어느 평화로운 마을에 양치기 소년이 살았어요.

양치기 소년은 아침 일찍 양 떼를 몰고 풀밭으로 갔어요. 풀밭에 벌렁 드러누운 양치기 소년은 한가로이 풀을 뜯는 양 떼를 보며 생각했어요.
시간을 나타내는 말

'뭐, 재미있는 일 없을까?'

심심한 양치기 소년은 장난을 치고 싶었어요.

"늑대가 나타났어요! 도와주세요!"

마을 사람들이 깜짝 놀라 뛰어왔어요.

"어디야, 늑대가 어디 있니?"

"심심해서 장난쳤어요."

마을 사람들은 그냥 돌아갔어요.

✏️ 중심 내용 ❶ 심심했던 양치기 소년은 늑대가 나타났다고 거짓말을 했어요.

❷ 이튿날 심심해진 양치기 소년은 또다시 늑대가 나타났다고 소리쳤어요. 이번에도 거짓말이라는 것을 알게 된 마을 사람들은 화를 내며 돌아갔어요.
시간을 나타내는 말

며칠 뒤, 이번에는 진짜로 늑대가 나타났어요.
시간을 나타내는 말

"늑대가 나타났어요! 도와주세요!"

"쳇, 거짓말쟁이. 우리가 또 속을 줄 알고?"

양치기 소년이 소리쳤지만 마을 사람들은 아무도 오지 않았어요.

양치기 소년은 그때서야 거짓말한 것을 후회했답니다.

✏️ 중심 내용 ❷ 양치기 소년이 계속 거짓말을 하자 결국 마을 사람들은 아무도 양치기 소년을 믿지 않았어요.

13 양치기 소년은 어떤 장난을 쳤나요? (   )

① 양이 사라졌다고 거짓말을 했다.

② 늑대가 나타났다고 거짓말을 했다.

③ 양들이 잡아먹혔다고 거짓말을 했다.

④ 마을 사람들의 양을 모두 풀어 주었다.

⑤ 풀밭에 몰래 숨어서 사람들을 놀라게 했다.

🎓 교과서 문제

14 빈칸에 알맞은 따옴표를 써넣으세요.

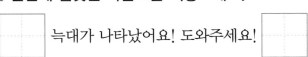

15 보기 의 시간을 나타내는 말을 넣어 일이 일어난 순서를 정리해 보세요.

보기

며칠 뒤   이튿날   아침 일찍

(1) (   ) 풀밭으로 간 양치기 소년은 늑대가 나타났다고 거짓말을 했어요.

⬇️

(2) (   ) 양치기 소년은 늑대가 나타났다고 또 거짓말을 해 마을 사람들이 화가 났어요.

⬇️

(3) (   ) 진짜 늑대가 나타났지만 아무도 양치기 소년의 말을 믿지 않았어요.

빨간 모자가 된 아이쿠

- 작품의 종류: 만화 영화
- 작품의 내용: 아이쿠가 할머니 댁에서 할머니로 변장한 카르망 콩드 백작을 만난 일을 그린 만화 영화입니다.

① 아이쿠는 할머니 댁에 가려고 길을 나섰어요. 하지만 아이쿠를 숨어서 지켜보고 있던 카르망 콩드 백작은 아이쿠의 할머니로 변장해서 숨어 있기로 했어요.

② 비비와 함께 할머니 댁에 가던 아이쿠는 우연히 꽃밭을 발견했어요. 아이쿠와 비비는 할머니께 드릴 꽃을 따기로 했어요.

③ 할머니 댁에 도착한 아이쿠는 손도 거칠고 목소리도 다른 할머니의 모습에 의심했어요. 하지만 아이쿠는 카르망 콩드 백작에게 속아 꽃을 선물했어요.

④ 꽃을 받은 카르망 콩드 백작은 몸이 가려웠어요. 콧물을 흘리며 기침과 재채기도 했어요. 깜짝 놀란 카르망 콩드 백작은 눈물을 흘리며 도망갔답니다.

> 만화 영화를 볼 때는 인물의 표정, 몸짓을 자세히 살펴요.

4 단원

16 아이쿠는 할머니께 무슨 선물을 해 드리려고 했나요? (   )

① 빨간 모자
② 직접 만든 옷
③ 꽃밭에서 딴 꽃
④ 비비가 만든 음식
⑤ 아이쿠가 그린 그림

17 꽃을 받은 카르망 콩드 백작에게 일어난 일로 알맞은 것에 모두 ○표 하세요.

(1) 몸이 가려워졌다. (   )
(2) 손을 움직일 수 없었다. (   )
(3) 콧물을 흘리며 기침과 재채기를 했다.
(   )

18 일어난 일을 순서대로 정리해 보세요.

> ㉠ 아이쿠가 할머니 댁에 도착했다.
> ㉡ 아이쿠와 비비는 할머니께 드릴 꽃을 땄다.
> ㉢ 꽃을 받은 카르망 콩드 백작에게 이상한 반응이 생겼다.

(→   →   )

19 다음 친구들이 말한 재미있는 장면은 **①**~**④** 중 어느 장면에 대한 것인지 쓰세요.

(1) 아연: 카르망 콩드 백작이 재채기를 하며 뛰어나가는 장면이 재미있었어.
➡ 장면 (   )

(2) 수정: 아이쿠가 카르망 콩드 백작을 할머니라고 부르는 장면이 기억에 남았어.
➡ 장면 (   )

아기 거북이가 숲으로 왔어요!

- **작품의 종류**: 만화 영화
- **작품의 내용**: 아기 거북이가 까투리 가족의 집으로 오게 된 일을 그린 만화 영화입니다.

1

바다에서 놀던 **꺼병이**는 모래 **구덩이**에서 바다 거북 알을 발견했어요. 곧이어 알에서 깨어난 아기 거북이들은 엄마 거북이가 있는 바다로 돌아갔어요.

2

엄마 **까투리**와 꺼병이들도 집으로 돌아가려고 했어요. 그러던 그때, 가장 늦게 알에서 깨어난 아기 거북이가 까투리 가족을 따라왔어요.

3

꺼병이들과 아기 거북이는 집에서 공놀이를 하고 미끄럼틀을 타며 놀았어요. 하지만 엄마 까투리는 애타게 아기 거북이를 기다리고 있을 거북이 아줌마가 걱정됐어요.

4

결국 엄마 까투리와 꺼병이들은 아기 거북이를 집으로 돌려보내 주기 위해 다 같이 바다로 갔어요. 마침내 아기 거북이는 가족들과 다시 만날 수 있었어요.

꺼병이 꿩의 어린 새끼.
구덩이 땅이 움푹하게 파인 곳.
까투리 꿩의 암컷.

4 단원

진도 완료 체크

---

20 장면 **2**에서 까투리 가족을 따라간 것은 누구인가요?

- 가장 늦게 알에서 깨어난 아기

　　　　　입니다.

🎀**교과서 문제**

21 아기 거북이와 꺼병이들이 한 놀이에 모두 ○표 하세요.

(1) 공놀이　　　　　　　　　(　　)

(2) 숨바꼭질　　　　　　　　(　　)

(3) 미끄럼틀 타기　　　　　　(　　)

22 다음을 일이 일어난 순서대로 정리해 보세요.

> ㉠ 꺼병이가 거북 알을 발견했다.
> ㉡ 아기 거북이가 다시 가족을 만났다.
> ㉢ 아기 거북이와 꺼병이들은 재미있게 놀았다.
> ㉣ 아기 거북이가 까투리 가족을 따라 집으로 갔다.

㉠ ➡ (　　) ➡ (　　) ➡ (　　)

📖**낱말 알기**

23 다음 뜻에 알맞은 낱말을 글에서 찾아 쓰세요.

> **뜻**
> 꿩의 어린 새끼.

정리하기

24 자신이 본 만화 영화에 대한 생각이나 느낌을 알맞게 말한 친구의 이름을 쓰세요.

> 나는 「아기 거북이가 숲으로 왔어요!」에서 아기 거북이와 꺼병이들이 재미있게 노는 장면이 기억에 남아.

진석

> 학교에서 만화 영화를 보면 친구들이랑 함께 이야기를 나누며 볼 수 있어서 좋아. 학교에서 「신데렐라」도 보고 싶어.

유미

(   )

25 글에서 누가 무엇을 했는지 알아보는 방법으로 알맞지 <u>않은</u> 것은 무엇인가요? (   )

① 인물의 말을 읽어 본다.
② 인물의 생각을 살펴본다.
③ 인물의 행동을 살펴본다.
④ 인물에게 어떤 일이 있었는지 찾아본다.
⑤ 인물이 얼마나 여러 번 나오는지 세어 본다.

🧢 교과서 문제

26 만화 영화를 보고 생각이나 느낌을 말하는 방법으로 알맞은 것을 모두 고르세요.

> ㉠ 떠오르는 장면에 대한 느낌을 말한다.
> ㉡ 친구의 생각이나 느낌을 따라 말한다.
> ㉢ 만화 영화에 나오는 인물의 말을 그대로 외워서 말한다.
> ㉣ 만화 영화에서 있었던 일에 대한 생각이나 느낌을 말한다.

(,   )

기초 다지기

27 보기 에서 알맞은 '동작을 나타내는 말'을 찾아 그림에 어울리는 문장을 만들어 보세요.

보기
닦습니다 씻습니다 찹니다 읽습니다

(1)

• 명희가 얼굴을 _____.

(2)

• 재현이가 이를 _____.

(3)

• 태윤이가 공을 _____.

(4)

• 현수가 책을 _____.

1 다음 뜻을 가진 낱말을 보기 에서 찾아 쓰세요.

보기

| 귀하다 | 신기하다 | 서두르다 |

(1) 아주 가치가 있고 소중하다.

(   )

(2) 어떤 일을 급하게 처리하려고 하다.

(   )

(3) 믿을 수 없을 정도로 색다르고 놀랍다.

(   )

- 모든 생명은 **귀하다**는 사실을 잊지 말아야 합니다.
- **신기한** 항아리에 대한 소문이 온 마을에 퍼졌습니다.
- 오늘 아침에 학교에 늦을까 봐 **서둘러** 준비를 했습니다.

4 단원

2 다음 뜻에 알맞은 낱말을 찾아 선으로 이으시오.

(1) | 어떤 일이 일어난 차례. | •

• ㉠ | 순서

(2) | 다른 것에 비해 특별히 달라 눈에 띄는 점. | •

• ㉡ | 특징

📍**특징**

'특징'은 '특별한 점'입니다. 다른 것에는 없는 색다른 점을 특징이라고 합니다.

- 기린의 **특징**은 목이 길다는 것이다.

3 첫소리에 알맞은 낱말을 써넣어 문장을 완성하세요.

(1) 아이들이 키 [ㅅ][ㅅ] 대로 한 줄로 서 있다.

(2) 사람들은 마술사의 [ㅅ][ㄱ] 한 마술에 감탄했다.

(3) 바쁘게 [ㅅ][ㄷ][ㄹ][ㄷ] 가 옷을 뒤집어 입었다.

(4) 우리나라는 사계절이 뚜렷하다는 [ㅌ][ㅈ] 이 있다.

4 보기 와 같이 시간을 나타내는 말을 찾아 ∨표를 하시오.

> **♀ 시간을 나타내는 말**
> '어제, 지난달, 다음 해'와 같이 일이 언제 일어났는지 알려 주는 말을 시간을 나타내는 말이라고 합니다.

보기

> 어느 날 아침, 사람들은 시장에 모여 신기한 맷돌에 대해 이야기를 했습니다.

① 사람들은 ☐　　② 시장에 모여 ☐　　③ 어느 날 아침 ☑

(1)
> 양치기 소년은 아침 일찍 양 떼를 몰고 풀밭으로 갔어요.

① 양치기 ☐　　　② 아침 일찍 ☐　　　③ 양 떼를 ☐

• 양치기 소년은 언제 풀밭으로 갔나요?

(2)
> 그날 저녁 왕자는 성을 불태워 버린 용을 찾아 길을 떠났습니다.

① 왕자는 ☐　　　② 불태워 ☐　　　③ 그날 저녁 ☐

• 왕자는 언제 길을 떠났나요?

(3)
> 그리고 깊은 밤, 도둑은 사람들이 모두 잠든 사이 몰래 맷돌을 훔쳐 도망갔습니다.

① 몰래 ☐　　　② 깊은 밤 ☐　　　③ 도망갔습니다 ☐

• 도둑은 언제 맷돌을 훔쳐 도망갔나요?

(4)
> 마을을 돌고 돌아 불쌍하고 가난한 사람들을 찾아다닌 제비는 다음 날 아침이 되어서야 행복한 왕자의 동상을 찾아왔습니다.

① 가난한 ☐　　　② 다음 날 아침 ☐　　　③ 행복한 ☐

• 제비는 언제 행복한 왕자의 동상을 찾아왔나요?

✓ 평가 1 쪽지 평가
간단한 문답을 통해 단원 개념과
제재에 대한 이해도를 평가

✓ 평가 2 단원 평가
다양한 유형의 문제를 통해 단원 학습 성취도와
독해력, 어휘력 등 국어 실력 전반을 평가

✓ 평가 1

쪽지 평가

정답 12쪽

4 감동을 나누어요

4
단원

1 인물이 소리 내어 한 말을 적을 때 쓰는 따옴표는 무엇인지 ○표 하시오.

(큰따옴표 / 작은따옴표)

2 「미역도 맛있어」에서 일어난 일을 순서대로 정리해 보시오.

> ㉠ 선생님께서 주원이를 칭찬해 주셨다.
> ㉡ 주원이는 미역무침을 먹기 싫어했다.
> ㉢ 주원이는 용기 내어 미역무침을 먹었다.

(ㅤ → ㅤ → ㅤ)

3 글에서 누가 무엇을 했는지 알아보는 방법으로 알맞지 않은 것의 번호를 쓰시오.

> ① 인물의 행동을 살펴본다.
> ② 인물의 생각을 살펴본다.
> ③ 인물의 목소리가 큰지 살펴본다.

(ㅤ)

4 「소금을 만드는 맷돌」에서 사람들이 시장에 모여 무엇에 대해 이야기했는지 골라 ○표 하시오.

(1) 시장의 맛있는 음식 ( )
(2) 임금님이 했던 착한 일 ( )
(3) 임금님이 가진 신기한 맷돌 ( )

5 「빨간 모자가 된 아이쿠」에서 아이쿠가 할머니께 드리려고 한 선물은 무엇입니까?

(ㅤ)

6 만화 영화를 보고 생각이나 느낌을 말하는 방법으로 알맞은 것에 ○표 하시오.

(1) 인물이 한 말을 모두 외운다. ( )
(2) 앞으로 보고 싶은 만화 영화에 대해 말한다.
( )
(3) 만화 영화에서 있었던 일에 대한 생각이나 느낌을 말한다. ( )

1~7 미역도 맛있어

오늘 점심시간에 급식 반찬으로 미역무침이 나왔다. 나는 미역을 가장 싫어한다. 하지만 내 친구 서윤이는 미역무침이 맛있다고 했다.

"너도 한번 먹어 봐. 새콤달콤 맛이 얼마나 좋은데."

서윤이는 미역무침을 맛있게 먹었다. 나는 그 모습을 보고도 먹을 용기가 나지 않아 고개를 절레절레 저었다. 하지만 주위를 둘러보니 친구들이 모두 맛있게 미역무침을 먹고 있었다.

'그럼 나도 한번 먹어 볼까?'

나는 눈을 질끈 감고 미역무침을 한번 먹어 보았다. 입을 살짝 벌려 미역무침을 조금 먹어 보았더니 생각보다 맛이 좋았다. 계속 먹다 보니 입안에 새콤함이 가득해졌다. 어느새 미역무침을 모두 다 먹었다.

"주원이는 반찬을 골고루 잘 먹는구나."

선생님께서도 나를 칭찬해 주시며 박수도 쳐 주셨다. 나는 어깨가 으쓱해지고 자꾸만 ⊙ 나왔다.

'다음에도 새로운 음식 먹기에 도전해 봐야지.'

1 어디에서 일어난 일입니까? (   )

① 집   ② 학교   ③ 공원
④ 병원   ⑤ 도서관

2 주원이에게 미역무침을 먹어 보라고 이야기한 사람은 누구입니까?

(   )

3 주원이는 미역무침 맛이 어떻다고 하였습니까?

• 입안에 [   ]이/가 가득해지는 맛이라고 했다.

4 선생님의 행동으로 알맞은 것에 ○표 하시오.

(1) 미역무침을 맛있게 드셨다.   (   )
(2) 칭찬해 주시며 박수도 쳐 주셨다. (   )

5 ⊙ 에 들어갈 말로 알맞은 것은 무엇입니까? (   )

① 화가   ② 눈물이   ③ 기분이
④ 웃음이   ⑤ 마음이

6 미역무침을 먹고 주원이는 어떤 생각을 했는지 빈칸에 알맞은 말을 쓰시오.

• 다음에도 [   ] 음식 먹기에 도전해 봐야겠다고 생각했다.

🗂 서술형·논술형 문제

7 일어난 일을 순서대로 정리할 때, 빈칸에 알맞은 문장을 쓰시오.

┌─────────────────────────────┐
│ 주원이는 미역무침을 먹기 싫어했다. │
└─────────────────────────────┘
                ↓
┌─────────────────────────────┐
│   │
└─────────────────────────────┘
                ↓
┌─────────────────────────────┐
│ 선생님께서 주원이를 칭찬해 주셨다. │
└─────────────────────────────┘

"우리 임금님에게는 신기한 맷돌이 있다네."
"그 맷돌이 있으면 귀한 물건을 많이 얻을 수 있어."
사람들 뒤에서 도둑이 그 말을 조용히 듣고 있었습니다. 도둑은 고약한 마음을 먹었습니다.
'그 맷돌이 있으면 부자가 될 수 있겠어.'
㉠저녁이 되자 도둑은 궁궐로 숨어들었습니다. 그리고 깊은 밤, 모두 잠든 사이 몰래 맷돌을 훔쳐 도망갔습니다. 그러고 나서 서둘러 배를 타고 바다를 건너 멀리 도망가려고 했습니다.
도둑은 서둘러 배를 타고 바다를 건너다가 맷돌을 돌려 보고 싶었습니다. 그래서 세상에서 가장 귀한 소금이 나오라고 외쳤습니다. "   ㉮   "
그러자 맷돌에서 하얀 소금이 쏟아져 나왔고, 점점 배 안에 쌓여 갔습니다. 배가 기우뚱거리기 시작했습니다.
도둑은 너무 놀라 무슨 말을 해야 하는지 잊어버렸습니다. 결국, 맷돌은 도둑과 함께 바닷속에 가라앉고 말았습니다.
바닷속에서도 맷돌은 쉬지 않고 돌았습니다. 그래서 바닷물이 짜게 되었습니다.

8 도둑이 몰래 숨어든 곳은 어디입니까?
(   )

9 ㉠에서 시간을 나타내는 말을 찾아 두 글자로 쓰시오.
(   )

10 ㉮ 에 들어갈 알맞은 말은 무엇입니까?
(   )

① 나와라, 맷돌!   ② 나와라, 소금!
③ 멈춰라, 맷돌!   ④ 멈춰라, 소금!
⑤ 그쳐라, 소금!

11 맷돌에서 소금이 계속 나오는데 멈추지 않은 까닭은 무엇입니까?

• 도둑이 너무 놀라 맷돌을 멈출 때 하는 말을

[   ] 때문입니다.

12 도둑이 마음속으로 한 말에 ○표 하시오.
⑴ 도둑은 고약한 마음을 먹었습니다. (   )
⑵ 그 맷돌이 있으면 부자가 될 수 있겠어.
(   )

13 일이 일어난 순서대로 빈칸에 번호를 쓰시오.

	도둑은 맷돌을 훔쳐 도망갔다.		도둑과 맷돌은 바닷속에 가라앉았다.
	도둑은 저녁이 되자 궁궐로 숨어들었다.		도둑은 신기한 맷돌에 대해 듣게 되었다.

14 도둑에게 하고 싶은 말을 알맞게 말한 친구의 이름을 쓰시오.

지호: 남의 물건을 훔치면 안 돼요.
연지: 임금님을 뵈면 인사를 해야 해요.

(   )

15~20 빨간 모자가 된 아이쿠

> **장면 ❶** 바다에서 놀던 꺼병이는 모래 구덩이에서 바다 거북 알을 발견했어요. 곧이어 알에서 깨어난 아기 거북이들은 엄마 거북이가 있는 바다로 돌아갔어요.

> **장면 ❷** 엄마 까투리와 꺼병이들도 집으로 돌아가려고 했어요. 그러던 그때, 가장 늦게 알에서 깨어난 아기 거북이가 까투리 가족을 따라왔어요.

> **장면 ❸** 꺼병이들과 아기 거북이는 집에서 공놀이를 하고 미끄럼틀을 타며 놀았어요. 하지만 엄마 까투리는 애타게 아기 거북이를 기다리고 있을 거북이 아줌마가 걱정됐어요.

> **장면 ❹** 결국 엄마 까투리와 꺼병이들은 아기 거북이를 집으로 돌려보내 주기 위해 다 같이 바다로 갔어요. 마침내 아기 거북이는 가족들과 다시 만날 수 있었어요.

15 엄마 까투리와 꺼병이들이 우연히 발견한 것은 무엇입니까? (   )

① 장난감   ② 거북 알
③ 미끄럼틀   ④ 엄마 거북이
⑤ 아빠 거북이

16 장면 ❸에서 엄마 까투리가 걱정한 것은 무엇입니까?

• 애타게 아기 거북이를 기다리고 있을

　　　　　　　　　　이/가 걱정됐다.

17 장면 ❹에서 다시 가족들과 만난 아기 거북이의 기분은 어떻겠습니까? (   )

① 슬프다   ② 무섭다
③ 기쁘다   ④ 우울하다
⑤ 걱정된다

18 일이 일어난 순서대로 빈칸에 번호를 쓰시오.

	꺼병이가 거북 알을 발견했다.		아기 거북이가 다시 가족을 만났다.
	아기 거북이가 까투리 가족을 따라 집으로 갔다.		아기 거북이와 꺼병이들은 재미있게 놀았다.

19 빈칸에 들어갈 알맞은 말을 쓰시오.

> 수호: 뒤늦게 거북 알 하나가 깨어나는 장면이 재미있었어.
> 지민: 나는 아기 거북이를 집으로 돌려보내 주기 위해 다 같이 　　　　　(으)로 가는 장면이 감동적이었어.

(　　　　　　　　　　)

20 낱말의 뜻으로 알맞은 것을 찾아 선으로 이으시오.

(1) 꺼병이　　•　　•① 꿩의 암컷.

(2) 까투리　　•　　•② 꿩의 어린 새끼.

생각을 키워요

글자와 책에 흥미 가지기

5

단원 핵심 어휘

한글

뜻 우리나라의 문자. 세종 대왕이 만든 훈민정음을 이르는 말.

5단원

개념① 한글의 좋은 점

① 만든 사람: 세종 대왕
② 만든 시기: 조선 시대(1433년)
③ 만든 원리
　– 모음자: 땅, 하늘, 사람의 모양을 본뜸
　– 자음자: 글자를 발음할 때의 입, 혀, 목구멍 등의 모양을 본뜸
④ 쉽게 읽고 쓸 수 있어 배우기 쉽고 편리합니다.

→ 셋 다 알려진 유일한 글자 : 한글

● 한글 낱자의 모양

한 획을 더 그어 다른 자음자를 만듭니다.

방향을 달리하면 다른 모음자가 됩니다.

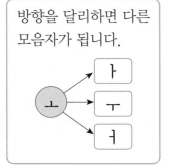

→ 소리가 세진다는 것을 나타내기 위해 획을 더했습니다.

개념② 한글의 특징

① 자음자와 모음자를 모아서 글자를 만듭니다.

② 자음자와 모음자가 바뀌면 글자의 모양과 소리, 뜻이 달라집니다.

● 자음자와 모음자를 바꾸어 다른 글자 만들기 예

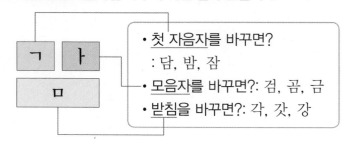

• 첫 자음자를 바꾸면?
　: 담, 밤, 잠
• 모음자를 바꾸면?: 검, 곰, 금
• 받침을 바꾸면?: 각, 갓, 강

개념③ 글을 읽고 생각이나 느낌 나누기

① 인물이 한 일에 대한 생각이나 느낌을 떠올립니다.
② 인물의 마음을 짐작하여 생각이나 느낌을 떠올립니다.
③ 글 내용에 자신의 생각이나 느낌을 덧붙여 구체적으로 말을 합니다.

● 글 「너무너무 어려운 훌라후프 돌리기」를 읽고 자신의 생각이나 느낌 나누기 예

훌라후프가 있다고 생각하며 허리를 돌린다는 생각이 재치있어.

운동장에 나가자는 선생님 말씀에 "어휴."라고 하는 글쓴이를 응원하고 싶었어.

→ 자신의 생각이나 느낌

한글

· **글의 종류**: 설명하는 글 · **중심 내용**: 한글은 누구나 쉽게 배우고 쓸 수 있는 글자로 우리 문화의 자랑거리입니다.

❶ 옛날에 우리 민족은 중국 글자인 한자를 사용했어요. 그런데 한자는 중국 말을 바탕으로 한 글자인데다 글자 수도 많아 배우기가 쉽지 않았어요. 그래서 일반 백성은 글을 몰라 어려움을 겪어야 했어요. 글을 읽을 수 없으니 학문을 배울 수도 없었고, 새로운 법이 생겨도 알지 못해 억울한 일을 당하기도 하였지요.

_{어떤 분야를 배워서 익힘. 또는 그런 지식.}

> **중심 내용 1** 한글이 없었을 때는 일반 백성들이 글을 몰라 겪는 어려움이 많았어요.

❷ 이를 안타깝게 여긴 조선의 네 번째 임금 세종 대왕은 오랜 연구 끝에 누구나 쉽게 배우고 쓸 수 있는 '훈민정음'을 만들었어요. '훈민정음'은 '백성을 가르치는 바른 소리'라는 뜻으로 한글의 옛 이름이에요.

_{1392년~1910년까지 한반도에 있었던, 이성계가 세운 나라.}

> **중심 내용 2** 세종 대왕은 이를 안타깝게 여겨 훈민정음(한글)을 만들었어요.

❸ 한글의 모음자는 하늘과 땅, 사람의 모양을 본떠 만들었고, 자음자는 말소리를 내는 혀와 입, 목구멍 등의 모양을 본떠 만들었어요.

_{어떤 것을 본보기로 삼아 따라.}

한글은 자음자와 모음자를 모아 소리를 적어요. 자음자와 모음자 몇 개만 알면 수많은 소리를 쉽게 적고 읽을 수 있기 때문에 누구나 쉽게 배울 수 있지요.

> **중심 내용 3** 한글은 누구나 쉽게 배울 수 있는 글자예요.

❹ 이렇게 한글은 전 세계 글자 가운데 글자를 만든 사람, 만든 글자를 세상에 알린 날, 글자를 만든 원리까지 알려진 유일한 글자로, 오늘날 전 세계가 부러워하는 우리 문화의 자랑거리랍니다.

_{사물의 근본이 되는 이치.}

> **중심 내용 4** 한글은 우리 문화의 자랑거리예요.

---

1 한글이 없을 때 우리 민족은 어떤 글자를 사용했나요?

· 중국 글자인 (   )

2 일반 백성이 문제 1에서 답한 글자를 배우기 어려웠던 까닭은 무엇무엇인가요?

(,   )

① 모양이 단순해서
② 글자 수가 너무 많아서
③ 글자 수가 너무 적어서
④ 글자의 크기가 모두 달라서
⑤ 우리말을 바탕으로 한 글자가 아니어서

3 한글의 옛 이름은 무엇인가요?

(   )

🎓 교과서 문제

4 세종 대왕이 한글을 만든 까닭은 무엇인가요?

(   )

① 어려운 글자를 만들고 싶어서
② 한자의 모양이 예쁘지 않아서
③ 한자보다 완벽한 글자를 만들려고
④ 한자를 쉽게 배우는 사람들을 위해서
⑤ 글을 몰라 어려움을 겪는 백성이 안타까워서

5 한글에 대한 설명으로 알맞은 것에 모두 ○표 하세요.

(1) 언제 만들어졌는지 알 수 없다. (   )
(2) 누구나 쉽게 배우고 쓸 수 있다. (   )
(3) 중국 말을 바탕으로 한 글자이다. (   )
(4) 자음자와 모음자를 모아 글자를 만든다. (   )

6 보기의 빈칸에 모두 들어갈 말은 무엇인가요?
( )

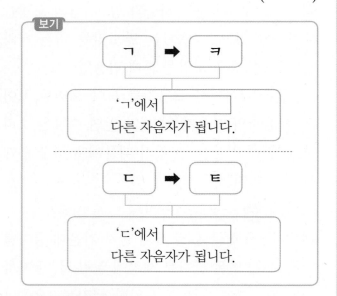

'ㄱ'에서 □
다른 자음자가 됩니다.

'ㄷ'에서 □
다른 자음자가 됩니다.

① 방향을 바꾸면
② 획을 하나 빼면
③ 한 획을 더 그으면
④ 위아래로 뒤집으면
⑤ 같은 자음자를 겹치면

🎓 교과서 문제

7 알맞은 모음자를 빈칸에 써넣으세요.

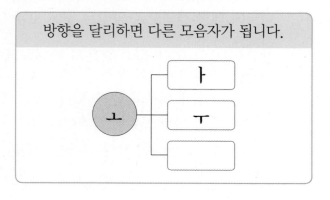

방향을 달리하면 다른 모음자가 됩니다.

[8~9] 보기를 보고 물음에 답하세요.

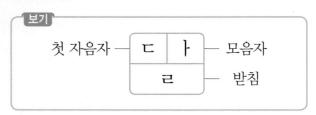

첫 자음자 — ㄷ | ㅏ — 모음자
ㄹ — 받침

8 '달'의 첫 자음자를 'ㅂ'으로 바꾸면 어떤 글자가 되는지 쓰세요.

달 ➡ □

9 '달'의 어느 부분을 바꾸어야 '답'이 되나요?
( )

10 '공'의 받침을 'ㅁ'으로 바꾸면 어떤 글자가 되는지 쓰세요.

11 한글의 특징으로 알맞지 않은 것은 무엇인가요? ( )

① 자음자와 모음자가 있다.
② 소리가 같아도 뜻이 다른 글자가 있다.
③ 자음자와 모음자가 만나 글자를 만든다.
④ 글자의 받침이 달라져도 뜻은 바뀌지 않는다.
⑤ 받침을 바꾸어 여러 개의 글자를 만들 수 있다.

그래, 책이야!

- **글·그림:** 레인 스미스
- **글의 종류:** 그림 동화
- **중심 내용:** 동키는 책이 주는 즐거움을 알게 되었습니다.

[동키] 그건 뭐야?　[몽키] 책이야.

[동키] 스크롤은 어떻게 해?

[몽키] 스크롤 안 해. 한 장 한 장 넘기면 돼. 이건 책이거든.

[동키] 게임할 수 있어?　[몽키] 아니. 책인걸.

[동키] 메일 보낼 수 있어?　[몽키] 아니.

[동키] 와이파이는?　　[몽키] 아니.

⋮

[동키] 비밀번호 있어야 해?　[몽키] 아니.

[동키] 별명이 있어야 해?

[몽키] 책이라니까.

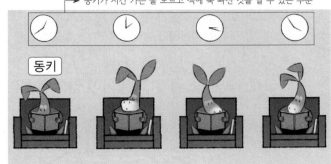

→ 동키가 시간 가는 줄 모르고 책에 푹 빠진 것을 알 수 있는 부분

[몽키] 이제 내 책 돌려줄래?

[동키] 아니.

[몽키] 뭐야…….

[동키] 걱정 마. 다 보면 충전해 놓을게.
전자 기기의 전력을 채우는 것.

스크롤 컴퓨터 화면을 위아래나 왼쪽, 오른쪽으로 움직이는 것.
메일 전자 우편.

와이파이 무선으로 인터넷에 연결할 수 있게 해 주는 장치나 설비, 또는 그 통신망.

---

12 몽키와 동키는 무엇에 대해 이야기하고 있습니까?

(　　　　　)

13 동키가 책과 비교하고 있는 것은 무엇일까요?

(　　)

① 사전　　　　② 시계

③ 문제집　　　④ 스케치북

⑤ 전자 기기

14 책을 읽는 알맞은 방법에 ◯표 하세요.

⑴ 스크롤을 내린다.　　　(　　)

⑵ 한 장 한 장 넘긴다.　　(　　)

⑶ 와이파이에 연결한다.　(　　)

15 그림을 보고 알 수 있는 것은 무엇인가요?

(　　)

① 동키는 책을 바로 덮었다.

② 동키는 책을 읽을 줄 모른다.

③ 동키는 책에 재미가 없어졌다.

④ 동키는 책의 재미에 흠뻑 빠져 있다.

⑤ 동키는 책보다 전자 기기에 관심이 있다.

📘 서술형·논술형 문제

16 책을 읽으면 어떤 점이 좋은지 내 생각을 써 보세요.

_____

_____

- 교과서에 나온 질문과 예시 답안을 모았어요!
- 수업 시간 선생님의 질문에 자신 있게 발표해 보아요!

국어 교과서 나 166쪽

5
단원

진도 완료
체크

😊 「그래, 책이야!」를 읽고 물음에 답해 봅시다.

(1) 몽키가 들고 있는 것은 무엇인가요?

> ⑩ 책입니다.

(2) 동키는 책으로 무엇을 할 수 있는지 물어보았나요?

> ⑩ 노트북처럼 스크롤을 할 수 있는지, 게임을 할 수 있는지, 메일을 보낼 수 있는지, 와이파이 연결을 할 수 있는지 물어보았습니다.

(3) 동키가 책을 돌려주려고 하지 않은 까닭은 무엇인가요?

> ⑩ 책에 흥미를 느껴 더 읽고 싶었기 때문입니다.
> / 책이 재미있었기 때문입니다.

😊 「그래, 책이야!」에서 재미있는 부분에 대해 이야기해 봅시다.

「그래, 책이야!」에서 재미있는 부분은 어디였나요?

⑩ 동키가 책에 흠뻑 빠졌지만 아직 책을 잘 몰라서 충전해 놓겠다고 하는 장면이 재미있었어요.

너무너무 어려운 훌라후프 돌리기

"자, 이제 운동장에 나가 볼까요?"

선생님의 말씀에 친구들은 모두 "우아!" 하고 소리를 질렀다. 나만 "어휴."라고 했다. 왜냐하면 훌라후프로 운동하는 시간이기 때문이다.

친구들은 훌라후프가 떨어지지 않게 잘 돌린다. 그런데 내가 하면 훌라후프가 금방 뚝 떨어진다.
_{훌라후프를 잘 돌리지 못하는 '나'}

친구들처럼 훌라후프를 잘 돌리고 싶어서 나는 훌라후프가 있다고 생각하면서 허리를 이리저리 움직였다. 선생님은 훌라후프 돌리기를 포기

• **중심 내용**: 훌라후프를 잘 돌리지 못하는 '나'는 훌라후프가 있다고 생각하고 허리를 움직였습니다.

하지 않고 노력하는 모습이 기특하다고 칭찬해 주셨다. ㉠칭찬을 받아서 기분이 좋았지만 다음에는 친구들처럼 훌라후프를 잘 돌리면 좋겠다.

어휴 몹시 힘들거나 좌절할 때 내는 소리.
훌라후프 플라스틱으로 만든 둥근 테를 허리로 빙빙 돌리는 놀이. 또는 그 테.

포기 하려던 일을 도중에 그만두어 버림.
기특하다 말하는 것이나 행동하는 것이 신통하여 귀염성이 있다.
예 어린아이가 하는 짓이 기특하다.

17 친구들이 소리를 지를 때 '나'만 "어휴."라고 말한 까닭은 무엇인가요? ( )

① 달리기를 잘 못해서
② 훌라후프를 잘 못해서
③ 체육 시간을 싫어해서
④ 체육복을 가져오지 않아서
⑤ 훌라후프를 챙겨 오지 않아서

18 운동장에서 '나'는 훌라후프를 어떻게 돌렸나요? ( )

① 훌라후프를 천천히 돌렸다.
② 훌라후프 없이 허리만 움직였다.
③ 훌라후프를 팔목에 끼워서 돌렸다.
④ 훌라후프를 위로 던졌다가 받았다.
⑤ 훌라후프를 돌릴 때마다 숫자를 세었다.

19 '나'의 마음은 어떠했을지 각각 쓰세요.

(1)	선생님께서 운동장에 나가 보자고 하셨을 때 → ( ) 마음
(2)	훌라후프를 잘하는 친구들을 볼 때 → ( ) 마음
(3)	포기하지 않고 노력하는 모습이 기특하다고 선생님께서 칭찬해 주셨을 때 → ( ) 마음

🖋️ 서술형·논술형 문제

20 ㉠과 같은 '나'의 생각에 대하여 어떤 생각이나 느낌이 드는지 쓰세요.

_____

_____

정리하기

[21~22] 다음 안내판을 보고 물음에 답하세요.

도토리와 밤은 겨울철
야생 동물의 먹이입니다.

다람쥐에게 도토리를
돌려주세요!

21 밤과 람은 서로 무엇이 다른가요?

(첫 자음자 / 모음자 / 받침)

22 안내판에 대한 생각이나 느낌을 알맞게 쓴 것에 ○표 하세요.

⑴ 나무가 많은 산을 오르면 기분이 좋아져.

(   )

⑵ 산에서 도토리와 밤을 함부로 주워 오지 말아야겠어.

(   )

23 친구들이 설명하고 있는 것은 무엇인가요?

글자를 만든 사람이 누구인지 알아.

그리고 글자를 왜 만들었는지도 알아.

만든 글자를 언제 발표했는지 알아.

24 물건을 셀 때 쓰는 알맞은 낱말을 찾아 ○표 하세요.

⑴  자동차 한 (마리 / 대)

⑵  신발 한 (채 / 켤레)

⑶  종이 한 (권 / 장)

⑷ 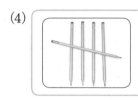 연필 다섯 (그루 / 자루)

25 그림을 보고 빈칸에 들어갈 알맞은 낱말을 고르세요. (   )

밭에서 수박 한 □을 땄다.

① 짝   ② 통   ③ 벌
④ 명   ⑤ 마리

5단원

▲ 한글의 옛 이름 훈민정음

1 다음 뜻에 알맞은 낱말을 찾아 선으로 이으세요.

(1) 어떤 일의 밑바탕을 이루는 생각이나 이치. • • ㉠ 훈민정음

(2) 백성을 가르치는 바른 소리라는 뜻으로, 한글의 옛 이름. • • ㉡ 특징

(3) 다른 것에 비하여 특별히 눈에 뜨이는 점. • • ㉢ 원리

2 밑줄 친 낱말의 뜻으로 알맞은 것에 ◯표 하세요.

> 한글의 모음자는 땅, 하늘, 사람의 모양을 <u>본떠</u> 만들었다.

(1) 위험한 곳에서 멀리 떨어져. ( )
(2) 이미 있는 대상을 본보기로 삼아 그대로 따라. ( )
(3) 화면에 나타나는 내용을 위아래나 좌우로 움직여. ( )

본뜨다

'이미 있는 대상을 본보기로 삼아 그대로 따라 하다.'라는 뜻이에요. '본떠', '본뜨니' 등으로 문장에 따라 모양을 바꾸어 써요.

▲ 자동차 모양을 본떠 만든 책.

3 첫소리에 알맞은 낱말을 써넣어 문장을 완성하세요.

(1) 낙타는 등에 있는 혹이 ⬜ㅌ ⬜ㅈ 입니다.

(2) 이 조각상은 조각가의 얼굴을 ⬜ㅂ ⬜ㄸ 만들어졌습니다.

(3) 과학을 배울 때는 ⬜ㅇ ⬜ㄹ 를 이해하는 것이 중요합니다.

5 단원

4 보기와 같이 글쓴이의 생각이나 느낌이 드러나는 문장의 번호를 쓰세요.

💡 생각이나 느낌을 찾으며 글 읽기
글쓴이가 한 일이나 겪은 일 뒤에는 그 일에 대한 생각이나 느낌을 표현합니다. 글쓴이의 생각이나 느낌은 글쓴이가 하고 싶은 말에서 중요한 부분에 해당합니다.

보기

① 선생님께서 줄넘기가 어려운데 뛰어 보려고 노력한 점이 대단하다며 칭찬해 주셨다. ② 칭찬을 받아서 기분이 좋았지만 그래도 친구들처럼 줄넘기하는 방법을 꼭 배우면 좋겠다.

(②)

(1)

① 상은이와 놀이공원에 가려고 했는데 아침부터 비가 많이 내렸다. ② 결국 놀이공원은 가지 못하게 되었다. ③ 눈치 없는 비가 밉고 슬펐다.

( )

💡 느낌(기분)을 나타내는 여러 가지 말

기분이 (좋다 /나쁘다)	
즐겁다	슬프다
신난다	행복하다
우울하다	쓸쓸하다
외롭다	서운하다
화가 난다	

(2)

① 반 친구들과 함께 교실을 청소했다. ② 힘들었지만 깨끗해진 교실을 보니 뿌듯했다.

( )

(3)

① 오늘은 내 생일이었다. ② 가족들은 달콤한 케이크를 준비해 주었고, 학교에서 친구들의 축하도 많이 받았다. ③ 정말 행복해서 내일이 또 생일이었으면 좋겠다는 생각을 했다.

( )

(4)

① 나랑 가장 친한 친구인 지훈이가 아파서 학교를 못 나왔다. ② 학교에 혼자 걸어오니까 쓸쓸해서 지훈이가 빨리 나았으면 좋겠다는 생각이 들었다.

( )

☑**평가 1** **쪽지 평가**
간단한 문답을 통해 단원 개념과
제재에 대한 이해도를 평가

☑**평가 2** **단원 평가**
다양한 유형의 문제를 통해 단원 학습 성취도와
독해력, 어휘력 등 국어 실력 전반을 평가

☑**평가 1**
정답 15쪽

쪽지 평가 　　　　　**5 생각을 키워요**

1 한글의 좋은 점은 무엇인지 알맞은 말에 ○표
하시오.

• 읽고 쓰기가 (쉬워서 / 어려워서) 배우기가
편합니다.

2 세종 대왕이 한글을 만든 까닭은 무엇입니까?

• 글을 몰라서 어려움을 겪는 □□들
을 안타깝게 여겼기 때문입니다.

3 한글의 특징은 무엇입니까?

• 자음자와 □□□를 모아 글자
를 만듭니다.

4 이야기 「그래, 책이야!」에서 동키가 전자 기기와
비교한 것은 무엇입니까?

_____

5 이야기 「그래, 책이야!」에서 몽키가 책을 돌려
달라고 하자 동키는 뭐라고 대답했습니까?

• 다 보면 _____해 놓겠다고 대답했습
니다.

6 글 「너무너무 어려운 훌라후프 돌리기」에서 선
생님이 운동장에 나가자고 말씀하실 때 친구
들과 '나'의 반응은 어떠했습니까?

• 친구들은 "우아!"하고 소리를 질렀지만 '나'

는 "_____"라고 말했습니다.

1~5 한글

옛날에 우리 민족은 중국 글자인 한자를 사용했어요. 그런데 한자는 중국 말을 바탕으로 한 글자인데다 글자 수도 많아 배우기가 쉽지 않았어요. 그래서 일반 백성은 글을 몰라 어려움을 겪어야 했어요. 글을 읽을 수 없으니 학문을 배울 수도 없었고, 새로운 법이 생겨도 알지 못해 억울한 일을 당하기도 하였지요.

이를 안타깝게 여긴 조선의 네 번째 임금 세종 대왕은 오랜 연구 끝에 누구나 쉽게 배우고 쓸 수 있는 '훈민정음'을 만들었어요. '훈민정음'은 '백성을 가르치는 바른 소리'라는 뜻으로 한글의 옛 이름이에요.

한글의 모음자는 하늘과 땅, 사람의 모양을 본떠 만들었고, 자음자는 말소리를 내는 혀와 입, 목구멍 등의 모양을 본떠 만들었어요.

1 한글을 만든 사람은 누구입니까?

(   )

2 '훈민정음'의 뜻은 무엇입니까?

• □□ 을 가르치는 바른 소리

3 한글의 모음자가 본뜨지 <u>않은</u> 것은 무엇무엇입니까? (,   )

① 땅   ② 불   ③ 하늘
④ 바람   ⑤ 사람

📋 서술형·논술형 문제

4 한글의 자음자는 무엇을 본떠 만들었습니까?

_____

_____

5 다음은 세종 대왕이 쓴 글입니다. 빈칸에 들어갈 말로 알맞은 것은 무엇입니까? (   )

우리나라 말이 중국 말과 달라 한자로는 뜻이 통하지 않으니 가여운 백성들이 억울한 일이 있어도 전할 방법이 없다. 이에 훈민정음을 만들었으니 백성들은 □□□□□□ .

① 시험에 합격하기를 바란다
② 나라를 위해 일하기를 바란다
③ 많은 쌀을 얻을 수 있기를 바란다
④ 한자를 쉽게 배울 수 있기를 바란다
⑤ 쉽게 배우고 매일 쓰며 편안하기를 바란다

6 'ㄱ'에 획 하나를 더하면 어떤 자음자가 됩니까? (   )

① ㄴ   ② ㄷ   ③ ㅋ
④ ㅌ   ⑤ ㅎ

7 같은 모음자의 방향을 바꾸어서 만들 수 <u>없는</u> 것은 무엇입니까? (   )

① ㅗ   ② ㅓ   ③ ㅜ
④ ㅏ   ⑤ ㅐ

8 자음자와 모음자의 특징으로 알맞은 것은 무엇무엇입니까?

⊙ 자음자에 획을 더해서 다른 자음자를 만든다.
ⓒ 모음자의 방향을 달리하면 다른 모음자가 된다.
ⓒ 자음자를 위아래로 뒤집으면 다른 자음자가 된다.

(,)

9 다음 낱말은 '볼'의 어느 부분을 바꾸어 만든 것인지 보기 에서 골라 쓰시오.

보기
첫 자음자   모음자   받침

(1) 벌 ( )
(2) 봄 ( )
(3) 돌 ( )

10 '감'의 첫 자음자를 바꾸어 만들 수 있는 글자는 무엇입니까? ( )

① 곰   ② 밤   ③ 금
④ 강   ⑤ 갓

11 다음 글자의 받침만 바꾸어 뜻이 있는 다른 글자를 만들어 쓰시오.

12~15   그래, 책이야!

[동키] 스크롤은 어떻게 해?
[몽키] 스크롤 안 해. 한 장 한 장 넘기면 돼.
　　　　이건 책이거든.
[동키] 게임할 수 있어?   [몽키] 아니. 책인걸.
[동키] 메일 보낼 수 있어?   [몽키] 아니.
[동키] 와이파이는?   [몽키] 아니.
[동키] ⌐⊙¬ 있어야 해?   [몽키] 아니.
[동키] 별명이 있어야 해?
[몽키] ⓒ책이라니까.

12 동키가 책에 대해 물어본 것들이 아닌 것은 무엇입니까? ( )

① 게임   ② 전화   ③ 메일
④ 스크롤   ⑤ 와이파이

13 ⊙에 들어갈 낱말에 ○표 하시오.

(비밀번호 / 책갈피)

14 ⓒ의 뜻은 무엇입니까? ( )

① 별명이 없어도 돼.
② 별명은 재미있게 지어야 해.
③ 책과 관련된 별명이 있어야 해.
④ 스크롤 해서 별명을 지어야 해.
⑤ 읽고 있는 책에 따라서 별명이 달라져.

15 동키가 몽키에게 계속 질문을 하는 까닭은 무엇입니까?

• ⬚ 을 잘 모르고 궁금해서

단원 평가

5 단원

진도 완료 체크

16~19 너무너무 어려운 훌라후프 돌리기

"자, 이제 운동장에 나가 볼까요?"

선생님의 말씀에 친구들은 모두 "우아!" 하고 소리를 질렀다. 나만 "어휴."라고 했다. 왜냐하면 훌라후프로 운동하는 시간이기 때문이다.

친구들은 훌라후프가 떨어지지 않게 잘 돌린다. 그런데 내가 하면 훌라후프가 금방 뚝 떨어진다.

친구들처럼 훌라후프를 잘 돌리고 싶어서 나는 훌라후프가 있다고 생각하면서 허리를 이리저리 움직였다. 선생님은 훌라후프 돌리기를 포기하지 않고 노력하는 모습이 기특하다고 칭찬해 주셨다. 칭찬을 받아서 기분이 좋았지만 다음에는 친구들처럼 훌라후프를 잘 돌리면 좋겠다.

16 윗글에 대한 설명으로 알맞지 <u>않은</u> 것은 무엇입니까? (   )

① '나'는 훌라후프를 잘하지 못한다.

② 선생님의 말씀에 '나'는 "어휴."라고 했다.

③ 친구들은 운동장에 나가는 것을 좋아한다.

④ 친구들은 '나'의 훌라후프 하는 방법을 무시했다.

⑤ 선생님께서는 '나'의 노력하는 모습을 칭찬해 주셨다.

17 '나'가 친구들과 다른 방법으로 훌라후프를 돌린 까닭은 무엇입니까?

(1) 선생님께 칭찬을 받고 싶어서   (   )

(2) 훌라후프를 잘 돌리고 싶어서   (   )

18 '나'가 훌라후프를 하는 방법을 나타낸 그림에 ○표 하시오.

(1)   (2)

(   )   (   )

19 '나'가 한 일에 대한 생각이나 느낌을 알맞게 말한 사람은 누구입니까?

> 도의: 나도 달리기를 좋아해.
> 미경: 훌라후프가 있다고 생각하며 허리를 돌리는 모습이 재치있어.
> 상은: 훌라후프를 잘 돌리지 못하는 친구를 도와주는 모습이 멋있어.

(   )

20 보기 에서 물건을 셀 때 쓰는 알맞은 낱말을 골라 빈칸에 써넣으시오.

> 보기
> 올 타 벌 마리

• 수저 한 [   ]

문장을 읽고 써요

단원 핵심 어휘

문장

뜻 낱말을 모아서 만든 하나의 줄글.
예 자신의 생각을 문장으로 써 봅시다.

개념 ① 생각을 문장으로 표현하기

① 어떤 상황인지 살펴봅니다.
② 어떤 문제가 있는지 알아봅니다.
③ 내가 하고 싶은 말을 떠올립니다.
④ 그렇게 생각하는 까닭을 들어 나의 생각을 씁니다.

● 그림에 대한 생각을 문장으로 표현하기 예

문제
더 쓸 수 있는 종이를 버리려고 합니다.

> • 다 쓰지 않은 종이는 빈 부분도 쓰면 좋겠어요.
> • 아직 더 쓸 수 있으니까 종이를 뒤집어서 쓰면 좋겠어요.

개념 ② 낱말을 바르게 읽고 쓰기

① 소리가 같지만 뜻과 표기가 다른 낱말이 있습니다. → 문자로 말을 적음.
② 모든 글자를 소리 나는 대로 쓰면 읽는 사람이 뜻을 알기 어렵습니다.
③ 받침에 주의하며 낱말을 바르게 쓰고 읽습니다.

● 소리가 같지만 뜻이 다른 낱말 예

낫	낮	낯

➡ 받침에 주의하여 써요!

개념 ③ 문장을 자연스럽게 띄어 읽기

① 의미가 잘 드러나게 띄어 읽습니다.
② 누가, 무엇을 했는지를 생각하며 띄어 읽습니다.
③ 문장이 긴 경우 앞 내용과 뒤에 오는 내용이 잘 구분되게 띄어 읽습니다.

● 「괜찮아 아저씨」의 문장을 알맞게 띄어 읽기 예

• '누가' 뒤에서 띄어 읽기

> 어느 마을에 괜찮아 아저씨가∨살고 있었어요.

• 문장 부호 뒤에서 띄어 읽기

> "오,∨괜찮은데?"

➡ 문장의 내용을 생각하며 자연스럽게 띄어 읽어요!

① 생각을 문장으로 표현하기

발명보다 위대한 발견

- 제재의 종류: 공익 광고(동영상)
- 중심 생각: 낭비되는 에너지를 발견하여 에너지를 절약합시다.

①

벤자민 플랭클린은 전기를 발명했다.

②

손수현 양은 안 쓰는 전기를 발견했다.

③

고틀리프 다임러는 자동차를 발명했다.

④

김지훈 씨는 나만의 자가용을 발견했다.
→ 개인이 사용하는 자동차.

⑤

발명보다
위대한 발견

⑥

미래를 위해

⊙

📍 발명과 발견
발명은 현재 없었던 물건을 새롭게 만들어 내는 것입니다. 발견은 몰랐던 사실을 찾아내는 것입니다.

발명	새롭게 만들어 냄.
발견	몰랐던 것을 찾아냄.

6 단원

---

1 손수현 양이 발견한 것은 무엇인가요? (   )

① 다 쓴 전등
② 고장 난 전등
③ 꺼져 있는 전등
④ 고쳐서 쓸 수 있는 전등
⑤ 필요 없이 켜져 있는 전등

2 광고에서 말하는 '발견'이 우리 생활에 필요한 까닭은 무엇인가요? (   )

① 주차를 잘하기 위해서
② 에너지를 아낄 수 있어서
③ 새 에너지를 만들 수 있어서
④ 전기를 만지는 것은 위험해서
⑤ 새로운 물건을 만들 수 있어서

3 ⊙에 들어갈 알맞은 말은 무엇인가요? (   )

① 자연을 개발하세요!
② 발명품을 열심히 사용하세요!
③ 새로운 발명품을 만들어 보세요!
④ 낭비되고 있는 에너지를 발견하세요!
⑤ 오래 쓸 수 있는 에너지를 발명하세요!

🗨 서술형·논술형 문제

4 광고를 보고 든 생각이나 느낌을 쓰세요.

_____

_____

[5~6] 다음 그림을 보고 물음에 답하세요.

뒷면은 더 쓸 수 있는데….

민지

5 그림에서 일어나고 있는 문제는 무엇인가요?

(   )

① 바르게 줄을 서지 않았다.

② 휴지를 지나치게 많이 사용했다.

③ 밥을 먹은 후 그릇을 치우지 않았다.

④ 더 쓸 수 있는 종이를 버리려고 한다.

⑤ 수업 시간에 친구와 이야기하고 있다.

6 민지가 어떻게 행동하면 좋을까요? (   )

① 종이를 잘라서 버리면 좋겠습니다.

② 종이를 뒤집어서 다시 쓰면 좋겠습니다.

③ 준비물은 잊지 않고 챙기면 좋겠습니다.

④ 밥을 먹고 나서는 그릇을 치우면 좋겠습니다.

⑤ 수업 시간에는 선생님께 집중하면 좋겠습니다.

7 나의 생각을 문장으로 표현하는 방법으로 알맞은 것은 무엇무엇인가요?

> ㉠ 어떤 문제가 있는지 생각한다.
> ㉡ 친구의 생각을 그대로 말하거나 쓴다.
> ㉢ 문제를 어떻게 해결할 수 있을지 생각한다.

(,   )

[8~9] 다음을 보고 물음에 답하세요.

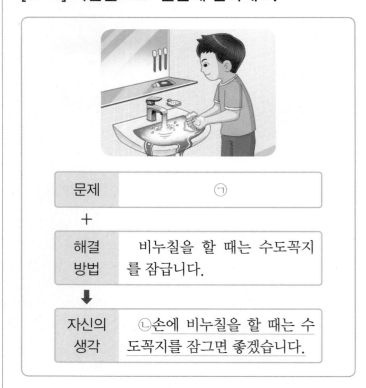

문제	㉠

+

해결 방법	비누칠을 할 때는 수도꼭지를 잠급니다.

↓

자신의 생각	㉡손에 비누칠을 할 때는 수도꼭지를 잠그면 좋겠습니다.

8 ㉠에 들어갈 문장을 쓸 때, (   ) 안의 알맞은 말에 ○표 하세요.

• (손을 씻을 때 / 설거지를 할 때) 물을 틀어 두고 있습니다.

9 ㉡과 같이 생각하는 까닭으로 알맞은 것은 무엇인가요? (   )

① 물을 아낄 수 있기 때문입니다.

② 교실에서는 뛰면 안 되기 때문입니다.

③ 침이 상대에게 튈 수 있기 때문입니다.

④ 친구와 사이좋게 지내야 하기 때문입니다.

⑤ 비누로 손을 씻어야 깨끗하기 때문입니다.

6 단원

반짝반짝

너는
별이 되고 싶니?
너 혼자
반짝 빛나고 싶니?

너는
별자리가 되고 싶니?
여럿이 함께
반짝반짝 반짝반짝
빛나고 싶니?

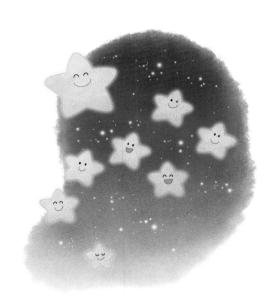

• **글의 종류**: 시
• **글쓴이**: 신형건
• **시의 특징**: 혼자 빛나는 별과 함께 빛나는 별자리를 '반짝', '반짝반짝' 이라는 말로 표현하였습니다.

별자리 하늘의 별을 무리 지어 이야기에 나오는 동물이나 인물 등의 이름을 붙여 놓은 것.
여럿 많은 수의 사람이나 물건.

6 단원

---

10 관계 있는 것끼리 선으로 이으세요.

(1)  ·

①

(2) 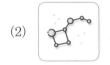 ·

②

🧢 교과서 문제

11 혼자 빛나는 때와 여럿이 함께 빛나는 때를 보기에서 찾아 기호로 쓰세요.

┌─ 보기 ──────────────────┐
│ ㉠ 함께 즐거움을 느낄 때 │
│ ㉡ 내 생각을 마음껏 표현할 때 │
│ ㉢ 떨어진 쓰레기를 나 스스로 주울 때 │
│ ㉣ 도움이 필요한 친구를 함께 도와줄 때 │
└──────────────────────┘

(1) 혼자 빛나는 때: (,   )
(2) 여럿이 함께 빛나는 때: (,   )

12 여럿이 함께 반짝였을 때의 좋은 점에 ○표 하세요.

(1) 혼자서만 뿌듯함을 느낄 수 있다. (   )
(2) 함께 더 좋은 결과를 낼 수 있다. (   )
(3) 혼자서 모두의 관심을 받을 수 있다.

(   )

13 다음은 이 시를 읽은 친구들의 생각입니다. 문장의 알맞은 말에 ○표 하세요.

(1) 부끄럽지만 용기를 내어 손을 들고 내 생각을 발표하는 (별 / 별자리)이/가 되고 싶어요.

(2) 놀이 시간 뒤 가지고 논 놀잇감을 친구들과 함께 정리하는 (별 / 별자리)이/가 되고 싶어요.

14 그림을 보고 알맞은 낱말을 선으로 이으세요.

(1)  ·

  · ① 낮

(2)  ·

  · ② 낫

(3)  ·

  · ③ 낯

15 문제 14의 '낮', '낫', '낯'을 소리 내어 읽을 때, 낱말의 소리는 모두 어떠한지 알맞은 말에 ○표 하세요.

· 낱말의 소리가 (같습니다. / 다릅니다.)

16 모든 글자를 소리 나는 대로 쓰면 안 되는 까닭은 무엇인가요? (   )

① 소리 나는 대로 쓰면 간편해서
② 한글은 소리 나는 대로 써야 해서
③ 한글 낱말은 모두 띄어 써야 해서
④ 소리는 같아도 뜻이 다른 낱말이 있어서
⑤ 소리가 같은 낱말은 모두 같은 뜻이어서

17 그림에 알맞은 받침을 써넣으세요.

(1)  모[ ]

(2) 파[ ]

18 문장에 들어갈 말로 알맞은 것에 ○표 하세요.

가족들과 즐겁게 (윷놀이 / 윷놀이)를 하였습니다.

19 ㉠, ㉡에 들어갈 글자를 알맞게 나타낸 것은 무엇인가요? (   )

㉠ 향기를 ㉡ 습니다.

	㉠	㉡
①	꼿	맏
②	꼳	맛
③	꽃	맏
④	꽃	맡
⑤	꽃	맛

소방관의 부탁

· 글의 특징: 소방관이 모두의 안전을 지키기 위한 세 가지 방법을 이야기하고 있습니다.

여러분, 안녕하세요. 저는 소방서에서 일하는 소방관입니다. 오늘은 우리 모두의 안전을 지키기 위한 방법을 이야기하려고 합니다.

㉠첫째, 소방서에 장난 전화를 하면 안 됩니다. 신고가 들어오면 소방관은 바로 출동해야 합니다. 그런데 만약 그 전화가 장난이라면 <u>정말 도움이 필요한 다른 사람들에게 소방관이 갈 수 없게 됩니다.</u>
<small>소방서에 장난 전화를 하면 안 되는 까닭</small>
소방관들이 위험에 처한 사람들을 도울 수 있게 장난 전화를 하지 말아 주세요.

둘째, 도로에 있는 소화전 근처에는 차를 대면 안 됩니다. 소방관은 불이 났을 때 소방차에 있는 물을 뿌려 불을 끕니다. 하지만 소방차에는 많은 물을 가지고 다닐 수 없습니다. 그래서

도로에 물을 끌어다 쓸 수 있는 곳을 만들어 놓았지요. '소방 용수'라고 적힌 표지판이나 도로에 빨간색으로 칠해진 곳을 본 적이 있나요? 소방차는 그곳에서 물을 끌어다 쓴답니다. 부모님께서 소화전 근처에 주차하시지 않도록 꼭 말씀드려 주세요.

셋째, 불이 난 곳 근처에서 구경하지 말고 빠르게 대피해야 합니다. 건물에 불이 나면 <u>불에 탄 물건이 우리의 머리 위로 떨어질 수도 있습</u>
<small>━▶ 불이 난 곳 근처에서 멀리 떨어져 대피해야 하는 까닭</small>
<u>니다.</u> 불이 나면 모두의 안전을 위해 건물에서 멀리 떨어진 곳으로 대피해야 합니다.

㉡앞으로도 우리 소방관들은 여러분의 안전을 위해 열심히 일할 것입니다. 고맙습니다.

소화전 불을 끌 때 물을 가져오는 곳.
소방 용수 불을 끄기 위한 물.

주차 자동차를 일정한 곳에 세워 둠.
대피 위험한 곳에서 멀리 떨어짐.

20 안전을 지키기 위한 세 가지 방법을 모두 고르세요. (, ,)

① 소방서에 응원하는 전화를 한다.
② 소화전 근처에 차를 대지 않는다.
③ 불이 난 곳에서 빠르게 대피한다.
④ 소방서에 장난 전화를 하지 않는다.
⑤ 불이 났으면 멀리 떨어져서 구경한다.

21 ㉠을 자연스럽게 띄어 읽은 것에 ○표 하세요.

(1) 첫째,∨소방서에 장난 전화를 하면∨안 됩니다. ( )

(2) 첫째,∨소방서에∨장난∨전화를∨하면∨안∨됩니다. ( )

22 ㉡을 읽을 때 '누가' 뒤에 띄어 읽기 표시(∨)를 하세요.

> 앞으로도( )우리 소방관들은( )여러분의 안전을 위해 열심히( )일할 것입니다.

23 글을 자연스럽게 띄어 읽는 방법으로 알맞은 것은 무엇인가요? ( )

① 모든 낱말마다 띄어 읽는다.
② 의미가 잘 드러나게 띄어 읽는다.
③ 최대한 큰 소리로, 빠르게 읽는다.
④ 무조건 모든 문장을 한 번에 읽는다.
⑤ 누가, 무엇을 했는지는 생각하지 않는다.

괜찮아 아저씨

· 글 · 그림: 김경희   · 글의 종류: 이야기
· 일어난 일: 괜찮아 아저씨는 머리카락이 하나씩 빠져도 매일 새로운 머리 모양을 만들며 괜찮아합니다.

❶ 어느 마을에 괜찮아 아저씨가 살고 있었어요.

아저씨는 아침이면 세수를 하고 머리 모양을 만들었지요.

그리고 이렇게 말했죠.

"오, 괜찮은데?"

㉠아저씨는 머리카락 숫자를 세었어요.

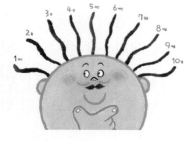

✎중심 내용 **1** 괜찮아 아저씨는 아침이면 세수를 하고 머리 모양을 만들었어요.

❷ 아저씨가 낮잠을 자는데 새들이 포르르.

㉡머리카락 한 올이 쏘옥~

다음 날, 아저씨는 세수를 하고 머리카락을 세 개씩 묶었어요.

"오, 괜찮은데?"

▶ 머리카락의 수는 '개'로 세어도 되지만 더 정확하게는 '올'이나 '가닥'이라고 셈.

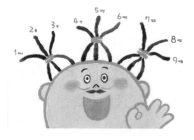

✎중심 내용 **2** 새들이 머리카락 한 올을 빼 가자 아저씨는 머리카락을 세 개씩 묶었어요.

낮잠 낮에 자는 잠.

포르르 작은 새 따위가 갑자기 날아갈 때 나는 소리. 또는 그 모양.

---

24 괜찮아 아저씨는 아침에 세수를 하고 무엇을 하나요? (   )

① 양치를 한다.
② 아침밥을 먹는다.
③ 예쁜 옷을 입는다.
④ 머리 모양을 만든다.
⑤ 화려한 모자를 쓴다.

25 아저씨는 자신의 머리 모양을 보고 어떤 말을 하나요?

(   )

26 ㉠에서 아저씨의 머리카락 수는 몇 올인가요?

(   )

① 3올   ② 5올   ③ 7올
④ 9올   ⑤ 10올

🗨교과서 문제

27 ㉡에서 아저씨의 머리카락이 빠진 까닭은 무엇일까요? (   )

① 바람에 날아가서
② 새들이 물고 가서
③ 신나게 춤을 춰서
④ 호랑이가 빼앗아 가서
⑤ 거미가 머리에 매달려서

28 머리카락이 아홉 올 남은 아저씨는 머리 모양을 어떻게 만들었나요? (   )

① 두 올씩 묶었다.
② 세 올씩 묶었다.
③ 머리핀을 꽂았다.
④ 모두 하나로 묶었다.
⑤ 꼬불꼬불하게 말았다.

❸ 비 오는 날, 거미가 아저씨 머리에 매달려 흔들흔들. 머리카락 한 올이 쏘옥~

다음 날, 아저씨는 세수를 하고 가르마를 탔어요.
"오, 괜찮은데?"

아저씨는 곰이랑 시소를 타고 오르락내리락. 머리카락 한 올이 쏘옥~

다음 날, 아저씨는 세수를 하고 머리카락을 꼬불꼬불 말았어요.
"오, 괜찮은데?"

📝**중심 내용 ❸** 머리카락이 여덟 올이 되자 아저씨는 가르마를 타고, 머리카락이 일곱 올이 되자 아저씨는 머리카락을 꼬불꼬불 말았어요.

가르마 이마에서 정수리까지의 머리카락을 양쪽으로 갈랐을 때 생기는 금.

❹ ㉠아저씨랑 깡충깡충 토끼가 달리기 경주를 하니 머리카락 한 올이 쏘옥~

다음 날, 아저씨는 세수를 하고 머리카락을 땋았어요.

"오, 괜찮은데?"

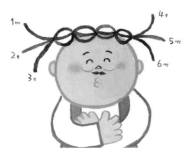

📝**중심 내용 ❹** 머리카락이 여섯 올이 되자 아저씨는 머리카락을 땋고 "오, 괜찮은데?"라고 말했어요.

땋았어요 머리카락을 둘 이상의 가닥으로 갈라서 어긋나게 엮어 한 가닥으로 묶었어요.

---

29 아저씨는 머리카락 수에 따라 어떤 머리 모양을 하였는지 선으로 이으세요.

(1) 여덟 올 •　　　• ① 머리카락을 땋았다.

(2) 일곱 올 •　　　• ② 꼬불꼬불 말았다.

(3) 여섯 올 •　　　• ③ 가르마를 탔다.

30 머리카락이 다섯 올 남으면 아저씨의 머리 모양은 어떠할지 상상하여 그려 보세요.

31 ㉠을 알맞게 띄어 읽은 것에 ○표 하세요.
(1) 아저씨랑 깡충깡충 토끼가∨달리기 경주를 하니∨머리카락 한 올이 쏘옥~　（　　）
(2) 아저씨랑∨깡충∨깡충∨토끼가 달리기∨경주를∨하니∨머리카락 한 올이∨쏘옥~
　　　　　　　　　　　　　　　（　　）

- 교과서에 나온 질문과 예시 답안을 모았어요!
- 수업 시간 선생님의 질문에 자신 있게 발표해 보아요!

국어 교과서 🐥 206~207쪽

6 단원

진도 완료 체크

😊「괜찮아 아저씨」를 읽고 물음에 답해 봅시다.

(1) 아저씨의 머리카락이 한 올씩 빠진 까닭은 무엇인가요?

> 예 새들이 물고 가서, 거미가 매달려서, 시소를 타서, 토끼와 달리기 경주를 해서입니다.

(2) 아침마다 머리 모양을 달리한 아저씨가 "오, 괜찮은데?"라고 말한 까닭은 무엇인가요?

> 예 남은 머리카락을 여러 가지 모양으로 바꾼 자신의 모습이 마음에 들었기 때문입니다.

> 예 아저씨는 남아 있는 머리카락으로 만든 머리 모양이 멋지다고 생각했기 때문입니다.

(3) 머리카락 개수마다 달라진 아저씨의 머리 모양을 생각하며 아저씨께 해 주고 싶은 말을 써 보세요.

> 예 아저씨, 머리 모양이 정말 멋져요!
> 예 저도 아저씨처럼 늘 좋은 방향으로 생각을 할래요!

😊「괜찮아 아저씨」속 문장을 자연스럽게 읽어 봅시다.

이야기를 자연스럽게 띄어 읽어 볼까요?

예
- 어느 마을에∨괜찮아 아저씨가∨살고 있었어요.

- 아저씨는∨아침이면 세수를 하고∨머리 모양을 만들었지요.

정리하기

32 글자에 알맞은 받침을 써넣으세요.

(1)

수

(2)

이

33 그림에 알맞은 글자를 찾아 ○표 하세요.

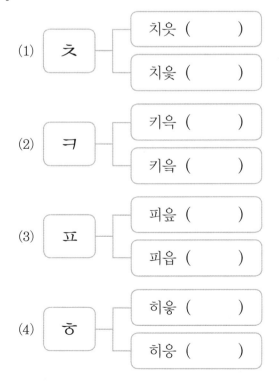

| 박 |
| 밖 |
| 밬 |

34 자음자의 이름으로 알맞은 것에 ○표 하세요.

(1) ㅊ
- 치읏 (   )
- 치읓 (   )

(2) ㅋ
- 키윽 (   )
- 키읔 (   )

(3) ㅍ
- 피읖 (   )
- 피읍 (   )

(4) ㅎ
- 히응 (   )
- 히읗 (   )

35 반대말을 찾아 선으로 이으세요.

(1) 들어가다 •   • ① 나가다

(2) 싫다 •   • ② 풀다

(3) 더럽다 •   • ③ 좋다

(4) 묶다 •   • ④ 깨끗하다

36 그림을 보고 보기 에서 알맞은 말을 찾아 문장을 완성하세요.

보기
밝다   빠르다   어둡다   느리다

(1)

낮은 (   ). 밤은 (   ).

(2)

토끼와 거북이 경주를 한다.
토끼는 (   ).
하지만 거북은 (   ).

1 다음 뜻을 가진 낱말을 보기 에서 찾아 쓰세요.

> 보기
>
> 표현　　표기　　의미

(1) 말이나 글의 뜻.

(　　　　　　　)

(2) 문자로 말을 적음.

(　　　　　　　)

(3) 생각이나 느낌 따위를 말이나 몸짓으로 나타냄.

(　　　　　　　)

・미안함의 **표현**으로 친구에게 편지를 썼다.

・낱말을 정확하게 **표기**하세요.

・이 글의 **의미**가 무엇일까?

2 다음 뜻에 알맞은 낱말을 찾아 선으로 이으세요.

(1) 미처 찾아내지 못한 사실이나 물건 따위를 찾아냄. ・　　　・ ㉠ 발명

(2) 아직까지 없던 기술이나 물건을 새로 만들어 냄. ・　　　・ ㉡ 발견

📍 '발견'과 '발명'

어떤 것을 새롭게 만들어 내는 것은 **발명**이고, 몰랐던 것을 새롭게 알게 되거나 찾는 것은 **발견**입니다.

 비의 양을 재기 위해 측우기를 발명하다.

 땅속에 묻혀 있던 기왓장을 발견하다.

3 첫소리에 알맞은 낱말을 써넣어 문장을 완성하세요.

(1) 에디슨은 전깃불을 [ㅂ][ㅁ]했다.

(2) 문장의 [ㅇ][ㅁ]를 생각하며 글을 읽어 보자.

(3) 사탕을 건네는 것은 민지의 고마움의 [ㅍ][ㅎ]이다.

(4) 콜럼버스는 오랜 항해 끝에 신대륙을 [ㅂ][ㄱ]했다.

문 해 기 술

정답 18쪽

4 보기 와 같이 의미가 잘 드러나게 띄어 읽을 곳에 ∨표 하세요.

보기

‘누가’ 뒤에서 띄어 읽기

신고를 받은 소방관은∨불을 끄기 위해 바로 출동합니다.

(1) ‘누가’ 뒤에서 띄어 읽기

올해 칠순이 되신 할아버지는 하루도 빠짐없이 뒷산으로 등산을 가십니다.

(2) ‘무엇을’ 뒤에서 띄어 읽기

공주는 호두와 크림이 많이 들어간 빵을 가난한 소년에게 주었습니다.

(3) ‘누구에게’ 뒤에서 띄어 읽기

도움이 필요한 다른 사람들에게 소방관이 갈 수 없게 됩니다.

(4) ‘어디에서’ 뒤에서 띄어 읽기

우리 가족은 나무와 꽃이 가득 피어 있는 정원에서 이야기했습니다.

(5) ‘까닭’ 뒤에서 띄어 읽기

눈의 건강이 나빠질 수 있기 때문에 스마트폰을 오랫동안 보면 안 됩니다.

6단원

◎ 의미가 잘 드러나게 띄어읽기
문장이 길면 누가, 무엇을 하였는지 문장의 의미를 생각하며 띄어 읽습니다. 문장의 의미를 구분하며 띄어 읽는 방법은 여러 가지입니다.

발에 부딪힌 공이∨데굴데굴 굴러갔습니다.
→ 무엇이

누나는 하얀 꽃이 달린 모자를 ∨썼습니다.
→ 무엇을

할머니는 민들레꽃이 가득 핀 들판에서∨아이를 만났습니다.
→ 어디에서

→ 누가
우리 반 친구들과 선생님은∨다음 주 목요일에∨학교 뒷산 앞 연못에서∨만나기로 하였습니다.
→ 언제
→ 어디에서

✦ 학교별 유형별 **평가 모음**

✓평가1 쪽지 평가
간단한 문답을 통해 단원 개념과
제재에 대한 이해도를 평가

✓평가2 단원 평가
다양한 유형의 문제를 통해 단원 학습 성취도와
독해력, 어휘력 등 국어 실력 전반을 평가

6
단원

✓평가1

정답 19쪽

쪽지 평가

6 문장을 읽고 써요

1 광고 「발명보다 위대한 발견」에서 에너지를 아
끼기 위해 사람들이 한 일은 무엇입니까?

• 낭비되는 에너지를 (발명 / 발견)했습니다.

2 시 「반짝반짝」에서 함께 반짝반짝 빛나는 것은
무엇입니까?

(별 / 별자리)

3 「소방관의 부탁」에서 소방관은 어디 근처에 차
를 대지 말아 달라고 하였습니까?

• _____ 근처에 차를 대면 안 됩니다.

4 이야기 「괜찮아 아저씨」에서 아저씨가 세수를 하
고 머리 모양을 만드는 시간은 하루 중 언제입니
까?

_____

5 이야기 「괜찮아 아저씨」에서 아저씨의 말버릇
은 무엇입니까?

• "오, _____"

6 문장을 자연스럽게 띄어 읽는 방법은 무엇입
니까?

• 문장에서 (모든 낱말을 구분하여 / 내용을
구분하여) 띄어 읽습니다.

1~3

발명보다 위대한 발견

벤자민 플랭클린은 전기를 발명했다.

손수현 양은 안 쓰는 전기를 발견했다.

고틀리프 다임러는 자동차를 발명했다.

김지훈 씨는 나만의 자가용을 발견했다.

발명보다
위대한 발견

미래를 위해
낭비되고 있는 에너지를
발견하세요!

1 광고에서 '발명'을 한 사람과 '발견'을 한 사람을 모두 선으로 이으시오.

 • ①

(1) 발명 •

 • ②

• ③

(2) 발견 •

 • ④

2 광고에서 하려는 말은 무엇입니까?

• 낭비되는 ⬜⬜⬜⬜⬜ 를 줄이자.

3 광고에서 하려는 말과 비슷한 생각에 ◯표 하시오.

(1) 에너지를 많이 사용하는 발명품을 만들어야겠다고 생각했어.　　　（　　　）

(2) 학교에 갈 때 부모님 차를 타지 않고 스스로 걸어가야겠다고 생각했어.　（　　　）

6 단원

4~6 반짝반짝

너는
별이 되고 싶니?
너 혼자
반짝 빛나고 싶니?

너는
별자리가 되고 싶니?
여럿이 함께
반짝반짝 반짝반짝
빛나고 싶니?

4 혼자 반짝 빛나는 것은 무엇입니까?

(별 / 별자리)

5 함께 반짝반짝 빛나는 때로 알맞은 것은 무엇입니까?

> ㉠ 쓰레기를 나 스스로 주울 때
> ㉡ 내가 가장 좋아하는 그림 그리기를 할 때
> ㉢ 반 친구들과 힘을 합쳐 다리를 다친 친구를 도울 때

( )

📖 서술형·논술형 문제

6 우리 반을 위해서 혼자 반짝일 수 있는 일은 무엇일지 자신의 생각을 문장으로 쓰시오.

_____

_____

[7~8] 다음 그림을 보고 물음에 답하시오.

아직 더 쓸 수 있는데….

7 그림을 보고 든 생각을 알맞게 쓴 문장은 무엇입니까?

(1) 더 쓸 수 있으니까 종이의 빈 부분을 더 쓰면 좋겠어. ( )

(2) 물을 닦을 때 휴지를 너무 많이 쓰지 않았으면 좋겠어. ( )

8 문제 7에서 답한 생각의 까닭으로 들 수 있는 것은 무엇입니까? ( )

① 종이를 아낄 수 있어서
② 종이 접기는 재미있어서
③ 종이는 소중하지 않아서
④ 색연필의 색깔이 다양해서
⑤ 종이는 가위로 자를 수 있어서

9 나의 생각을 문장으로 표현하는 방법으로 알맞지 않은 것은 무엇입니까? ( )

① 어떤 상황인지 살펴본다.
② 어떤 문제가 있는지 알아본다.
③ 선생님의 말씀을 그대로 쓴다.
④ 까닭을 들어 나의 생각을 쓴다.
⑤ 내가 하고 싶은 말을 떠올린다.

10 자음자의 이름이 바르게 짝 지어지지 않은 것은 무엇입니까? (   )

① ㅊ – 치읓   ② ㅋ – 키역

③ ㅌ – 티읕   ④ ㅍ – 피읖

⑤ ㅎ – 히읗

11 다음 글에서 바르게 쓰지 못한 낱말을 찾아 ○표 하고, 바르게 고쳐 쓰시오.

> 오늘은 아빠와 숯불에 고기를 구워 먹었다. 깻잎과 함께 먹었더니 더욱 맛있었다.

(   )

12 보기 에서 알맞은 낱말을 골라 문장을 완성하시오.

> **보기**
>
> 낫   낮   갔다   같다

(1) 나그네는 (   )이 되자 절을 향해 (   ).

(2) 벼를 베는 (   )과 자음자 ㄱ은 모양이 (   ).

13 모든 글자를 소리 나는 대로 쓰면 안 되는 까닭은 무엇입니까?

• 읽는 사람이 (뜻을 / 소리를) 알기 어렵기 때문이다.

14~15 **소방관의 부탁**

> 도로에 있는 소화전 근처에는 차를 대면 안 됩니다. ㉮소방관은 불이 났을 때 소방차에 있는 물을 뿌려 불을 끕니다. 하지만 소방차에는 많은 물을 가지고 다닐 수 없습니다. 그래서 도로에 물을 끌어다 쓸 수 있는 곳을 만들어 놓았지요. '소방 용수'라고 적힌 표지판이나 도로에 빨간색으로 칠해진 곳을 본 적이 있나요? 소방차는 그곳에서 물을 끌어다 쓴답니다. 부모님께서 소화전 근처에 주차하시지 않도록 꼭 말씀드려 주세요.

14 윗글에서 부탁한 것은 무엇입니까? (   )

① 소화전 근처에 차를 대지 마세요.

② 도로에 소방 용수를 준비해 주세요.

③ 불이 나면 물을 뿌려 불을 꺼 주세요.

④ 소화전 근처에서는 천천히 가 주세요.

⑤ 사람이 다니는 길로 안전하게 걸어 주세요.

15 ㉮를 더 자연스럽게 띄어 읽은 것의 기호를 쓰시오.

> ㉠ 소방관은 불이 났을 때∨소방차에 있는 물을 뿌려∨불을 끕니다.

> ㉡ 소방관은∨불이∨났을∨때∨소방차에∨있는∨물을∨뿌려∨불을∨끕니다.

(   )

6
단원

진도 완료
체크

16~17 **괜찮아 아저씨**

어느 마을에 괜찮아 아저씨가 살고 있었어요.

아저씨는 아침이면 세수를 하고 머리 모양을 만들었지요.

그리고 이렇게 말했죠.

"오, 괜찮은데?"

아저씨는 머리카락 숫자를 세었어요.

16 이 글을 자연스럽게 띄어 읽지 못한 것은 어느 것입니까? (   )

①	어느 마을에∨괜찮아 아저씨가∨살고 있었어요.
②	아저씨는∨아침이면 세수를 하고∨머리 모양을 만들었지요.
③	그리고 이렇게 말∨했죠.
④	"오,∨괜찮은데?"
⑤	아저씨는∨머리카락 숫자를∨세었어요.

17 아저씨가 아침마다 하는 일이 <u>아닌</u> 것은 무엇입니까?

> ㉠ 세수를 한다.
> ㉡ 아침 산책을 한다.
> ㉢ 머리 모양을 만든다.

(   )

18~20 **괜찮아 아저씨**

㉮ 아저씨는 곰이랑 시소를 타고 오르락내리락.

머리카락 한 올이 쏘옥~

다음 날, 아저씨는 세수를 하고 머리카락을 꼬불꼬불 말았어요.

"오, 괜찮은데?"

㉯ 아저씨랑 깡충깡충 토끼가 달리기 경주를 하니 머리카락 한 올이 쏘옥~

다음 날, 아저씨는 세수를 하고 머리카락을 땋았어요.

"오, 괜찮은데?"

18 글 ㉮에서 아저씨는 무엇을 하다가 머리카락 한 올이 빠졌습니까?

_____

19 글 ㉯에서 아저씨는 머리 모양을 어떻게 했습니까? (   )

① 머리카락을 땋았다.
② 머리카락 숫자를 세었다.
③ 머리카락을 세 개씩 묶었다.
④ 머리카락을 양쪽으로 묶었다.
⑤ 머리카락을 한쪽으로 넘겼다.

20 아저씨가 "오, 괜찮은데?"라고 말하는 까닭은 무엇입니까? (   )

① 머리카락이 더 많아졌으면 해서
② 세수를 하고 얼굴이 깨끗해져서
③ 머리카락이 빠진 것에 화가 나서
④ 자신의 머리 모양이 마음에 들어서
⑤ 하나씩 머리카락이 빠지니 안타까워서

무엇이
중요할까요

7

무엇을 설명하는지 생각하며 글을 읽고, 겪은 일을 글로 쓰기

단원 핵심 어휘

설명

뜻 어떤 사물이나 일에 대해 자세히 풀어 알려 주는 것.
예 선생님께서 도서관 이용 방법에 대해 설명해 주셨습니다.

개념① 설명하는 글이란?

① 어떤 대상을 다른 사람이 잘 알 수 있게 풀어서 알려 주는 글입니다.
② 설명하는 글을 읽으면 설명하는 대상에 대해 잘 알 수 있습니다.
③ 일의 방법이나 순서를 설명하는 글이 많이 있습니다.

> 예 김밥을 만드는 방법
> 종이배를 접는 순서

여러 가지 설명하는 글과 설명하는 것

 → 장난감을 조립하는 방법

 → 노트북을 사용하는 방법

 → 도서관 이용 방법이나 규칙

 → 소화기를 사용하는 방법

개념② 무엇을 설명하는지 생각하며 글 읽기

① 글의 제목을 살펴봅니다.
② 글에서 알려 주려는 내용이 무엇인지 살펴봅니다.
③ 글에서 자세하게 설명하는 내용이 무엇인지 살펴봅니다.
④ 글쓴이가 알리고 싶어 하는 것을 생각하며 읽습니다.

설명하는 대상 찾기

→ 설명하는 대상   독도 → 글의 제목

독도는 우리나라 동쪽 끝에 위치한 섬입니다. 독도는 큰 섬 두 개와 작은 바위섬 89개로 이루어져 있습니다.
→ 자세하게 설명하는 내용

→ 설명하는 대상 : 독도

개념③ 겪은 일 쓰기

① 소개하고 싶은 겪은 일을 고릅니다.
② 언제, 어디에서, 어떤 일이 있었는지 자세하게 씁니다.
③ 어떤 생각이나 느낌이 들었는지 다양하게 표현합니다.

겪은 일 쓰기 예

→ 언제   → 어디에서

오늘 학교가 끝나고 집에서 가방을 정리하는데 필통이 없어졌다는 것을 알게 되었다. 필통을 잃어버린 게 세 번째라서 엄마께 죄송했다.

→ 겪은 일   → 생각이나 느낌

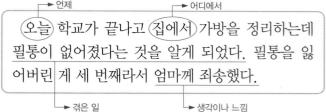

겪은 일과 생각이나 느낌을 자세하게 써요!

정호 ▶
어떻게 해야 하지?

하율 ▶
아하, 이런 순서로 접는구나.

무엇을 자르지?

이렇게, 이렇게······.

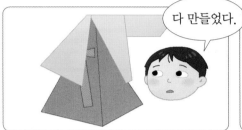
다 만들었다.

다 만들었다.

💡 하율이는 설명하는 글을 읽으면서 만들기를 하지만 정호는 설명하는 글을 보지 않고 만들기를 하고 있습니다.

💡 설명하는 글을 읽으면 좋은 점
어떤 일을 하는 방법을 설명하는 글을 읽으면 그 일을 잘할 수 있습니다.

7
단원

🎓 교과서 문제

1 정호와 하율이는 색종이로 무엇을 만들고 있나요? ( )

① 모자　　② 한복　　③ 자동차

④ 비행기　　⑤ 청소기

2 정호와 하율이 중 만들기를 잘한 어린이는 누구인가요?

( )

3 하율이가 읽은 것과 같은 글의 종류를 무엇이라고 하나요? ( )

① 편지글　　　　② 상상하는 글

③ 설명하는 글　　④ 주장하는 글

⑤ 겪은 일을 쓴 글

4 설명하는 글을 읽으면 좋은 점에 ○표 하세요.

(1) 이야기에서 감동을 받을 수 있다. ( )

(2) 어떤 일을 하는 방법을 잘 알 수 있다.

( )

5 설명하는 글을 읽었던 경험에 대해 말하지 <u>않은</u> 친구는 누구인가요?

준호: 장난감을 어떻게 조립하는지 알려 주는 글을 읽었어.

정화: 만들기 재료가 배달되었는데 거기에 있는 설명서를 따라 떡볶이를 만들었어.

소영: 성을 불태운 용을 찾아가 용감하게 맞서 싸운 공주의 이야기를 재미있게 읽었어.

( )

독도

- **글의 종류**: 설명하는 글
- **중심 내용**: 독도의 위치, 동도와 서도 등에 대해 설명하고 있습니다.

독도는 우리나라 동쪽 끝에 위치한 섬입니다. 독도는 큰 섬 두 개와 작은 바위섬 89개로 이루어져 있습니다. 큰 섬 두 개를 각각 동도와 서도라고 부릅니다. 독도는 동도와 서도를 모두 합쳐 부르는 이름입니다.
> 설명하는 것
> 독도 ➝ 동도 + 서도

동도에는 등대와 배가 섬에 닿을 수 있도록 만든 시설이 있습니다. 동도에 있는 등대는 밤에도 불을 밝혀 독도 주변을 지키는 데 도움을 줍니다. 독도를 지키는 경비대도 이곳에 있습니다.

서도에는 주민을 위한 숙소가 있습니다. 독도를 사람들에게 널리 알리고 보존하는 일을 하는

독도관리사무소 직원도 독도에 올 때는 이곳을 이용합니다. 또 서도에는 땅에 스며든 물이 땅 밖으로 모이는 곳이 있습니다. 옛날에는 사람들이 이 물을 썼지만, 요즘은 바닷물을 우리가 먹을 수 있게 바꾼 뒤 그 물을 사용합니다.
> 주민을 위한 숙소
> 땅 밖으로 모이는 물

▲ 독도

시설 무언가를 하기 위해 마련된 도구나 기계 장치 따위. ㉔ 교육 시설, 휴게 시설, 체육 시설

경비대 무언가를 살피고 지키는 부대.

보존 잘 보호하고 간수하여 남김. ㉔ 문화재를 보존하자.

🎓 교과서 문제

6 이 글의 제목은 무엇인가요?

( )

🎓 교과서 문제

7 이 글에서 소개하는 내용은 무엇무엇인가요?

(,)

① 독도의 위치
② 독도에서 열리는 행사
③ 독도를 찾아가는 방법
④ 독도가 우리 땅인 까닭
⑤ 동도와 서도에 대한 내용

8 동도에 있는 다음 시설은 무엇인가요?

> 바닷가나 섬에 탑 모양으로 높이 세워, 밤에 다니는 배에 바닷길을 안내해 주는 시설.

( )

9 서도에 대한 설명으로 알맞은 것은 무엇인가요? ( )

① 등대가 있다.
② 물이 나오지 않는다.
③ 주민을 위한 숙소가 있다.
④ 수많은 동굴로 이루어져 있다.
⑤ 독도의 작은 바위섬 중 하나이다.

10 이 글을 읽고 알게 된 점으로 알맞은 것에 모두 ○표 하세요.

(1) 독도에는 숲이 많다. ( )
(2) 독도에는 경비대가 있다. ( )
(3) 독도는 우리나라 동쪽 끝에 있다. ( )
(4) 독도는 동도와 서도를 합쳐 부르는 이름이다. ( )
(5) 독도관리사무소는 독도에서 고기를 잡는 어선들을 감시한다. ( )

자연은 발명왕

· 글의 종류: 설명하는 글
· 중심 글감: 자연을 본떠 만든 여러 가지 물건들

❶ 유리창에 붙어 있는 인형을 본 적이 있나요? 그것을 붙일 때에 사용하는 물건은 문어의 빨판을 본떠 만들었습니다. 문어는 빨판을 이용하여 어디에나 잘 달라붙습니다. 우리가 흔히 쓰는 칫솔걸이도 이것을 본떠 만든 물건입니다.

문어의 빨판

✏️ 중심 내용 ❶ 유리창에 무언가를 붙일 때 사용하는 물건은 문어의 빨판을 본떠 만들었습니다.

❷ 낙하산은 민들레씨를 본떠 만들었습니다. 민들레씨의 가는 실 끝에는 털이 여러 개 달려 있습니다. 이 털이 있어서 민들레씨는 둥둥 떠서 멀리까지 날아갈 수 있습니다. 또 천천히 땅에 떨어지게 됩니다. 낙하산을 이용하면 비행기에서 안전하게 땅으로 내려올 수 있습니다.

✏️ 중심 내용 ❷ 낙하산은 민들레씨를 본떠 만들었습니다.

❸ 숲속을 걷다 보면 옷에 열매가 붙어 있는 경우가 있습니다. 도꼬마리 열매에는 갈고리 모양의 가시가 많이 있습니다. 그래서 새나 짐승의 털에 잘 붙습니다. 이것을 보고 단추나 끈보다 더 쉽게 붙였다 떼었다 할 수 있는 물건을 만들었습니다.

✏️ 중심 내용 ❸ 단추나 끈보다 더 쉽게 붙였다 떼었다 할 수 있는 물건은 도꼬마리 열매를 본떠 만들었습니다.

빨판 낙지나 문어, 오징어 따위의 발에서 볼 수 있는, 다른 동물이나 물체에 달라붙기 위한 기관.

갈고리 끝이 뾰족하고 꼬부라진 물건. 흔히 쇠로 만들어 물건을 걸고 끌어당기는 데 씀.

🎓 교과서 문제

11 유리창에 인형을 붙일 때에 사용하는 물건은 무엇을 본떠 만들었나요? (   )

① 코끼리의 코
② 상어의 이빨
③ 사자의 갈기
④ 오징어의 귀
⑤ 문어의 빨판

🎓 교과서 문제

12 도꼬마리 열매가 새나 짐승의 털에 잘 붙는 것은 무엇이 있기 때문인가요? (   )

① 동그란 빨판
② 여러 개의 털
③ 단추 모양의 씨앗
④ 낙하산 모양의 가시
⑤ 갈고리 모양의 가시

13 글의 제목을 '자연은 발명왕'이라고 지은 까닭은 무엇인지 알맞은 말에 ○표 하세요.

· (사람 / 자연)을 본떠 만든 물건을 설명하고 있어서

14 이 글을 읽고 알게 된 점으로 알맞은 것은 어느 것인가요? (   )

① 도꼬마리 열매는 쉽게 미끄럽다.
② 문어 다리를 본떠 인형을 만들었다.
③ 식물이나 동물은 사람보다 영리하다.
④ 발명을 하기 위해서는 많은 노력이 필요하다.
⑤ 식물이나 동물의 특징을 본떠 편리한 물건을 만들 수 있다.

사진을 예의 있게 찍어요

- **글의 종류**: 설명하는 글
- **중심 내용**: 사진을 찍을 때 지켜야 할 점에 대해 설명하고 있습니다.

있었던 일을 오래 기억하려고 우리는 사진을 찍습니다. <u>사진을 찍을 때에는 어떤 점을 지켜야 할까요?</u>
설명하는 내용을 알 수 있는 부분 ◀

첫째, 다른 사람의 모습을 함부로 찍어서는 안 됩니다. 다른 사람의 모습을 찍을 때에는 <u>반드시</u> 그 사람에게 허락을 받아야 합니다. 같은
(반듯이 ✕)
반 친구나 선생님도 허락 없이 찍으면 안 됩니다.

둘째, 사진 촬영을 허락하지 않는 곳에서 사진을 찍어서는 안 됩니다. 사진을 찍을 때 내는 빛이 작품에 영향을 주기 때문입니다.

셋째, 사진을 찍을 때 다른 사람을 불편하게 해서는 안 됩니다. 사진을 찍기 전, 자신이 사람들이 다니는 길을 막고 있는지 먼저 살펴야 합니다.

허락 바라는 일을 하도록 들어줌.
영향 어떤 힘이 다른 사람이나 사물에게 미치는 일. 예 좋은 영향을 미치다.

---

15 이 글에서 설명하는 것은 무엇인가요?( )

① 사진을 잘 찍는 방법
② 사진을 찍기 좋은 곳
③ 사진을 찍으면 좋은 점
④ 사진을 여러 장 찍는 방법
⑤ 사진을 찍을 때 지켜야 할 점

🎓 교과서 문제

16 이 글에서 설명하는 내용이 <u>아닌</u> 것을 찾아 ✕ 표 하세요.

(1) 자신과 친하더라도 다른 사람의 모습을 함부로 찍어서는 안 된다.	
(2) 사진을 찍으면 안 되는 곳에서 사진을 찍어서는 안 된다.	
(3) 사진을 찍을 때 가려져 안 나오는 사람이 있는지 살펴야 한다.	
(4) 사진을 찍을 때 다른 사람을 불편하게 해서는 안 된다.	

🎓 교과서 문제

17 이 글이 무엇에 대해 설명하는지 알기 위해 생각한 것으로 바르지 <u>않은</u> 이야기를 한 친구는 누구인가요?

선영	제목에 있는 낱말 '사진'과 '예의'를 생각해 봐야 해.
준우	무엇에 대해 알려 주려는지 생각해 봐야 해.
민준	사진을 찍을 때 얼마나 빛이 나오는지 생각해 봐야 해.

( )

18 글 내용을 바탕으로 다음 안내문의 빈칸에 알맞은 말을 써넣으세요.

사진 촬영 금지

카메라의 _____이/가 미술 작품에 영향을 줄 수 있으므로 전시관 안에서 사진 촬영을 하면 안 됩니다.

진짜 일 학년 책가방을 지켜라!

- 글쓴이: 신순재
- 중심 사건: 필통을 잃어버려 새 필통을 산 준수는 필통에만 신경 쓰다가 알림장을 잃어버렸습니다.

① ㉠아무리 찾아도 없어.

책가방을 탈탈 털어도 안 나와.

나는 알림장을 뚫어지게 쳐다봤어.

> 연필 깨끗이 깎아 오기.

휴, 연필이 있어야 깎아 가지.

필통을 잃어버리는 바람에 연필도 싹 사라졌는걸.

㉡또 사 달라고 하면 엄마한테 혼날 텐데.

벌써 세 번째니까.

엄마한테 철석같이 약속을 하고는 겨우 새 필통을 샀어.

→ 절대로 필통을 잃어버리지 않겠다.

㉢내가 또 필통 잃어버리나 봐라!

내 물건 지키기 비법 1
초강력 끈적대마왕 이름표 붙이기

🖊중심 내용 ① 필통을 잃어버린 준수는 새로 산 필통에 커다랗게 자신의 이름표를 붙였습니다.

탈탈 아무것도 남지 않게 털어 내는 모양.
㉑ 주머니를 탈탈 털었지만 아무것도 없었습니다.

철석같이 마음이나 의지, 약속 따위가 매우 굳고 단단하게.
㉑ 친구가 한 말을 철석같이 믿었습니다.

---

19 ㉠에서 준수가 찾고 있는 것은 무엇인가요?

(   )

20 준수가 연필을 깨끗이 깎아 갈 수 없는 까닭은 무엇인가요? (   )

① 준수는 스스로 연필을 깎지 못해서
② 연필을 깎을 수 있는 칼을 잃어버려서
③ 아직 깎지 않아도 되는 연필이 많아서
④ 준수가 사용하는 연필깎이가 고장 나서
⑤ 필통을 잃어버린 바람에 연필도 사라져서

21 ㉡에서 준수의 마음은 어떠할까요?

(   )

22 ㉢에서 느껴지는 준수의 마음은 무엇인가요?

(   )

① 필통을 귀찮아하는 마음
② 필통이 없어서 불안한 마음
③ 새 필통을 사고 싶어 두근거리는 마음
④ 필통을 또 잃어버릴까 봐 걱정하는 마음
⑤ 필통을 잃어버리지 않겠다고 자신하는 마음

23 새 필통을 잃어버리지 않기 위해 준수는 어떻게 하였나요? (   )

① 필통에 자물쇠를 달았다.
② 필통을 포장지로 감쌌다.
③ 필통을 안 보이는 곳에 숨겼다.
④ 필통에 이름표를 크게 써 붙였다.
⑤ 필통을 넣은 가방에 이름표를 써 붙였다.

❷ "학교 다녀왔습니다!"

집에 들어가면서 큰 소리로 외쳤어.

"잘 다녀왔니?"

엄마가 물었어.

㉠"필통도 잘 다녀왔고?"

쌍둥이 누나들이 얄밉게 끼어들었지.

눈을 흘기면서도 난 가방 속을 들여다봤어.

새로 산 필통이 얌전히 들어 있었지.

"준수야, 알림장 잘 써 왔어?"

㉡"그럼요!" → 자신 있는 준수의 마음

나는 자신 있게 가방을 열어젖혔어.

"어? 알림장이 어디 갔지?" → 알림장이 사라짐.

✏️중심 내용 ❷ 필통을 잃어버리지 않기 위해 신경 쓰던 준수는 이번에는 알림장을 잃어버렸습니다.

얄밉게 말이나 행동이 약빠르고 밉게.
　㉖ 형은 얄밉게 내 과자를 몰래 훔쳐 먹었습니다.

흘기면서 눈동자를 옆으로 굴리어 못마땅하게 노려보면서.
　㉖ 공주는 눈을 흘기면서 돌아섰습니다.

---

24 쌍둥이 누나들이 준수에게 ㉠과 같이 물어본 까닭은 무엇일까요? (　　　)

① 새 필통을 산 준수가 부러워서
② 준수의 필통을 몰래 숨겨 두어서
③ 준수에게 새 필통을 사 주고 싶어서
④ 필통을 잃어버렸던 준수를 놀리려고
⑤ 준수가 학교생활을 잘하는지 궁금해서

25 ㉡에 어울리는 준수의 목소리는 어느 것인가요? (　　　)

① 크고 힘찬 목소리
② 작고 가느다란 목소리
③ 느리고 답답한 목소리
④ 불안하게 떨리는 목소리
⑤ 화가 나 소리치는 목소리

🎀교과서 문제

26 준수가 겪은 일과 그때의 마음을 짐작하여 표에 써넣으세요.

겪은 일	그때의 마음
(1) 아무리 찾아도 필통이 보이지 않았다.	
(2) 필통을 잃어버리지 않기 위해 이름표를 붙였다.	
(3) 필통은 지켰지만 알림장을 잃어버렸다.	

27 다음 중 준수와 비슷한 일을 겪은 친구는 누구인가요?

연수: 비를 맞고 집에 와서 책가방이 젖은 적이 있어.
수희: 학교에 물통을 가져왔다가 교실에 두고 집에 간 적이 있어.

(　　　　　　　)

6 진짜 일 학년 책가방을 지켜라!

• 교과서에 나온 질문과 예시 답안을 모았어요!
• 수업 시간 선생님의 질문에 자신 있게 발표해 보아요!

국어 교과서 나 229~230쪽

😀 **준수가 겪은 일과 그때의 마음을 알아봅시다.**

	겪은 일	그때의 마음
방준수	예 필통을 잃어버리지 않기 위해 이름표를 붙였습니다.	예 이제 다시는 필통을 잃어버리지 않을 것이라고 다짐했습니다.
?	예 필통은 지켰지만 알림장을 잃어버렸습니다.	예 당황스러웠습니다.

😀 **겪은 일을 정리하는 방법을 말해 봅시다.**

예 겪은 일을 정리할 때에는 언제, 어디에서 있었던 일인지, 그때의 마음은 어떠했는지를 생각

해야 합니다.

😀 **겪은 일과 그때의 마음을 친구들에게 말해 봅시다.**

자신이 겪은 일과 그때의 마음을 발표해 볼까요?

예 지난 주말에 아빠와 함께 자전거를 타고 공원을 돌았어요. 바람이 시원하게 느껴져서 기분이 참 좋았어요.

○ 겪은 일이 잘 드러나는 글 쓰기

가 현장 체험 학습을 갔다. 버스를 타고 수목원으로 갔다. 수목원에는 많은 나무가 있었다. 점심으로 김밥을 먹었다. ㉠맛있었다. 수목원에서 술래잡기를 했다. ㉡참 재미있었다.

여러 가지 나무를 기르는 곳

↳ 겪은 일이 자세하지 않음. 생각이나 느낌도 단순함.

같은 겪은 일을 쓴 글이에요. 글 **가**와 **나**가 어떤 점이 다른지 비교하며 읽어 보세요.

나 1학년이 되어서 처음으로 현장 체험 학습을 갔다. 친구들과 함께 버스를 타고 수목원으로 갔다.

㉢수목원에는 큰 나무와 예쁜 꽃이 많았다. '오리나무'와 '꽝꽝나무'는 이름이 너무 우스웠다. 화살나무는 줄기가 화살처럼 생겨 신기했다. 점심시간에는 할머니께서 싸주신 김밥을 친구들과 나누어 먹었다. ㉣김밥 안에 있는 우엉이 달콤하고 짭조름했다.

친구들과 술래잡기도 했다. ㉤친구가 나를 잡을까 봐 조마조마했다. 신나게 놀고 나니 선생님께서 집에 가야 한다고 하셨다. 더 놀고 싶었는데 아쉬웠다.

↳ 겪은 일이 자세함. 생각이나 느낌도 다양하게 표현함.

28 글 **가**와 **나**는 어떤 일에 대해 썼나요?

( )을 간 일

29 글 **가**와 **나**에서 글쓴이가 한 일은 무엇무엇인가요? (,)

① 꽃을 심었다.　　② 김밥을 먹었다.
③ 공차기를 했다.　　④ 술래잡기를 했다.
⑤ 빵과 우유를 먹었다.

30 글 **가**와 **나** 중 겪은 일이 더 자세히 드러난 글은 어느 것인가요?

글 ( )

31 글 **가**의 ㉠, ㉡을 글 **나**에서는 어떻게 썼는지 짝이 되는 부분끼리 선으로 이으세요.

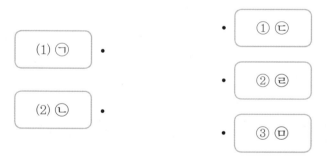

(1) ㉠ ·

(2) ㉡ ·

· ① ㉢

· ② ㉣

· ③ ㉤

32 겪은 일이 잘 드러나게 글을 쓰는 방법을 모두고르세요. (,)

① 무엇을 했는지만 간단히 쓴다.
② 어떤 일을 겪었는지 자세히 쓴다.
③ 생각이나 느낌은 단순하게 표현한다.
④ 생각이나 느낌을 다양하게 표현한다.
⑤ 내가 겪은 일이 아니더라도 꾸며서 쓴다.

○ 하루에 겪은 일 살펴보기

겪은 일	생각이나 느낌
❶ 오늘은 해님이 반짝거리는구나. 기분 좋아.	좋았다. └ 단순한 표현
❷	재미있었다.
❸	맛있었다.

📍 겪은 일이 잘 드러나게 고쳐 쓰기

① 겪은 일을 자세히 씁니다.

> 아침에 일어났다.

↓

> 아침에 일어나 창밖을 보니 날씨가 무척 좋았다.

② 생각이나 느낌을 다양하게 표현합니다.

> 기분이 좋았다.

↓

> 맑은 하늘을 보니 내 마음도 깨끗해지는 것 같아 기분이 좋았다.

진도 완료 체크

7 단원

---

33 ❶～❷에서 겪은 일을 선으로 이으세요.

(1) ❶ ·   · ① 수학 시간에 덧셈 뺄셈 놀이를 했다.

(2) ❷ ·   · ② 아침에 일어나 맑은 하늘을 보았다.

교과서 문제

34 ❶에 대한 생각이나 느낌이 잘 드러나게 고친 것을 찾아 ○표를 하세요.

(1) 기분이 좋았다.   (   )

(2) 마음이 들뜨고 상쾌한 기분이 들었다.
                                   (   )

(3) 기분이 좋고 즐겁고 또 신나고 좋았다.
                                   (   )

교과서 문제

35 생각이나 느낌이 잘 드러나게 ❷를 글로 쓰세요.

> 오늘은 수학 시간에 덧셈 뺄셈 놀이를 했다. 수학 공부를 하면서 친구랑 놀이도 하니까
>
> _____

36 겪은 일과 생각이나 느낌이 잘 드러나게 ❸을 글로 쓰려고 합니다. 보기 에서 알맞은 문장 두 개를 골라 순서대로 쓰세요.

보기
㉠ 미역국을 먹었다.
㉡ 내 생일날 아버지께서 맛있는 미역국을 끓여 주셨다.
㉢ 미역국이 맛있었다.
㉣ 미역국에 밥을 말아 김치와 함께 먹으니 내가 좋아하는 달콤한 사탕보다 맛있었다.

(   ) → (   )

정리하기

[37~40] 다음 대화를 읽고 물음에 답하세요.

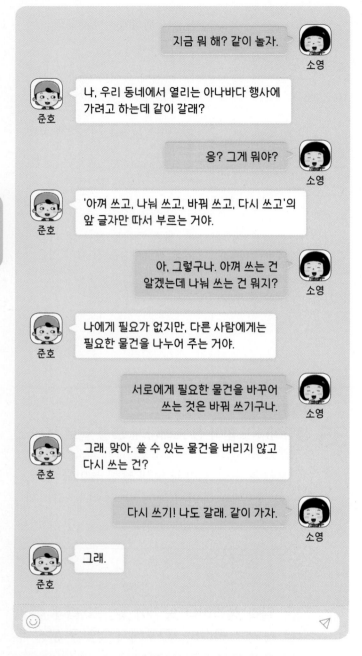

소영: 지금 뭐 해? 같이 놀자.

준호: 나, 우리 동네에서 열리는 아나바다 행사에 가려고 하는데 같이 갈래?

소영: 응? 그게 뭐야?

준호: '아껴 쓰고, 나눠 쓰고, 바꿔 쓰고, 다시 쓰고'의 앞 글자만 따서 부르는 거야.

소영: 아, 그렇구나. 아껴 쓰는 건 알겠는데 나눠 쓰는 건 뭐지?

준호: 나에게 필요가 없지만, 다른 사람에게는 필요한 물건을 나누어 주는 거야.

소영: 서로에게 필요한 물건을 바꾸어 쓰는 것은 바꿔 쓰기구나.

준호: 그래, 맞아. 쓸 수 있는 물건을 버리지 않고 다시 쓰는 건?

소영: 다시 쓰기! 나도 갈래. 같이 가자.

준호: 그래.

37 준호는 어떤 행사에 가려고 하였나요?

(   )

38 '아나바다'에 쓰인 앞 글자 네 개를 찾아 ○표 하세요.

> 아껴 쓰고, 나눠 쓰고, 바꿔 쓰고, 다시 쓰고

교과서 문제

39 설명하는 것을 [보기]에서 찾아 기호로 쓰세요.

> **[보기]**
> ㉠ 서로에게 필요한 물건을 바꾸어 쓰는 것
> ㉡ 나에게 필요 없는 물건을 나누어 주는 것
> ㉢ 쓸 수 있는 물건을 버리지 않고 다시 쓰는 것

(1) 나눠 써요	
(2) 바꿔 써요	
(3) 다시 써요	

교과서 문제

40 겪은 일과 느낌이 잘 드러나게 표현한 것에 ○표 하세요.

(1) 재미있었어.	
(2) 필요 없는 물건을 다른 친구와 바꾸는 행사가 있다는 것이 신기했어.	
(3) 오늘은 즐거웠어.	

기초 다지기

41 그림에 어울리지 <u>않는</u> 낱말을 찾아 ○표 하세요.

(1)    ⋯⋯   기뻐요   힘들어요   행복해요

(2)    ⋯⋯   신기해요   놀라워요   귀찮아요

(3)    ⋯⋯   슬퍼요   신나요   서러워요

1 다음 뜻을 가진 낱말을 [보기]에서 찾아 쓰세요.

> [보기]
> 설명　　　　탈탈　　　　흘기다

(1) 아무것도 남지 않게 털어 내는 모양.

(　　　　　　　)

(2) 어떤 일이나 대상에 대한 내용을 다른 사람이 잘 알 수 있게 말하는 것.

(　　　　　　　)

(3) 눈동자를 옆으로 굴리어 못마땅하게 노려보다.

(　　　　　　　)

- 선생님께서 우리나라의 수도에 대해 **설명**해 주셨습니다.
- 주머니를 **탈탈** 털어 남은 동전을 꺼냈습니다.
- 못마땅한 얼굴로 눈을 **흘겼습니다.**

2 다음 뜻에 알맞은 낱말을 찾아 선으로 이으세요.

(1) 꾀가 많고 눈치가 빨라 말이나 행동이 재빠르고 밉게.

ㆍ　　　ㆍ ㉠ 얄밉게

(2) 마음이나 의지, 약속 따위가 매우 굳고 단단하게.

ㆍ　　　ㆍ ㉡ 철석같이

📍 '철석같다'의 철석
'철석같다'의 '철석'은 한자로 쇠와 돌을 뜻해요. 그래서 '철석같다'는 '쇠와 돌 같다'라는 뜻이에요.

쇠와 돌처럼 굳고 단단하다.

↓

마음이나 의지, 약속 따위가 매우 굳고 단단하다.

3 첫소리에 알맞은 낱말을 써넣어 문장을 완성하세요.

(1) 어머니께서 설거지하는 방법을 [ㅅ][ㅁ]해 주셨다.

(2) 가방을 [ㅌ][ㅌ] 털었지만 필통은 보이지 않았다.

(3) 누나들이 [ㅇ][ㅁ][ㄱ] 나를 놀렸다.

(4) 엄마와 [ㅊ][ㅅ][ㄱ][ㅇ] 약속을 하고 새 필통을 샀다.

4 보기와 같이 글에서 설명하는 대상을 찾아 ∨표를 하세요.

> **보기**
>
> 독도는 우리나라 동쪽 끝에 위치한 섬입니다. 독도는 두 개의 큰 섬으로 나뉩니다.
>
> ① 동쪽 ☐　　　② 독도 ☑　　　③ 울릉도 ☐

(1)

> 정보 무늬는 네모 모양 안에 검은 선과 점으로 여러 가지 정보를 담을 수 있는 무늬입니다. 스마트폰으로 정보 무늬를 찍으면 사진이나 동영상도 볼 수 있습니다.

① 정보 ☐　　　② 스마트폰 ☐　　　③ 정보 무늬 ☐

(2)

> 동도는 독도의 동쪽에 있는 섬입니다. 동도에는 물고기를 안전하게 잡을 수 있도록 등대와 여러 가지 시설이 있습니다.

① 동도 ☐　　　② 등대 ☐　　　③ 물고기 ☐

(3)

> 무궁화는 우리나라를 대표하는 꽃으로 '영원히 피고 또 피어서 지지 않는 꽃'이라는 뜻을 지니고 있습니다. 7월 초에서 10월 중순까지 핍니다.

① 꽃 ☐　　　② 무궁화 ☐　　　③ 우리나라 ☐

(4)

> 내 인형은 곰돌이 모양을 하고 있습니다. 몸은 분홍색이고 갈색 리본이 목에 걸려 있습니다. 털이 부드러워서 만지면 기분이 좋아집니다.

① 곰 ☐　　　② 내 인형 ☐　　　③ 곰돌이 모양 ☐

📍 **설명하는 대상 찾기**

① 무엇에 대해 말하고 있는지 생각하며 읽습니다.

② 문장에서 '무엇은'에 해당하는 말을 찾으며 읽습니다.

> 동생은 유치원에 다닙니다.
>
> └▸ 무엇은: 동생은

③ 글에서 알려 주고 있는 것이 무엇인지 생각하며 읽습니다.

📍 **문장에서 설명하는 대상**

문장에서 설명하는 대상은 대개 '무엇은'에 해당하는 경우가 많습니다.

> 달은 지구 주위를 돕니다.
>
> 우포늪은 우리나라의 대표적인 습지 중 하나입니다.
>
> 고래는 새끼를 낳아 기르는 동물입니다.
>
> └▸ 무엇은: 달, 우포늪, 고래

설명하는 대상▶ 달, 우포늪, 고래

☑평가1 **쪽지 평가**
간단한 문답을 통해 단원 개념과
제재에 대한 이해도를 평가

☑평가2 **단원 평가**
다양한 유형의 문제를 통해 단원 학습 성취도와
독해력, 어휘력 등 국어 실력 전반을 평가

☑평가1

정답 21쪽

쪽지 평가   7 무엇이 중요할까요

7
단원

1 어떤 일이나 대상에 대한 내용을 다른 사람이 잘 알 수 있게 알려 주는 글을 무엇이라고 합니까?

_____

2 글에서 설명하는 대상을 찾으려면 무엇을 살펴보아야 합니까?

- 글의 _____을 살펴봅니다.
- 글에서 무엇을 알려 주는지 찾아봅니다.

3 글 「독도」에서는 독도를 무엇과 무엇으로 나누어 설명하였습니까?

- 동도와 _____

4 이야기 「진짜 일 학년 책가방을 지켜라!」에서 준수는 새로 산 필통에 무엇을 붙였습니까?

- 크게 쓴 _____

5 이야기 「진짜 일 학년 책가방을 지켜라!」에서 알림장을 잃어버린 준수의 마음은 어떠하겠습니까?

_____

6 겪은 일이 드러나는 글을 쓸 때 중요한 점은 무엇입니까?

- 무슨 일을 겪었는지 자세히 쓰고, 그때의 _____을 함께 씁니다.

1~2 색종이로 한복 만들기

정호 ▶ 어떻게 해야 하지?

하율 ▶ 아하, 이번에는 색종이를 뒤집어서 접어야 하는구나.

1 누가 더 만들기를 잘하였겠습니까?

(   )

2 1에서 답한 친구가 만들기를 더 잘한 까닭은 무엇이겠습니까? (   )

① 더 좋은 가위를 써서
② 풀을 사용하여 만들기를 해서
③ 다양한 색깔의 종이로 만들어서
④ 종이를 접어서 만들었기 때문에
⑤ 만들기를 하는 방법을 알려 주는 글을 읽어서

3 다음 중 설명하는 글이 <u>아닌</u> 것은 어느 것입니까? (   )

① 선풍기 사용 방법을 알려 주는 글
② 청소기를 조립하는 순서를 설명한 글
③ 윷놀이를 하는 방법에 대해 소개한 글
④ 인물에게 재미있는 사건이 일어나는 글
⑤ 박물관을 관람할 때 주의할 점을 안내한 글

4~5 [㉠   ]

독도는 큰 섬 두 개와 작은 바위섬 89개로 이루어져 있습니다. 큰 섬 두 개를 각각 동도와 서도라고 부릅니다. 독도는 동도와 서도를 모두 합쳐 부르는 이름입니다.

동도에는 등대와 배가 섬에 닿을 수 있도록 만든 시설이 있습니다. 동도에 있는 등대는 밤에도 불을 밝혀 독도 주변을 지키는 데 도움을 줍니다. 독도를 지키는 경비대도 이곳에 있습니다.

서도에는 주민을 위한 숙소가 있습니다. 독도를 사람들에게 널리 알리고 보존하는 일을 하는 독도관리사무소 직원도 독도에 올 때는 이곳을 이용합니다.

4 ㉠에 들어갈 이 글의 제목을 쓰시오.

□□

5 동도와 서도에 대한 설명을 선으로 이으시오.

(1) 동도 •   • ① 독도를 지키는 경비대가 있다.

(2) 서도 •   • ② 주민을 위한 숙소가 있다.

6 다음 글은 무엇을 설명하고 있습니까?

도서관에는 여러 종류의 책이 있습니다. 도서관의 책들은 빌려 가서 읽을 수 있습니다. 또 열람실이 있어 공부도 할 수 있습니다.

(   )

7~10 자연은 발명왕

가 낙하산은 민들레씨를 본떠 만들었습니다. 민들레씨의 가는 실 끝에는 털이 여러 개 달려 있습니다. 이 털이 있어서 민들레씨는 둥둥 떠서 멀리까지 날아갈 수 있습니다. 또 천천히 땅에 떨어지게 됩니다.

나 도꼬마리 열매에는 갈고리 모양의 가시가 많이 있습니다. 그래서 새나 짐승의 털에 잘 붙습니다. 이것을 보고 ㉠단추나 끈보다 더 쉽게 붙였다 떼었다 할 수 있는 물건을 만들었습니다.

7 민들레씨를 본떠 무엇을 만들었습니까?

( )

8 민들레씨가 둥둥 떠서 멀리까지 날아갈 수 있는 까닭은 무엇입니까?

→ 민들레씨의 가는 실 끝에 ☐ 이 여러 개 달려 있어서

9 ㉠은 무엇을 본떠 만들었습니까?

도꼬마리의 ( )

10 두 글은 무엇에 대해 설명하였습니까?( )

① 자연을 보호해야 하는 까닭
② 식물이 씨앗을 퍼뜨리는 방법
③ 민들레씨와 도꼬마리 열매의 다른 점
④ 자연에서 좋은 생각을 얻어 만든 물건
⑤ 길과 숲에서 볼 수 있는 아름다운 식물

11~14 진짜 일 학년 책가방을 지켜라!

아무리 찾아도 없어.
책가방을 ㉠ 털어도 안 나와.
나는 알림장을 뚫어지게 쳐다봤어.

☐☐☐☐☐☐☐☐☐☐

㉡휴, 연필이 있어야 깎아 가지.
필통을 잃어버리는 바람에 연필도 싹 사라졌는걸.
또 사 달라고 하면 엄마한테 혼날 텐데.
벌써 세 번째니까.

11 '나'가 겪은 일은 무엇입니까?

→ ( )을 잃어버렸다.

12 ㉠에 들어갈 알맞은 말은 무엇입니까?( )

① 훌쩍   ② 털썩   ③ 탈탈
④ 쫑긋   ⑤ 씽씽

13 ㉡으로 보아 알림장 ☐☐에는 어떤 내용이 써 있었겠습니까? ( )

① 손 발 깨끗이 씻기
② 연필 잃어버리지 않기
③ 연필 깨끗이 깎아 오기
④ 학용품에 이름 써서 붙이기
⑤ 자기 전에 부모님께 인사하기

14 이 글에서 알 수 있는 '나'의 마음으로 알맞은 것은 어느 것입니까? ( )

① 즐겁다.   ② 기대된다.
③ 심심하다.   ④ 다행스럽다.
⑤ 걱정스럽다.

단원 평가

7 단원

진도 완료 체크

15~17 진짜 일 학년 책가방을 지켜라!

엄마한테 ㉠ 같이 약속을 하고는 겨우 새 필통을 샀어. 내가 또 필통 잃어버리나 봐라!

> **내 물건 지키기 비법 1**
> 초강력 끈적대마왕 이름표 붙이기

"학교 다녀왔습니다!"
집에 들어가면서 큰 소리로 외쳤어.
"잘 다녀왔니?" / 엄마가 물었어.
"필통도 잘 다녀왔고?"
쌍둥이 누나들이 얄밉게 끼어들었지.
눈을 흘기면서도 난 가방 속을 들여다봤어.
새로 산 필통이 얌전히 들어 있었지.
"준수야, 알림장 잘 써 왔어?"
"그럼요!" / 나는 자신 있게 가방을 열어젖혔어.
㉡"어? 알림장이 어디 갔지?"

15 ㉠에 들어갈 알맞은 말을 쓰시오.

( )

16 글에서 '나'가 겪은 일 두 가지는 무엇무엇입니까? (,)

① 새 필통을 샀다.　② 새 알림장을 샀다.
③ 새 책가방을 샀다.　④ 가방을 잃어버렸다.
⑤ 알림장을 잃어버렸다.

17 ㉡에 알맞은 '나'의 표정과 마음을 쓰시오.

(1) 표정	(2) 마음

18~20 현장 체험 학습

수목원에는 큰 나무와 예쁜 꽃이 많았다. '오리나무'와 '꽝꽝나무'는 이름이 너무 우스웠다. 화살나무는 줄기가 화살처럼 생겨 신기했다. ㉠점심시간에는 할머니께서 싸 주신 김밥을 친구들과 나누어 먹었다. ㉡김밥 안에 있는 우엉이 달콤하고 짭조름했다.
㉢친구들과 술래잡기도 했다. ㉣친구가 나를 잡을까 봐 조마조마했다.

18 '나'가 겪은 일을 순서대로 쓰시오.

> (1) 점심으로 ( )을 먹었다.

↓

> (2) 친구들과 ( )를 했다.

19 ㉠~㉣ 중 생각이나 느낌을 표현한 것은 무엇무엇입니까?

(,)

🖋 서술형·논술형 문제

20 알맞은 생각이나 느낌을 넣어 이 글의 끝부분을 이어 쓰시오.

> 신나게 놀고 나니 선생님께서 집에 가야 한다고 하셨다. _____

느끼고
표현해요

8

장면을 상상하며 읽고 느낌 나누기

1 인물을 상상하며 작품 감상하기

2 작품에 대한 생각이나 느낌 나누기

단원 핵심 어휘

상상

뜻 실제로 경험하지 않은 일을 마음속으로 그려 보는 것.
예 부모님이 설명해 주신 바다의 모습을 상상해 보았다.

개념① 인물이란?

① 시나 이야기 속에서 말이나 행동, 생각을 하는 모든 이를 인물이라고 합니다.

② 사람처럼 말하고 행동하는 동물이나 식물도 인물이 될 수 있습니다.

←「별주부전」의 자라와 토끼도 인물입니다.

● 「요술 항아리」 속 인물

농부	요술 항아리를 발견함.
대감	농부에게서 요술 항아리를 빼앗으려 함.
원님	욕심이 나서 요술 항아리를 가져감.
원님의 어머니	요술 항아리에 빠져 여러 명이 됨.

개념② 인물을 상상하며 작품 감상하기

① 인물이 한 말과 행동을 살펴봅니다.

② 인물의 표정이나 모습, 행동을 떠올려 봅니다.

③ 내가 작품 속 인물이라면 어떤 마음일지 생각해 봅니다.

④ 인물이 한 일과 비슷한 나의 경험을 떠올리며 작품을 감상합니다.

● 「마음이 그랬어」에서 인물의 모습 상상하기

• 인물이 한 말에서

 "흥! 다시는 너랑 노나 봐."에서 준이에게 서운함을 느낀 송이의 마음이 느껴져.

• 인물이 한 일과 비슷한 경험을 떠올려서

나도 친구랑 싸운 적이 있어. 그때 내가 먼저 미안하다고 했는데 사과를 들은 친구의 마음이 송이의 마음과 비슷하겠지?

개념③ 작품에 대한 생각이나 느낌 나누기

① 인물의 말과 행동을 보고 인물의 생각을 짐작해 봅니다.

② 인물에 대해 어떤 생각이 들었는지 표현해 봅니다.

③ 자신이라면 인물의 상황에서 어떻게 했을지 떠올려 봅니다.

④ 생각이나 느낌이 서로 다를 수 있음을 알고 다른 친구의 의견을 존중해 줍니다.

● 「요술 항아리」에 대한 생각이나 느낌

원님으로서 공정한 판결을 내리지 않고 요술 항아리를 차지한 원님은 정말 나쁘다고 생각해요.

나중에라도 헛된 욕심을 버려서 다행이에요. 앞으로는 백성을 위해 좋은 일을 많이 할 거라고 생각해요.

마음이 그랬어

• **글쓴이**: 박진아   • **중심 내용**: 준이와 싸워서 속상하고 허전했던 송이는 준이의 쪽지를 발견했습니다.

준이는 가장 친한 친구야.

준이와 노는 건 정말 즐거워.

마음도 덩달아 신나.

그런데…….

어제는 준이랑 싸웠어. → 송이가 겪은 일

너무 화가 나 소리도 질렀어.

㉠'흥! 다시는 너랑 노나 봐.'

마음이 그랬어.

놀이터에서 그네를 탔어.

맨날 같이 놀던 준이가 없으니 재미가 없는걸.

마음이 텅텅 빈 상자 같아. 허전해.

'먼저 사과할까?' → 화해하고 싶은 마음

'준이도 나랑 다시 놀고 싶을까?'

집에 와서 필통을 열었더니 준이가 준 쪽지가 있었어.

> 송이야
> 미안해.
> -준이-

덩달아 별다른 생각 없이 남이 하는 대로 좇아서.
맨날 매일같이 계속하여서. 예 맨날 즐거워.

텅텅 속이 비어서 아무것도 없는 모양.
허전해 아무것도 없어서 비어 있는 느낌이 있어.

1 송이는 어제 무슨 일이 있었나요? (   )

① 오빠와 싸웠다.

② 준이와 싸웠다.

③ 준이네 집에서 놀았다.

④ 엄마에게 꾸지람을 들었다.

⑤ 준이의 생일을 축하해 주었다.

4 송이는 쪽지를 보고 어떤 마음이 들었을까요?
(   )

① 자랑스러운 마음

② 반갑고 미안한 마음

③ 심심하고 외로운 마음

④ 억울하고 서운한 마음

⑤ 화가 나고 괘씸한 마음

2 ㉠에서 송이는 어떤 표정을 지었을까요?
(   )

①    ②

③    ④

🎓 교과서 문제

5 준이의 행동에 대한 생각이나 느낌으로 알맞지 <u>않은</u> 말을 한 친구는 누구인가요?

영서	송이의 사과를 받아주기 쉽지 않았을 텐데 먼저 용서했다니 대단해.
예지	친구에게 먼저 미안하다고 말한 준이의 행동은 아주 용기 있고 멋져.
지원	송이에게 미안하다고 하고 싶지만 직접 말하기는 어려워서 편지를 썼을 거야.

3 필통에 있던 쪽지는 누가 쓴 것이었나요?

(   )

(   )

감기

• 글쓴이: 전병호
• 글의 종류: 시
• 중심 글감: 감기에 걸린 일

책상에
재채기했다
<u>책상 감기 들었다</u>
└→ '나'가 감기에 들어 책상도 감기에 걸린 것처럼 느낌.

창문에 재채기했다
창문 감기 들었다

연필,
공책,
가방도
다 누웠다

㉠감기야, 나 오늘은
학교 가고 싶어.

재채기 숨을 들이마신 뒤 큰 소리와 함께 한꺼번에 내쉬는 일.

---

6 '나'에게 어떤 일이 일어났나요?

• ( )에 걸렸다.

🎓 교과서 문제

7 책상이 감기에 든 까닭은 무엇 때문인가요?
( )

① 연필이 책상에서 떨어졌기 때문에
② 책상이 밤을 새워 공부를 했기 때문에
③ '나'가 책상에 대고 재채기를 했기 때문에
④ 의자가 책상에 대고 재채기를 했기 때문에
⑤ 책상이 찬 바람을 맞으며 돌아다녔기 때문에

📋 서술형·논술형 문제

8 '연필, 공책, 가방도 다 누웠다'라고 말한 까닭은 무엇일지 쓰세요.

'나'가 아파서 누워 있는 것처럼 연필, 공책,

가방도 힘들어 _____

_____

9 시를 읽고 어떤 모습이 떠오르나요? ( )
① 아이가 책상과 의자를 옮기는 모습
② 책상에 앉아 열심히 공부하는 아이의 모습
③ 창문으로 바람이 들어와 연필이 구르는 모습
④ 운동장에서 친구들이 즐겁게 공을 차는 모습
⑤ 감기에 걸려 방 안에 힘없이 누워 있는 아이의 모습

10 ㉠은 어떤 목소리로 읽는 것이 어울리나요?
( )

11 시에서 '나'의 어떤 마음이 느껴지는지 쓰세요.
• 어서 감기가 나아 □□에 가고 싶은 마음

브로콜리지만 사랑받고 싶어

· **글쓴이**: 별다름 · 달다름   · **중심 내용**: 브로콜리는 이별 선물로 브로콜리수프를 만들고 자신도 아이들에게 사랑받을 수 있다는 것을 알게 됩니다.

1 어제 들었어.

아이들이 싫어하는 채소 1위에 내가 뽑혔다는걸.

쉿, 밤새도록 펑펑 운 건 비밀이야. ⟶ 어제 '나'가 알게 된 것

하지만 괜찮아.

나도 아이들에게 사랑받고 말 거니까.

무슨 좋은 생각이 있냐고?

물론이지. ⟶ 사랑받는 친구들을 다 따라 해 보겠다.

사랑받는 친구들을 다 따라 해 볼 거거든.

나도 소시지처럼 분홍색이면 사랑받을 수 있겠지?

…… 그건 내 착각이었어.

나도 라면처럼 뽀글뽀글 파마하면 사랑받을 수 있겠지?

…… 이것도 내 착각이었어.

✏️**중심 내용 1** 아이들이 싫어하는 채소 1위에 뽑힌 브로콜리는 사랑받는 친구들을 따라 해 보았습니다.

물론이지 말할 것도 없지.
　예 우산이 없던 영호도 비를 쫄딱 맞은 건 물론이지.

착각 어떤 사물이나 사실을 실제와 다르게 알거나 느낌.
　예 날씨가 맑을 거라 생각한 건 나의 착각이었어.

---

12 말하고 있는 인물 '나'를 찾아 ○표 하세요.

(1)   (2)   (3)

　(　　　)　　　(　　　)　　　(　　　)

13 브로콜리가 밤새도록 펑펑 운 까닭은 무엇인가요? (　　　)

① 아이들과 어제 사소한 일로 다투어서

② 아이들이 싫어하는 채소 1위에 뽑혀서

③ 아이들이 좋아하는 채소 1위에 뽑혀서

④ 라면이 자신을 싫어한다는 말을 들어서

⑤ 소시지가 자신을 싫어한다는 말을 들어서

14 글에서 알 수 있는, 아이들이 좋아하는 음식 두 가지는 무엇무엇인가요? (　　, 　　)

① 김치　　　　② 라면

③ 토마토　　　④ 소시지

⑤ 가지 볶음

15 브로콜리는 아이들에게 사랑받기 위해 어떻게 하였을지 알맞은 것을 모두 고르세요.

(　　, 　　)

① 라면처럼 매운맛을 내 보았다.

② 소시지처럼 분홍색이 되어 보았다.

③ 소시지처럼 몸을 길게 늘여 보았다.

④ 라면처럼 빨간 국물에 빠져 보았다.

⑤ 라면처럼 뽀글뽀글 파마를 해 보았다.

2 왜 하나도 효과가 없는 거야?

초록색이라서? 맛이 없어서?

아니면 내가……. 브로콜리라서?

→ 소시지와 라면을
따라 해도 사랑받지 못함.

이제 알겠어.

브로콜리는 절대 사랑받을 수 없다는걸.

아무도 없는 곳으로 떠날 거야!

떠나기 전에 이것만 두고 갈게.

별거 아니고 <u>작은 이별
선물</u>이야.

브로콜리수프

좋아해 줄지는 모르겠지
만 밤새 열심히 만들었어.

진짜 갈게. 안녕!

맛있어!

응? 뭐라고 했어? 맛있다고 한 거야?

양파와 감자를 버터에 달달 볶은 다음

초록초록 브로콜리 섞어 주고

새하얀 우유 넣고 보글보글 끓여 주면

음~ 끝내주게 맛있는 브로콜리수프 완성!

브로콜리수프를 만드는 순서와 방법

그래, 바로 이거야.

따라 할 필요가 없는 거였어!

→ 브로콜리가
알게 된 것

✏️ 중심 내용 **2** 브로콜리수프를 아이가 맛있게 먹자 브로콜리는 자신도 사랑받을 수 있다는 것을 깨달았습니다.

밤새 밤사이, 밤이 지나는 동안.
㉎ 밤새 게임을 하다가 늦잠을 잤습니다.

달달 음식 재료를 휘저으며 볶거나 가는 모양.
보글보글 물 따위가 야단스럽게 끓는 소리나 모양.

---

16 브로콜리가 떠나려 한 까닭은 무엇인가요?

( )

① 사는 곳이 지루해져서

② 사람들이 자신을 미워해서

③ 사람들이 자신을 귀찮게 해서

④ 자신은 사랑받지 않아도 된다고 생각해서

⑤ 자신은 절대 사랑받을 수 없다고 생각해서

17 브로콜리는 이별 선물로 무엇을 만들었나요?

( )

① 브로콜리죽

② 브로콜리볶음

③ 브로콜리무침

④ 브로콜리수프

⑤ 브로콜리샐러드

18 브로콜리가 알게 된 것은 무엇일까요?( )

① 브로콜리 자신은 맛이 없다는 것

② 사랑받으려면 누군가를 따라 해야 한다는 것

③ 누군가와 친해지려면 양보를 해야 한다는 것

④ 브로콜리는 아이들이 좋아하지 않는다는 것

⑤ 누구를 따라 하지 않아도 사랑받을 수 있다는 것

🎓 교과서 문제

19 이야기의 다음 부분에서 브로콜리의 마음을 짐작하여 쓰세요.

(1) 어제 들었어. 아이들이 싫어하는 채소 1위에 내가 뽑혔다는걸.	
(2) 그래, 바로 이거야. 따라 할 필요가 없는 거였어!	

8
단원

- 교과서에 나온 질문과 예시 답안을 모았어요!
- 수업 시간 선생님의 질문에 자신 있게 발표해 보아요!

국어 교과서 🕒 258~259쪽

😀「브로콜리지만 사랑받고 싶어」를 읽고 물음에 답해 봅시다.

(1) 브로콜리가 밤새도록 펑펑 운 까닭은 무엇인가요?

　　㉠ 자신이 아이들이 싫어하는 채소 1위에 뽑혔다는 소식을 들었기 때문입니다.

(2) 브로콜리가 아이들에게 사랑받기 위해 한 행동은 무엇무엇인가요?

　　㉠ 소시지처럼 분홍색이 되어 보았습니다. / 라면처럼 뽀글뽀글 파마를 했습니다.

(3) 브로콜리가 떠나기 전에 한 일은 무엇인가요?

　　㉠ 이별 선물로 브로콜리수프를 만들었습니다.

😀「브로콜리지만 사랑받고 싶어」에 나오는 인물의 모습과 행동을 상상해 봅시다.

(1) 나오는 인물을 찾아 색칠해 보세요.

브로콜리	수프	아이	고양이

이야기를 읽고 어떤 생각이나 느낌이 들었는지 발표해 볼까요?

㉠ 다른 사람을 따라 하는 것보다 내가 잘하는 일을 하는 것이 더 좋다는 것을 알게 되었어요.

요술 항아리

❶ 농부가 밭을 갈다가 항아리를 발견했습니다. 항아리에 물건이 들어가면 똑같은 물건이 계속 나오는 요술 항아리였습니다.
└▶ 요술 항아리의 특징

❷ 농부에게 밭을 팔았던 대감은 요술 항아리는 팔지 않았다며 농부에게서 요술 항아리를 빼앗아 가려고 했습니다.

❸ 농부와 대감이 요술 항아리를 두고 다투다가 원님에게 판결을 내려 달라고 부탁하였습니다.
└▶ "요술 항아리가 누구의 것인지 판결해 주세요."

❹ 원님은 이야기를 듣자 욕심이 나서 요술 항아리를 자신이 보관하겠다며 가져가 버렸습니다.

❺ 원님의 어머니가 요술 항아리에 빠져 똑같이 생긴 어머니가 여러 명이 되었습니다. 원님은 누가 진짜 어머니인지 알 수 없었습니다.
└▶ 원님의 마음: 당황스럽다

❻ 요술 항아리가 깨지자 진짜 원님의 어머니만 남았습니다. 원님은 자신의 잘못을 깨달았습니다.
└▶ 지나친 욕심을 부린 것

20 인물이 아닌 것은 어느 것인가요? (　　)

① 농부　　　　② 대감
③ 원님　　　　④ 요술 항아리
⑤ 원님의 어머니

21 ❷에서 대감은 농부에게 어떤 말을 하였을까요?

> "난 자네에게 (　　　)만 팔았지 요술 항아리는 팔지 않았네."

22 ❹에서 다음과 같이 말하는 원님은 어떤 생각을 하였을까요? (　　)

> "이제 이 요술 항아리는 내 것이 되었구나!"

① 내가 잘못했구나.
② 난 곧 부자가 될 거야!
③ 바른 판결을 해야겠어.
④ 농부와 대감에게 미안해.
⑤ 요술 항아리를 깨야겠어.

23 다음은 누구에게 해 주고 싶은 말인지 쓰세요.

> 공정한 판결을 내려 달라는 두 사람을 속이고 요술 항아리를 빼앗다니 정말 나쁜 행동이에요.

(　　　　　　)

바람에 날아간 깃털

· 글의 종류: 이야기   · 중심 내용: 말을 함부로 하는 청년에게 할아버지는 가르침을 주었습니다.

옛날 어느 마을에 말을 함부로 하는 청년이 살았습니다. 이 청년은 ㉠다른 사람의 자그마한 실수를 부풀려 말하기도 했고, ㉡자신이 알고 있는 일을 다른 사람에게 쉽게 전하기도 했습니다. 그래서 마을에는 청년의 말로 이상한 소문이 퍼지는 일이 자주 일어났습니다. 마을 사람들은 그 이상한 소문 때문에 서로 토라지기도 했습니다. 하지만 ㉢청년은 조금도 자신의 잘못을 뉘우치지 않았습니다. 그러자 마을에서 가장 나이가 많은 할아버지가 이 청년에게 새의 깃털을 한 움큼 주며 이렇게 말했습니다.

㉣"지금부터 동네 모든 집 대문 앞에 이 새털 하나씩을 놓고 오세요."

청년은 할아버지가 시키는 대로 했습니다. 그리고 할아버지를 다시 찾아갔습니다. 할아버지는 청년에게 이렇게 말했습니다.

"이제 그 깃털을 모두 다시 가져오세요."

다시 뛰어나간 청년은 빈손으로 올 수밖에 없었습니다.
_{아무것도 가진 것이 없는 손}

"깃털이 너무 가벼워 바람에 모두 날아가 버렸고, 하나도 없었습니다."

그러자 할아버지가 말했습니다.

"당신이 한 말도 바람에 날아간 깃털과 같습니다. 한번 내뱉으면 다시는 주울 수가 없으니까요."

토라지기도 마음에 들지 아니하고 속이 상해 돌아서기도.
㉘ 사소한 일로 서로 토라지기도 합니다.

움큼 손으로 한 줌 움켜쥘 만한 양.
㉘ 상자에 있던 사탕을 한 움큼 집었습니다.

---

24 이야기에 나오는 인물에 모두 ○표 하세요.

> 청년   마을 사람
> 할아버지   깃털

25 ㉠~㉣ 중 청년의 성격을 알 수 있는 부분이 아닌 것은 어느 것인가요?
( )

26 청년은 어떠한 사람인가요? ( )
① 정직한 사람   ② 게으른 사람
③ 용감한 사람   ④ 지혜로운 사람
⑤ 말을 함부로 하는 사람

27 할아버지가 깃털을 통해 청년에게 알려 주고 싶었던 것은 무엇이었을까요?

> 바람에 잘 날리는 깃털처럼 ( )도 한 번 하고 나면 되돌리기 어렵다.

🐿️ 교과서 문제

28 청년에게 해 줄 말을 알맞게 말한 것에 모두 ○표 하세요.

(1) 깃털이 가벼운 것을 알면 좋겠어요. ( )
(2) 다른 사람에 대해 함부로 이야기해서는 안 돼요. ( )
(3) 말은 다시 주워 담을 수 없으니 말을 하기 전에 신중하게 생각해야 해요. ( )

8
_{단원}

29~33 강아지풀

꾸벅꾸벅

졸고 있는

동생에게 다가가

꺾어 온 강아지풀
콧구멍에 간질간질
— '나'가 한 일
'나'의 성격 = 장난을 좋아함.

㉠아무런 반응이 없네
어라, 이게 아닌데

29 시에 나오는 인물을 찾아 모두 ○표를 하세요.

(1)

강아지풀
(　　　　)

(2)

나
(　　　　)

(3)

강아지
(　　　　)

(4)

동생
(　　　　)

🧢 교과서 문제
30 이 시에서 떠오르는 장면으로 알맞은 것은 어느 것인가요? (　　　　)

① ② ③ ④

31 '나'가 기대한 동생의 반응은 무엇일까요?
(　　　　)

① 눈을 비빌 것이다.
② 하품을 크게 할 것이다.
③ 아무 말 없이 잠을 잘 것이다.
④ '나'에게 고맙다고 말할 것이다.
⑤ 간지러워서 재채기를 할 것이다.

32 ㉠에서 '나'는 어떤 마음이 들었을까요?
(　　　　　　　　　　)

33 '어라, 이게 아닌데'에 어울리는 표정은 어느 것인가요? (　　　　)

①

②

③

기초 다지기
34 다음 뜻의 낱말을 보기 에서 고르세요.

보기
㉠ 확인하다　　　㉡ 구별하다
㉢ 표현하다　　　㉣ 활용하다

(1) 충분히 잘 이용하다. (　　　)
(2) 성질이나 종류에 따라 갈라 놓다. (　　　)
(3) 틀림없이 그러한지 알아보거나 인정하다.
(　　　)
(4) 생각이나 느낌 따위를 말이나 몸짓으로 나타내다. (　　　)

✦ 학교별 유형별 **평가 모음**

☑ 평가 1 **쪽지 평가**
간단한 문답을 통해 단원 개념과
제재에 대한 이해도를 평가

☑ 평가 2 **단원 평가**
다양한 유형의 문제를 통해 단원 학습 성취도와
독해력, 어휘력 등 국어 실력 전반을 평가

☑ 평가 1

정답 24쪽

쪽지 평가   8 느끼고 표현해요

1 시나 이야기에서 '인물'은 무엇을 말합니까?

시나 이야기에 등장하여 ① [ ]이나
② [ ][ ]을 하는 모든 이를 인물이라
고 합니다.

2 「마음이 그랬어」에서 준이는 쪽지로 '나'에게
어떤 말을 하였습니까?

• '송이야, _____'라고 하였습니다.

3 이야기 「브로콜리지만 사랑받고 싶어」에서 말
하고 행동하는 인물 '나'는 무엇입니까?

[ ][ ][ ][ ]

4 이야기 「브로콜리지만 사랑받고 싶어」에서 '나'
는 이별 선물로 무엇을 만들었습니까?

• _____를 만들었습니다.

5 「요술 항아리」에서 원님의 마음씨는 어떠합니
까?

• [ ][ ]이 많습니다.

6 시 「감기」에서 '나'의 어떠한 마음을 알 수 있
습니까?

• _____

8
단원

1~4 마음이 그랬어

놀이터에서 그네를 탔어.
맨날 같이 놀던 준이가 없으니 재미가 없는걸.
㉠마음이 텅텅 빈 상자 같아. 허전해.
'먼저 사과할까?'
'준이도 나랑 다시 놀고 싶을까?'
집에 와서 필통을 열었더니 준이가 준 쪽지가 있었어.

> 송이야
> 미안해.
> -준이-

1 송이와 준이에게 어떤 일이 있었겠습니까?

• 송이와 준이가 (   )

2 ㉠에서 송이의 마음은 어떠합니까? (   )

① 외롭다. ② 기쁘다. ③ 재미있다.
④ 억울하다. ⑤ 홀가분하다.

3 준이의 쪽지를 본 송이는 어떤 표정을 지었겠습니까?

(   )

4 송이가 준이에게 쓴 쪽지입니다. 빈칸에 알맞은 말을 써넣으시오.

> 준이야, 나도 화내서 _____.

5~7 [㉠   ]

㉡책상에
재채기했다
책상 감기 들었다

창문에 재채기했다
창문 감기 들었다

연필,
공책,
가방도
다 누웠다

감기야, 나 오늘은
학교 가고 싶어.

5 ㉠에 들어갈 시의 제목으로 알맞은 것은 어느 것입니까? (   )

① 책상 ② 감기 ③ 창문
④ 연필 ⑤ 학교

6 ㉡에서 떠올릴 수 있는 소리는 무엇입니까?

(   )

① 쿵쿵 ② 피식 ③ 딸꾹
④ 에취 ⑤ 꼬르륵

7 이 시에서 떠오르는 모습으로 알맞은 것은 어느 것입니까? (   )

① 책상에 낙서를 하는 아이의 모습
② 친구들과 물놀이를 하는 아이의 모습
③ 방 안에 힘없이 누워 있는 아이의 모습
④ 가방을 메고 도서관에 가는 아이의 모습
⑤ 책상에 앉아 열심히 공부하는 아이의 모습

브로콜리지만 사랑받고 싶어

ㄱ어제 들었어. 아이들이 싫어하는 채소 1위에 내가 뽑혔다는걸.

쉿, 밤새도록 펑펑 운 건 비밀이야.

하지만 괜찮아.

나도 아이들에게 사랑받고 말 거니까.

무슨 좋은 생각이 있냐고?

물론이지.

ㄴ사랑받는 친구들을 다 따라 해 볼 거거든.

나도 소시지처럼 분홍색이면 사랑받을 수 있겠지? …… 그건 내 착각이었어.

나도 라면처럼 뽀글뽀글 파마하면 사랑받을 수 있겠지? …… 이것도 내 착각이었어.

왜 하나도 효과가 없는 거야?

초록색이라서? 맛이 없어서?

아니면 내가……. 브로콜리라서?

ㄷ이제 알겠어.

브로콜리는 절대 사랑받을 수 없다는걸.

8 '나'는 무엇입니까?

( )

9 '나'가 바라는 것은 무엇입니까? ( )

① 라면과 친구가 되는 것

② 아이들에게 사랑받는 것

③ 세계 곳곳을 여행하는 것

④ 훌륭한 요리사가 되는 것

⑤ 소시지와 친하게 지내는 것

10 ㄱ에서 '나'는 어떤 마음이 들었겠습니까?

( )

11 ㄴ에 해당하는 것 두 가지를 찾아 쓰시오.

(,)

12 '나'는 라면을 따라 어떻게 하였겠습니까?

( )

① 물속에 들어갔다.

② 불로 몸을 익혔다.

③ 비누로 얼굴을 씻었다.

④ 뽀글뽀글 파마를 했다.

⑤ 분홍색으로 화장을 했다.

🍱 서술형·논술형 문제

13 ㄷ에서 '나'의 마음은 어떠했을지 까닭과 함께 쓰시오.

_____

_____

14 시나 이야기 속 인물에 대한 설명으로 알맞은 것에 ○표 하시오.

⑴ 말을 하지 않으면 인물이 아니다. ( )

⑵ 사람이 아니면 인물이 될 수 없다. ( )

⑶ 이야기에서 말이나 행동, 생각을 한다.

( )

단원 평가

15~17 요술 항아리

❶ 농부가 밭에서 요술 항아리를 발견했습니다. 항아리에 들어간 물건이 계속 나오는 신기한 항아리였습니다. 그러자 대감이 요술 항아리를 빼앗으려 하였습니다.

❷ 농부와 대감이 원님에게 판결을 내려 달라고 하였습니다. 욕심이 난 원님은 농부와 대감을 속여 요술 항아리를 집으로 가져가 버렸습니다.

❸ 원님의 어머니가 요술 항아리에 빠져 똑같이 생긴 어머니가 여러 명이 되었습니다. 요술 항아리가 깨지자 원님은 진짜 어머니를 찾았습니다. 원님은 자신의 잘못을 깨달았습니다.

15 누가 요술 항아리를 발견하였습니까?

( )

16 ❸에서 원님이 깨달은 것에 ○표 하시오.

(1) 형제와 사이좋게 지내야 한다. ( )
(2) 헛된 욕심을 부리지 말아야 한다. ( )
(3) 열심히 일을 하면 복을 받게 된다. ( )

17 인물들에 대한 생각으로 알맞지 <u>않은</u> 것은 어느 것입니까? ( )

> ㉠ 농부는 자신의 물건을 지금보다 더 소중하게 다루어야 해요.
> ㉡ 농부가 찾은 요술 항아리를 빼앗으려는 대감은 욕심쟁이 같아요.
> ㉢ 공정한 판결을 내려 달라는 사람들을 속여 항아리를 가진 원님의 행동은 잘못됐어요.

18~20 바람에 날아간 깃털

"지금부터 동네 모든 집 대문 앞에 이 새털 하나씩을 놓고 오세요."
청년은 할아버지가 시키는 대로 했습니다. 그리고 할아버지를 다시 찾아갔습니다. 할아버지는 청년에게 이렇게 말했습니다.
"이제 그 깃털을 모두 다시 가져오세요."
다시 뛰어나간 청년은 빈손으로 올 수밖에 없었습니다.
"깃털이 너무 가벼워 바람에 모두 날아가 버렸고, 하나도 없었습니다."
그러자 할아버지가 말했습니다.
"당신이 한 말도 바람에 날아간 깃털과 같습니다. 한번 내뱉으면 다시는 주울 수가 없으니까요."

18 할아버지는 청년이 한 말이 무엇과 같다고 하였습니까?

( )

19 할아버지는 청년에게 무엇을 가르쳐 주고 싶었겠습니까?

• 한번 한 [ ]은 돌이킬 수 없다는 것

20 이야기와 관련된 다음 속담에서 밑줄 그은 부분은 무엇을 말하겠습니까? ( )

> 발 없는 <u>말</u>이 천 리 간다

① 소문 ② 편지 ③ 수레
④ 깃털 ⑤ 망아지

문제 읽을 준비는
저절로 되지 않습니다.

문해력을 키우는 시간

하루 10분

똑똑한 하루 국어 시리즈

문제풀이의 핵심, 문해력을 키우는 승부수

예비초~초6 각 A·B
교재별14권

예비초 A·B, 초1~초6: 1A~4C
총 14권

뭘 좋아할지 몰라 다 준비했어♥
전과목 교재

전과목 시리즈 교재

● **무등생 해법시리즈**
- 국어/수학   1~6학년, 학기용
- 사회/과학   3~6학년, 학기용
- SET(전과목/국수, 국사과)   1~6학년, 학기용

● **똑똑한 하루 시리즈**
- 똑똑한 하루 독해   예비초~6학년, 총 14권
- 똑똑한 하루 글쓰기   예비초~6학년, 총 14권
- 똑똑한 하루 어휘   예비초~6학년, 총 14권
- 똑똑한 하루 한자   예비초~6학년, 총 14권
- 똑똑한 하루 수학   1~6학년, 총 12권
- 똑똑한 하루 계산   예비초~6학년, 총 14권
- 똑똑한 하루 도형   예비초~6학년, 총 8권
- 똑똑한 하루 사고력   1~6학년, 총 12권
- 똑똑한 하루 사회/과학   3~6학년, 학기용
- 똑똑한 하루 안전   1~2학년, 총 2권
- 똑똑한 하루 Voca   3~6학년, 학기용
- 똑똑한 하루 Reading   초3~초6, 학기용
- 똑똑한 하루 Grammar   초3~초6, 학기용
- 똑똑한 하루 Phonics   예비초~초등, 총 8권

● **독해가 힘이다 시리즈**
- 초등 수학도 독해가 힘이다   1~6학년, 학기용
- 초등 문해력 독해가 힘이다 문장제수학편   1~6학년, 총 12권
- 초등 문해력 독해가 힘이다 비문학편   3~6학년, 총 8권

영어 교재

● **초등영어 교과서 시리즈**
파닉스(1~4단계)   3~6학년, 학년용
영단어(1~4단계)   3~6학년, 학년용

● **LOOK BOOK 영단어**   3~6학년, 단행본

● **원서 읽는 LOOK BOOK 영단어**   3~6학년, 단행본

국가수준 시험 대비 교재

● **해법 기초학력 진단평가 문제집**   2~6학년·중1 신입생, 총 6권

온라인 학습북

단원 평가 온라인 성적 피드백

개념 동영상 강의

초등
국어 **1** 2

천재교육

온라인 학습북
포인트 3가지

▶ 「개념 동영상 강의」로 교과서 핵심만 정리!

▶ 「온라인 성적 피드백」으로 단원별로 내가 부족한 부분 꼼꼼하게 체크!

1 동영상으로 보니까 이해가 쏙쏙!

온라인 개념 강의

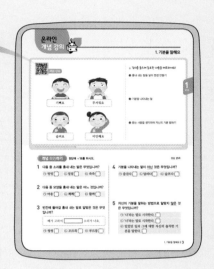

⭐ QR을 찍어 단원 동영상 강의를 볼 수 있어요.

동영상 강의를 들으며 중요한 내용은 적고,
단원 개념을 정확히 이해했는지 확인 문제도
풀어 보아요!

2 내 성적을 확인할 수 있는 **단원 평가**

⭐ 개념을 떠올리며 문제를 풀고!

⭐ QR을 찍어 내가 쓴 답안을
입력하고!

⭐ 채점과 성적이 한눈에 짜자잔!

틀린 문제는 동영상 강의를
보며 다시 한번 공부해요!

⭐ 제출하기를 누르면!

내가 몇 점이고 어떤 문제를
틀렸는지 바로 알 수 있어요!

차례

개념 강의

기뻐요

무서워요

슬퍼요

미안해요

* 강의를 들으며 중요한 내용을 메모하세요!

● 흉내 내는 말을 넣어 문장 만들기

● 기분을 나타내는 말

● 듣는 사람을 생각하며 자신의 기분 말하기

1
단원

개념 확인하기   정답에 ✔표를 하시오.

정답 25쪽

1 다음 중 소리를 흉내 내는 말은 무엇입니까?

㉠ 멍멍 ☐   ㉡ 덜덜 ☐   ㉢ 쑥쑥 ☐

2 다음 중 모양을 흉내 내는 말은 어느 것입니까?

㉠ 야옹 ☐   ㉡ 꽥꽥 ☐   ㉢ 활짝 ☐

3 빈칸에 들어갈 흉내 내는 말로 알맞은 것은 무엇입니까?

| 배가 고파서 [   ] 소리가 나요. |

㉠ 씽씽 ☐   ㉡ 꼬르륵 ☐   ㉢ 부르릉 ☐

4 기분을 나타내는 말이 아닌 것은 무엇입니까?

㉠ 즐겁다 ☐   ㉡ 달리다 ☐   ㉢ 슬프다 ☐

5 자신의 기분을 말하는 방법으로 알맞지 않은 것은 무엇입니까?

㉠ '나'라는 말로 시작한다. ☐

㉡ '너'라는 말로 시작한다. ☐

㉢ 있었던 일과 그에 대한 자신의 솔직한 기분을 말한다. ☐

1 다음과 같은 말을 무엇이라고 합니까?
( )

> 짤랑짤랑 비틀비틀 소곤소곤

① 반대말 ② 비슷한말
③ 이어 주는 말 ④ 하고 싶은 말
⑤ 흉내 내는 말

2 다음 문장에서 흉내 내는 말은 어느 것입니까? ( )

> ①큰 ②개가 ③멍멍 ④소리를 ⑤냅니다.

3 다음 뜻의 흉내 내는 말은 무엇입니까? ( )

> 큰 움직임으로 느리게 걷거나 기는 모양.

① 아장아장 ② 둥실둥실
③ 엉금엉금 ④ 뒤뚱뒤뚱
⑤ 뭉게뭉게

4 빈칸에 들어갈 흉내 내는 말로 알맞은 것은 무엇입니까? ( )

> 꿀벌이 ( ) 소리를 내며 날아갑니다.

① 짹짹 ② 붕붕 ③ 음매
④ 꿀꿀 ⑤ 찰칵

5 ①~⑤ 중, '깡충깡충'을 넣기에 알맞은 곳은 어디입니까? ( )

> 귀여운 토끼가 ① 뛰어갑니다. ② 작은 ③ 거북이 ④ 기어갑니다. ⑤

6 다음 빈칸에 모두 들어갈 흉내 내는 말은 어느 것입니까? ( )

> • 얼음이 ⬚ 얼었습니다.
> • 끈이 풀리지 않도록 ⬚ 묶었습니다.

① 탁탁 ② 꽁꽁 ③ 척척
④ 꽁꽁 ⑤ 쨍쨍

7 흉내 내는 말이 어울리지 않는 문장은 어느 것입니까? ( )

① 고양이가 야옹 인사합니다.
② 병아리가 삐악삐악 웁니다.
③ 돼지가 꿀꿀 소리를 냅니다.
④ 소나기가 둥실둥실 쏟아집니다.
⑤ 햇볕이 쨍쨍 내리쬐어서 덥습니다.

8 다음 그림에 어울리는 흉내 내는 말은 무엇입니까? ( )

① 옹기종기 ② 하늘하늘
③ 부글부글 ④ 철썩철썩
⑤ 울긋불긋

[9~11] 다음 이야기를 읽고 물음에 답하시오.

친구들 앞에서 노래를 불렀어.
떨려서 노랫말이 떠오르지 않아.
내 마음이 꽁꽁, 얼음처럼 꽁꽁!

폴짝! 나만 뜀틀에 올랐어.
친구들 모두 날 부러워해.
내 마음이 　⊙　, 보석처럼 　⊙　!

블록으로 멋진 성을 만드는데, 민호가 달려들어 깜짝 놀랐어.
내 마음이 찌지직, 번개처럼 찌지직!

내가 만든 성이 와장창 무너졌어.
민호한테 너무 화가 나.

9 '내'가 노래를 부를 때 노랫말이 떠오르지 않았던 까닭은 무엇입니까? (　)

① 떨려서　　　　② 몸이 아파서
③ 노래가 길어서　④ 모르는 노래여서
⑤ 친구들이 웃어서

10 　⊙　과 　⊙　에 모두 들어갈 흉내 내는 말은 무엇이겠습니까? (　)

① 주렁주렁　　② 폴짝폴짝　　③ 사뿐사뿐
④ 반짝반짝　　⑤ 빙글빙글

11 민호 때문에 성이 무너지자 '나'의 마음은 어떠하였습니까? (　)

① 억울하다.　　② 미안하다.
③ 화가 난다.　　④ 자랑스럽다.
⑤ 웃음이 난다.

12 다음 중 기분을 나타내는 말이 **아닌** 것은 무엇입니까? (　)

① 좋아요　　② 먹어요　　③ 싫어요
④ 즐거워요　⑤ 재밌어요

13 다음 　　　　에 들어갈 말로 잘 어울리는 것은 무엇입니까? (　)

> 친구를 오랜만에 만나서 　　　　.

① 귀찮아요　　　　② 후련해요
③ 반가워요　　　　④ 답답해요
⑤ 속상해요

14 기분을 나타내는 말이 **잘못** 쓰인 문장은 어느 것입니까? (　)

① 놀이 공원에 와서 신나요.
② 숙제를 다 해서 후련해요.
③ 친구가 도와줘서 고마워요.
④ 용돈을 잃어버려서 자랑스러워요.
⑤ 기다리는 줄이 너무 길어서 답답해요.

15 다음 그림 속 아이의 기분을 나타내는 말은 무엇입니까? (　)

① 행복해요　　② 궁금해요
③ 즐거워요　　④ 무서워요
⑤ 후회해요

단원 평가

[16~18] 다음 이야기를 읽고 물음에 답하시오.

도치는 화를 내며 말을 하는 버릇이 있어요.

그래서 도치 별명은 버럭쟁이예요.

그러던 어느 날, 도치 머리 위에 ㉠손바닥만 한 구름이 생겼어요.

"저리 가! 귀찮단 말이야!"

도치가 버럭버럭 소리를 질러도 구름은 없어지지 않았어요.

"내가 먼저 탈 거야!"

도치는 친구 치치에게도 화를 냈어요.

치치가 도치보다 먼저 왔는데도 말이에요.

그러자 구름이 그림책만 하게 커졌어요.

번쩍! 우르르 쾅!

구름에서 번개가 떨어지고 천둥이 쳤어요.

16 도치의 성격은 어떠합니까? (   )

① 착하다.　　　　② 친절하다.

③ 게으르다.　　　④ 화를 잘 낸다.

⑤ 부끄러움을 잘 탄다.

17 도치는 ㉠ 때문에 어떤 기분이 들었겠습니까?

(   )

① 기쁘다.　② 귀찮다.　③ 뿌듯하다.

④ 신기하다.　⑤ 자랑스럽다.

18 도치가 치치에게 화를 내자 ㉠은 무엇 만하게 커졌습니까? (   )

① 손바닥　　　　② 발바닥

③ 장난감　　　　④ 그림책

⑤ 책가방

[19~20] 다음 이야기를 읽고 물음에 답하시오.

가 도치는 슬퍼서 펑펑 울었어요.

"이런, 나쁜 말 구름이잖아!"

어디선가 작은 양산을 쓴 할머니가 나타나 말했어요.

"나쁜 말 구름을 없애려면 말이다…….."

나 도치는 놀이터에 갔어요.

그런데 친구들이 모두 도치를 모른 척했어요. 도치는 화가 났어요.

하지만 양산 할머니의 말씀이 떠올랐지요.

"얘들아, ⎡   ㉠   ⎤"

친구들은 깜짝 놀라 도치를 쳐다보았어요.

도치가 이렇게 예쁘게 말을 하다니요.

19 누가 도치에게 나쁜 말 구름을 없애는 방법을 알려 주었습니까? (   )

① 치치　　　　　② 아버지

③ 어머니　　　　④ 친구들

⑤ 작은 양산을 쓴 할머니

20 ⎡ ㉠ ⎤ 에 들어갈 도치의 말을 알맞게 나타낸 것은 무엇입니까? (   )

① 너희들은 왜 그래?

② 너희들 때문에 화가 나.

③ 너희들은 이제 친구도 아니야.

④ 난 너희들이랑 놀고 싶지 않아.

⑤ 난 너희들이랑 함께 놀면 좋겠어.

· 답안 입력하기　· 평가 분석표 받기

개념 강의

하늘이 맑다.

들판이 넓다.

땅을 밟다.

* 강의를 들으며 중요한 내용을 메모하세요!

● 겹받침이 있는 낱말 바르게 읽고 쓰기

2 단원

● 글쓴이가 하고 싶은 말 찾기

● 글을 읽고 인물의 생각 알기

개념 확인하기 정답에 ✓표를 하시오.

정답 26쪽

1 '읽다'에 있는 받침을 무엇이라고 부릅니까?

ㄱ 쌍받침 ☐   ㄴ 겹받침 ☐

2 '흙'을 알맞게 소리 내어 읽은 것은 무엇입니까?

ㄱ [흘] ☐   ㄴ [흑] ☐   ㄷ [흔] ☐

3 '글을 쓴 사람'을 무엇이라고 합니까?

ㄱ 글쓴이 ☐   ㄴ 글의 제목 ☐

4 글쓴이가 하고 싶은 말을 찾을 때 살펴보아야 하는 것은 무엇입니까?

ㄱ 글의 제목 ☐   ㄴ 글쓴이의 이름 ☐

5 글을 읽고 인물의 생각을 알아보는 방법으로 알맞지 않은 것은 무엇입니까?

ㄱ 인물이 어떤 말을 하였는지 살펴본다. ☐

ㄴ 인물이 어떤 옷을 입었는지 알아본다. ☐

ㄷ 인물이 어떤 행동을 하였는지 살펴본다. ☐

1 다음 중 겹받침이 들어간 글자가 아닌 것은 무엇입니까? (   )

① 읽   ② 밟   ③ 없
④ 볶   ⑤ 닳

2 밑줄 그은 부분을 알맞게 읽은 것은 무엇입니까? (   )

> 가을 하늘이 참 맑다.

① [말다]   ② [막다]   ③ [말타]
④ [막따]   ⑤ [막타]

3 빈칸에 들어갈 글자로 알맞은 것은 무엇입니까? (   )

> 배가 고파서 라면을 [ ]였습니다.

① 끌   ② 끓   ③ 꿀
④ 꾼   ⑤ 끈

4 밑줄 그은 부분을 알맞게 소리 내어 읽은 것은 무엇입니까? (   )

> 호수가 꽤 넓다.

① [널다]   ② [넙다]   ③ [널따]
④ [넙타]   ⑤ [널타]

5 빈칸에 들어갈 글자를 순서대로 나타낸 것은 무엇입니까? (   )

> • [ ]이 비싸다.   • 구멍을 [ ]다.

① 갑-뚤   ② 갑-뚫   ③ 값-뚤
④ 값-뚫   ⑤ 갓-뚤

6 빈칸에 들어갈 받침이 나머지와 다른 하나는 어느 것입니까? (   )

① 면이 [구]다.   ② 달이 [바]다.
③ 땅을 [바]다.   ④ 책을 [이]다.
⑤ 머리를 [그]다.

7 다음 중 받침을 알맞게 쓴 문장은 어느 것입니까? (   )

① 노을이 북다.   ② 연필이 짧다.
③ 시간이 업다.   ④ 빵값이 비싸다.
⑤ 닥이 꼬꼬댁 운다.

8 다음 중 받침을 잘못 읽은 것은 무엇입니까? (   )

① 긁다[극따]   ② 밟다[밥따]
③ 앓다[알타]   ④ 밥값[밥깟]
⑤ 밝다[박따]

가 "휴, 간신히 살았네. 하마터면 잡아먹힐 뻔했어."

참외씨 한 개가 탈출을 했네요!

나 "어딜 그리 바삐 가는 거야?"

"탈출하는 중이에요. 그런데 할아버지는 누구세요?"

"바람 따라 여기저기 떠돌아다니는 먼지란다."

"그럼, 혹시 ㉠흙이 어디 있는지 아세요? 제 꿈은 ㉡흙 속에 들어가서 달고 맛있는 참외가 되는 거예요."

9 '조금만 잘못하였더라면.'이라는 뜻으로 쓰인 낱말은 무엇입니까? (   )

① 탈출   ② 간신히
③ 하마터면   ④ 여기저기
⑤ 잡아먹힐

10 ㉠을 알맞게 소리 내어 읽은 것은 무엇입니까? (   )

① [흘리]   ② [흑기]   ③ [흘기]
④ [흐기]   ⑤ [흐리]

11 ㉡을 알맞게 소리 내어 읽은 것은 어느 것입니까? (   )

① [흘소게]   ② [흑속게]
③ [흘쏘게]   ④ [흑쏘게]
⑤ [흑쏙게]

[12~15] 다음 글을 읽고 물음에 답하시오.

나는 물건을 쓰고 나서 제자리에 둡니다. 그렇게 하면 다음에 그 물건을 쓰려고 할 때 ㉠빨리 찾을 수 있습니다. 하지만 내 동생은 풀이나 가위와 같은 물건을 쓰고 나서 아무 데나 둡니다. 그래서 다음에 쓰려면 ㉡한참을 찾아야 합니다.

2
단원

12 ㉠과 바꾸어 써도 뜻이 통하는 낱말은 무엇입니까? (   )

① 제법   ② 얼른   ③ 늦게
④ 천천히   ⑤ 어렵게

13 다음은 글쓴이가 하고 싶은 말입니다. 빈칸에 들어갈 알맞은 말은 무엇입니까? (   )

물건을 쓰고 나서   둡시다.

① 방에   ② 밖에   ③ 책상에
④ 제자리에   ⑤ 아무 데나

14 이 글의 제목을 지을 때 필요하지 않은 낱말은 어느 것입니까? (   )

① 두자   ② 동생은   ③ 물건을
④ 사용한   ⑤ 제자리에

15 ㉡은 어떤 뜻을 나타내는 낱말입니까?
(   )

① 오늘.   ② 내일.   ③ 대충.
④ 적당히.   ⑤ 오랫동안.

[16~18] 다음 이야기를 읽고 물음에 답하시오.

> 건널목 안전 요원이 대답해요.
> "나의 멋진 날은 모두들 안전하게 귀가하는 날."
> 다니엘이 할머니 집에 도착하자 할머니가 대답해요.
> "나의 멋진 날은 우리 다니엘이 할머니를 꼭 안아 주는 날이란다!"

16 건널목 안전 요원에게 물어본 것은 무엇이겠습니까? (   )

① 오늘 기분이 어떠세요?
② 어떤 날이 멋진 날이에요?
③ 가장 친한 친구가 누구예요?
④ 어떤 음식을 가장 좋아해요?
⑤ 무슨 직업이 가장 멋진 일이에요?

17 건널목 안전 요원은 무엇이라고 대답하였습니까? (   )

① 다니엘이 안아 주는 날
② 다니엘이 인사해 주는 날
③ 모두가 안전하게 귀가하는 날
④ 안전 요원 일이 일찍 끝나는 날
⑤ 건널목을 지나는 사람들이 없는 날

18 다음은 누구의 생각입니까? (   )

> 다니엘이 나를 안아 주는 날이 멋진 날이다.

① 안전 요원   ② 다니엘의 어머니
③ 다니엘의 아버지   ④ 다니엘의 할머니
⑤ 다니엘의 할아버지

[19~20] 다음 글을 읽고 물음에 답하시오.

> 준호야, 안녕?
> 지난번에 내가 넘어졌을 때 기억나?
> 그때 나는 넘어져서 발도 아프고 친구들도 쳐다봐서 많이 부끄러웠어. 그런데 네가 다가와서 괜찮냐고 물어보고 일으켜 주었어. 그때 고맙다는 말을 제대로 하지 못했어. 준호야, 정말 | ㉮ |. 다음에 네가 힘든 일이 있을 때 내가 꼭 도와줄게.

19 글쓴이가 겪은 일은 무엇입니까? (   )

① 복도에서 준호와 부딪쳤다.
② 넘어진 준호를 도와주었다.
③ 넘어진 친구를 쳐다보기만 했다.
④ 넘어져서 창피했는데 준호가 도와주었다.
⑤ 넘어졌을 때 아무도 나를 도와주지 않았다.

20 | ㉮ | 에 들어갈 말로 알맞은 것은 무엇입니까? (   )

① 답답해   ② 반가워
③ 고마워   ④ 신기해
⑤ 부끄러워

· 답안 입력하기   · 평가 분석표 받기

온라인 개념 강의

개념 강의

| 10월 24일 일요일 | | | 날씨: 해가 쨍쨍한 날 |

	과	수	원	을		하	시	는		할	머
니		댁	에		놀	러		갔	다	.	나
와		동	생	은		빨	갛	게		익	은
사	과	를		땄	다	.	사	과	를		직
접		따		보	니		정	말		재	미
있	었	다	.								

✱ 강의를 들으며 중요한 내용을 메모하세요!

● 바른 자세로 발표하고 듣기

● 그림일기를 쓰는 방법 알기

● 경험한 일을 그림일기로 쓰기

개념 확인하기 　정답에 ✔표를 하시오.

정답 27쪽

1 바른 자세로 발표하는 방법은 무엇입니까?

　㉠ 옆 사람만 들을 수 있는 목소리로 말한다. ☐

　㉡ 알맞은 크기의 목소리로 또박또박 말한다. ☐

2 바른 자세로 발표를 듣는 방법은 무엇입니까?

　㉠ 숙제를 열심히 하면서 듣습니다. ☐

　㉡ 발표하는 친구의 얼굴을 보면서 바른 자세로 듣습니다. ☐

3 그림일기에 들어가는 내용은 무엇입니까?

　㉠ 그림일기를 쓴 장소 ☐

　㉡ 경험한 일에 대한 생각이나 느낌 ☐

4 그림일기를 쓰는 방법으로 알맞은 것은 무엇입니까?

　㉠ 경험한 일 가운데에서 중요한 장면을 정해 그림으로 그린다. ☐

　㉡ 좋아하는 만화 영화에서 기억나는 장면을 골라 그림으로 그린다. ☐

1 바르게 발표하는 자세로 알맞지 <u>않은</u> 것은 무엇입니까? ( )

① 또박또박 말하며 발표한다.
② 듣는 사람을 바라보며 발표한다.
③ 알맞은 크기의 목소리로 발표한다.
④ 허리를 펴고 바르게 서서 발표한다.
⑤ 친한 친구의 얼굴만 보면서 발표한다.

2 빈칸에 들어갈 말로 알맞은 것은 무엇입니까? ( )

> • 현수는 ☐☐☐ 꿉니다.

① 책을 　　② 꿈을
③ 그림을 　　④ 선물을
⑤ 거울을

3 다음 그림과 어울리는 문장은 무엇입니까? ( )

① 우리는 여름에 소풍을 갔다.
② 우리는 3월에 입학식을 했다.
③ 우리는 겨울에 동물원에 갔다.
④ 우리는 가을에 체육 대회를 했다.
⑤ 우리는 5월에 현장 체험 학습을 갔다.

4 다음 그림과 어울리는 문장은 무엇입니까? ( )

① 나는 오늘 9시에 일어났다.
② 나는 아침에 친구를 만났다.
③ 나는 아침에 동생과 놀았다.
④ 나는 아침에 이불을 정리했다.
⑤ 나는 아침에 된장찌개를 먹었다.

5 오늘 아침에 있었던 일에 대해 알맞게 말한 친구는 누구입니까? ( )

① 지민: 나는 어제 10시에 잤어.
② 연서: 나는 오늘 빵을 먹고 싶어.
③ 호영: 나는 내일 동물원에 가야 해.
④ 정민: 나는 오늘 아침에 학교 앞에서 친구를 만났어.
⑤ 재홍: 나는 친구와 같이 등교하는 것이 가장 즐거워.

[6~8] 다음을 보고 물음에 답하시오.

10월 24일 일요일	날씨: 해가 쨍쨍한 날

과	수	원	을		하	시	는		할	머
니		댁	에		놀	러		갔	다	.	나
와		동	생	은		빨	갛	게		익	은
사	과	를		땄	다	.	사	과	를		직
접		따		보	니	㉠	정	말		재	미
있	었	다	.						

6 그림일기를 쓴 날은 날씨가 어떠하였습니까?
( )

① 비가 내렸다.　　② 눈이 내렸다.
③ 해가 쨍쨍했다.　④ 바람이 불었다.
⑤ 구름이 많았다.

7 무엇을 한 일을 그렸습니까? ( )

① 춤추기　② 술래잡기　③ 사과 먹기
④ 사과 따기　⑤ 달리기 시합

8 ㉠은 무엇에 대하여 쓴 것입니까? ( )

① 날씨　② 요일　③ 있었던 일
④ 읽는 사람　⑤ 생각이나 느낌

[9~10] 다음을 보고 물음에 답하시오.

10월 22일 화요일

	나	는		오	늘		아	침	에		일
어	나		밥	을		먹	고		학	교	에
가	서		공	부	를		했	다	.	그	리
고		집	에		와	서		숙	제	를	
하	고		잤	다	.						

9 무엇을 한 일을 그렸습니까? ( )

① 밥을 먹은 일
② 밤에 잠을 잔 일
③ 아침에 일어난 일
④ 집에서 숙제를 한 일
⑤ 학교에 가서 공부한 일

10 그림일기에서 고쳐야 할 점은 무엇입니까?
( )

① 요일이 빠져 있다.
② 날짜가 빠져 있다.
③ 그림을 그리지 않았다.
④ 있었던 일에 대한 자신의 느낌을 너무 많이
　썼다.
⑤ 기억에 남는 일이 아니라 하루에 있었던 일
　을 모두 썼다.

[11~13] 다음을 보고 물음에 답하시오.

| 20○○년 9월 15일 ○요일 | 날씨: 흐리다가 비가 옴. |

	어	머	니	께	서		곰		인	형
을		사		주	셨	다	.		곰		인
형	과		함	께		자	라	고		사
주	신		것	이	다	.		오	늘	부	터
곰		인	형	과		같	이		자	야
겠	다	.

11 그림일기를 쓴 날은 날씨가 어떠하였습니까?
( )

① 더웠다.   ② 맑았다.
③ 비가 왔다.   ④ 바람이 불었다.
⑤ 천둥이 쳤다.

12 무엇을 한 일을 그렸습니까? ( )

① 동생에게 인형을 선물한 일
② 어머니께 곰 인형을 받은 일
③ 곰 인형을 잃어버려서 운 일
④ 곰 인형과 같이 침대에서 잔 일
⑤ 학교에서 친구에게 선물을 받은 일

13 '나'의 기분은 어떠하겠습니까? ( )

① 슬프다.   ② 무섭다.
③ 기쁘다.   ④ 속상하다.
⑤ 걱정스럽다.

[14~15] 다음을 보고 물음에 답하시오.

14 ⊙ 에 들어갈 내용으로 알맞지 않은 것은 무엇입니까? ( )

① 선생님께 혼난 일
② 맛있게 점심을 먹은 일
③ 부모님과 저녁을 먹은 일
④ 열심히 국어 공부를 한 일
⑤ 친구들과 운동장에서 논 일

15 ⓛ 에 들어갈 내용으로 알맞은 것은 무엇입니까? ( )

① 늦잠 잔 일
② 점심을 먹고 산책한 일
③ 아침에 일어나 세수를 한 일
④ 침대에 누워 자기 전에 만화 영화를 본 일
⑤ 아침에 학교를 가기 전에 강아지와 산책한 일

16 그림일기에 들어갈 내용으로 알맞지 <u>않은</u> 것은 무엇입니까? (   )

① 날짜   ② 그림
③ 경험한 일   ④ 읽는 사람
⑤ 기억에 남는 일

17 다음 그림을 보고 바르게 쓴 문장 두 가지를 고르시오. (,   )

① 영수가 은혜에게 선물을 봅니다.
② 영수가 은혜에게 선물을 꿉니다.
③ 영수가 은혜에게 선물을 갑니다.
④ 영수가 은혜에게 선물을 줍니다.
⑤ 영수가 은혜에게 선물을 합니다.

18 친구가 발표를 잘했는지 생각할 점으로 알맞지 <u>않은</u> 것은 무엇입니까? (   )

① 듣는 사람을 바라보며 말했는지
② 알맞은 크기의 목소리로 말했는지
③ 허리를 펴고 바르게 서서 말했는지
④ 발표를 하며 친구들을 얼마나 웃겼는지
⑤ 내용을 순서대로 잘 정리해서 말했는지

19 그림일기를 쓸 때 주의할 점으로 알맞지 <u>않은</u> 것은 무엇입니까? (   )

① 날짜, 요일, 날씨를 쓴다.
② 경험한 일에 대한 생각이나 느낌을 쓴다.
③ 경험한 일이 드러나게 내용을 자세히 쓴다.
④ 경험한 일이 그림에 잘 드러나게 표현한다.
⑤ 선생님이 칭찬해 주실 것 같은 내용을 쓴다.

3 단원

20 다음 그림에서 남자아이가 여자아이의 말을 제대로 알아듣지 못한 까닭은 무엇입니까?

(   )

① 목소리가 커서
② 키가 너무 커서
③ 목소리가 작아서
④ 허리를 바르게 펴지 않아서
⑤ 알맞은 목소리로 또박또박 말해서

· 답안 입력하기 · 평가 분석표 받기

개념 강의

4 단원

생각이나 말	'그럼 나도 한번 먹어 볼까?'
행동	입을 살짝 벌려 미역무침을 먹어 보았다.

생각이나 말	"너도 한번 먹어 봐. 새콤달콤 맛이 얼마나 좋은데."
행동	미역무침을 맛있게 먹었다.

✽ 강의를 들으며 중요한 내용을 메모하세요!

● 누가 무엇을 했는지 생각하며 이야기 듣기

● 이야기를 읽고 일이 일어난 순서 정리하기

● 만화 영화를 보고 생각이나 느낌 나누기

개념 확인하기 정답에 ✔표를 하시오.

정답 28쪽

1 다음 중 누가 무엇을 했는지 정리한 문장은 어느 것입니까?

⊙ 나무꾼은 착합니다. ☐

ⓒ 나무꾼과 사슴이 나옵니다. ☐

ⓒ 나무꾼은 사슴을 도와주었습니다. ☐

2 인물이 소리 내어 한 말을 적을 때 쓰는 따옴표는 무엇입니까?

⊙ 큰따옴표 ☐

ⓒ 작은따옴표 ☐

3 시간을 나타내는 말은 무엇입니까?

⊙ 순서 ☐

ⓒ 깊은 밤 ☐

ⓒ 맛있게 먹었다. ☐

4 만화 영화를 보고 생각이나 느낌을 말하는 방법으로 알맞은 것은 무엇입니까?

⊙ 친구의 생각을 따라 말한다. ☐

ⓒ 만화 영화에서 감동적인 장면에 대한 생각이나 느낌을 말한다. ☐

4. 감동을 나누어요

[1~4] 다음 글을 읽고 물음에 답하시오.

오늘 점심시간에 급식 반찬으로 미역무침이 나왔다. 나는 미역을 가장 싫어한다. 하지만 내 친구 서윤이는 미역무침이 맛있다고 했다.

"너도 한번 먹어 봐. 새콤달콤 맛이 얼마나 좋은데."

서윤이는 미역무침을 맛있게 먹었다. 나는 그 모습을 보고도 먹을 용기가 나지 않아 고개를 절레절레 저었다. 하지만 주위를 둘러보니 친구들이 모두 맛있게 미역무침을 먹고 있었다.

'그럼 나도 한번 먹어 볼까?'

나는 눈을 질끈 감고 미역무침을 한번 먹어 보았다. 입을 살짝 벌려 미역무침을 조금 먹어 보았더니 생각보다 맛이 좋았다. 계속 먹다 보니 입안에 새콤함이 가득해졌다. 어느새 미역무침을 모두 다 먹었다.

"주원이는 반찬을 골고루 잘 먹는구나."

선생님께서도 나를 칭찬해 주시며 박수도 쳐 주셨다. 나는 어깨가 으쓱해지고 자꾸만 웃음이 나왔다.

'다음에도 새로운 음식 먹기에 도전해 봐야지.'

1 주원이가 가장 싫어하던 것은 무엇입니까?
( )

① 급식 　② 미역 　③ 오이
④ 멸치 　⑤ 브로콜리

2 다음을 말한 인물은 누구입니까? ( )

> "주원이는 반찬을 골고루 잘 먹는구나."

① 주원 　② 서윤 　③ 선생님
④ 부모님 　⑤ 급식실 아주머니

3 주원이가 미역무침을 먹은 뒤에 일어난 일은 무엇입니까? ( )

① 친구들이 박수를 쳐 주었다.
② 서윤이도 미역무침을 먹었다.
③ 선생님께서 칭찬을 해 주셨다.
④ 선생님께서 급식 반찬을 더 주셨다.
⑤ 새로운 음식을 먹지 않기로 다짐했다.

4 주원이와 비슷한 경험에 대해 알맞게 말한 친구는 누구입니까? ( )

① 민준: 나도 가족들과 소풍을 갔던 경험이 있어.
② 지훈: 나도 동생과 다투고 먼저 사과한 경험이 있어.
③ 채영: 나도 싫어하던 음식을 용기 내어 먹었던 경험이 있어.
④ 민정: 나도 부모님과 함께 맛있는 음식을 만들어 본 경험이 있어.
⑤ 연지: 나도 국어 시험을 잘 보기 위해 열심히 공부한 경험이 있어.

5 다음 빈칸에 들어갈 알맞은 말은 무엇입니까?
( )

> 이야기에서 일어난 일을 잘 정리하려면 ( )을/를 생각하며 읽어야 한다.

① 누가 더 착한지
② 누가 어디에서 사는지
③ 누가 무엇을 하였는지
④ 누가 누구와 비슷한지
⑤ 누가 어떤 이름을 가졌는지

4
단원

[6~10] 다음 글을 읽고 물음에 답하시오.

"우리 임금님에게는 신기한 맷돌이 있다네."
"그 맷돌이 있으면 귀한 물건을 많이 얻을 수 있어."

사람들 뒤에서 도둑이 그 말을 ㉠조용히 듣고 있었습니다. 도둑은 고약한 마음을 먹었습니다.

'그 맷돌이 있으면 부자가 될 수 있겠어.'

저녁이 되자 도둑은 궁궐로 숨어들었습니다. 그리고 ㉡깊은 밤, 모두 잠든 사이 몰래 맷돌을 훔쳐 도망갔습니다. 그러고 나서 서둘러 배를 타고 바다를 건너 ㉢멀리 도망가려고 했습니다.

도둑은 배를 타고 바다를 건너다가 맷돌을 돌려 보고 싶었습니다. 그래서 세상에서 가장 귀한 소금이 나오라고 외쳤습니다.

"나와라, 소금!"

그러자 맷돌에서 하얀 소금이 쏟아져 나왔고, ㉣점점 배 안에 쌓여 갔습니다. 배가 기우뚱거리기 시작했습니다.

도둑은 너무 놀라 무슨 말을 해야 하는지 잊어버렸습니다. 결국, 맷돌은 도둑과 함께 바닷속에 가라앉고 말았습니다.

바닷속에서도 맷돌은 쉬지 않고 돌았습니다. ㉤그래서 바닷물이 짜게 되었습니다.

6 도둑은 어디로 도망가려고 하였습니까?
( )

① 집　　　② 궁궐　　　③ 시장
④ 태어난 곳　⑤ 바다 건너 멀리

7 ㉠~㉤ 중, 시간을 나타내는 말은 무엇입니까? ( )

① ㉠　　　　② ㉡　　　　③ ㉢
④ ㉣　　　　⑤ ㉤

8 도둑은 맷돌을 훔쳐서 바다를 건너다가 무엇이라고 외쳤습니까? ( )

① "나와라, 맷돌!"
② "나와라, 소금!"
③ "멈춰라, 맷돌!"
④ "멈춰라, 소금!"
⑤ "그쳐라, 소금!"

9 도둑이 맷돌을 멈추지 못한 까닭은 무엇입니까? ( )

① 실수로 잠이 들어서
② 바다를 빨리 건너려고
③ 소금을 더 얻고 싶어서
④ 맷돌을 사람들에게 자랑하려고
⑤ 맷돌을 멈추는 말을 잊어버려서

10 일어난 일을 순서대로 정리할 때, 빈칸에 알맞은 문장은 무엇입니까? ( )

> 신기한 맷돌에 대한 이야기를 들은 도둑은 저녁이 되자 궁궐로 숨어들었다.

↓

>

↓

> 무슨 말을 해야 하는지 잊은 도둑은 결국 맷돌과 함께 바닷속에 가라앉았다.

① 도둑은 맷돌을 팔았다.
② 도둑은 맷돌로 부자가 됐다.
③ 도둑은 맷돌을 훔쳐 도망갔다.
④ 도둑은 사람들의 말을 엿들었다.
⑤ 바닷속에서도 맷돌은 쉬지 않고 돌았다.

[11~15] 다음 글을 읽고 물음에 답하시오.

> 풀밭에 벌렁 드러누운 양치기 소년은 한가로이 풀을 뜯는 양 떼를 보며 생각했어요.
> ☐ 뭐, 재미있는 일 없을까? ☐
> 심심한 양치기 소년은 장난을 치고 싶었어요.
> "늑대가 나타났어요! 도와주세요!"
> 마을 사람들이 깜짝 놀라 뛰어왔어요.
> "어디야, 늑대가 어디 있니?"
> "심심해서 장난쳤어요."
> 마을 사람들은 그냥 돌아갔어요.
> 이튿날 심심해진 양치기 소년은 또다시 늑대가 나타났다고 소리쳤어요. 이번에도 거짓말이라는 것을 알게 된 마을 사람들은 화를 내며 돌아갔어요.
> 며칠 뒤, 이번에는 진짜로 늑대가 나타났어요.
> "늑대가 나타났어요! 도와주세요!"
> "쳇, 거짓말쟁이. 우리가 또 속을 줄 알고?"
> 양치기 소년이 소리쳤지만 마을 사람들은 아무도 오지 않았어요.

11 양치기 소년은 무엇이 나타났다고 소리쳤습니까? (　　　)

① 양　　　② 여우　　　③ 늑대
④ 호랑이　　　⑤ 마을 사람들

12 마을 사람들이 화를 낸 까닭은 무엇입니까?
(　　　)

① 양들이 모두 도망가서
② 마을에 늑대가 나타나서
③ 양치기 소년이 늦게 일어나서
④ 양치기 소년이 늑대를 쫓아내서
⑤ 양치기 소년이 또 거짓말을 해서

13 마을 사람들이 한 말은 무엇입니까? (　　　)

① 심심해서 장난쳤어요.
② 뭐, 재미있는 일 없을까?
③ 마을 사람들을 그냥 돌아갔어요.
④ 늑대가 나타났어요! 도와주세요!
⑤ 쳇, 거짓말쟁이. 우리가 또 속을 줄 알고?

14 일어난 일을 순서대로 정리한 것은 무엇입니까? (　　　)

> ㉠ 진짜 늑대가 나타났지만 아무도 양치기 소년의 말을 믿지 않았다.
> ㉡ 양치기 소년이 늑대가 나타났다고 또다시 거짓말을 해서 마을 사람들이 화가 났다.
> ㉢ 심심했던 양치기 소년은 늑대가 나타났다고 거짓말을 했다.

① ㉠ - ㉡ - ㉢　　　② ㉡ - ㉠ - ㉢
③ ㉡ - ㉢ - ㉠　　　④ ㉢ - ㉡ - ㉠
⑤ ㉢ - ㉠ - ㉡

15 다음은 양치기 소년이 속으로 한 말입니다. 빈칸에 들어갈 따옴표가 바른 것은 어느 것입니까? (　　　)

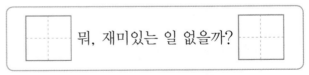

① 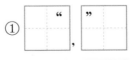　②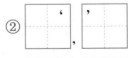

③ 　④

⑤

단원 평가

[16~19] 다음을 읽고 물음에 답하시오.

> **장면 ❶** 아이쿠는 할머니 댁에 가려고 길을 나섰어요. 하지만 아이쿠를 숨어서 지켜보고 있던 카르망 콩드 백작은 아이쿠의 할머니로 변장해서 할머니 집에 숨어 있기로 했어요.

> **장면 ❷** 비비와 함께 [㉠]에 가던 아이쿠는 우연히 꽃밭을 발견했어요. 아이쿠와 비비는 할머니께 드릴 꽃을 따기로 했어요.

> **장면 ❸** 할머니 댁에 도착한 아이쿠는 손도 거칠고 목소리도 다른 할머니의 모습에 의심했어요. 하지만 아이쿠는 카르망 콩드 백작에게 속아 꽃을 선물했어요.

> **장면 ❹** 꽃을 받은 카르망 콩드 백작은 몸이 가려웠어요. 콧물을 흘리며 기침과 재채기도 했어요. 깜짝 놀란 카르망 콩드 백작은 눈물을 흘리며 도망갔답니다.

16 [㉠]에 들어갈 알맞은 말은 무엇입니까?
( )

① 집   ② 학교   ③ 농장
④ 시장   ⑤ 할머니 댁

17 카르망 콩드 백작에게 일어난 일로 알맞은 것은 무엇입니까? ( )

① 갑자기 땀이 났다.
② 눈물이 나고, 얼굴이 뜨거워졌다.
③ 아이쿠의 이름이 기억나지 않았다.
④ 머리가 아프고, 머리가 어지러웠다.
⑤ 몸이 가려워지고, 콧물을 흘리며 기침과 재채기를 했다.

18 장면 ❸에서 아이쿠가 마음속으로 했을 생각으로 알맞은 것은 무엇입니까? ( )

① 할머니 댁은 어디일까?
② 비비에게 지금 꽃을 줄까?
③ 할머니가 꽃을 좋아하실까?
④ 진짜 우리 할머니가 맞을까?
⑤ 카르망 콩드 백작은 지금 어디 있을까?

19 글을 읽고 재미있었던 장면을 이야기 했습니다. 빈칸에 알맞은 말은 무엇입니까?
( )

> 재홍: 나는 아이쿠가 카르망 콩드 백작을 [ ]라고 착각하는 장면이 재미있었어.

① 비비   ② 친구   ③ 늑대
④ 할머니   ⑤ 할아버지

20 인물이 소리 내어 한 말을 적을 때 쓰는 문장 부호는 무엇입니까? ( )

① 마침표   ② 느낌표
③ 물음표   ④ 큰따옴표
⑤ 작은따옴표

· 답안 입력하기   · 평가 분석표 받기

◎ 한글의 특징

개념 강의

| 획을 더 그어
다른 자음자를 만듭니다. |

ㄱ ㅋ
ㄴ ㄷ ㅌ
ㅅ ㅈ ㅊ

| 방향을 달리하면
다른 모음자가 됩니다. |

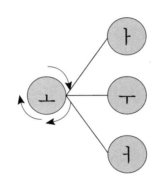

✳ 강의를 들으며 중요한 내용을 메모하세요!

● 한글의 좋은 점

● 한글의 특징

● 글을 읽고 생각이나 느낌 나누기

개념 확인하기   정답에 ✔표를 하시오.   정답 29쪽

1 한글이 만들어진 시기는 언제입니까?

ㄱ 고려 시대 ☐   ㄴ 조선 시대 ☐

2 하나의 자음자에서 다른 자음자를 만드는 방법은 무엇입니까?

ㄱ 획을 더하여 만든다. ☐

ㄴ 방향을 바꾸어서 만든다. ☐

3 한글의 좋은 점은 무엇입니까?

ㄱ 글자 수가 많다. ☐

ㄴ 누구나 쉽게 배우고 쓸 수 있다. ☐

4 낱말 '빛'의 어느 부분을 바꾸면 '빗'이 됩니까?

ㄱ 받침 ☐

ㄴ 모음자 ☐

ㄷ 첫 자음자 ☐

5 글을 읽고 생각과 느낌을 나누는 방법으로 알맞지 <u>않은</u> 것은 무엇입니까?

ㄱ 인물의 마음을 짐작한다. ☐

ㄴ 인물이 한 일에 대해 떠올린다. ☐

ㄷ 내 생각이나 느낌을 덧붙일 필요는 없다.

☐

5단원

[1~5] 다음 글을 읽고 물음에 답하시오.

옛날에 우리 민족은 중국 글자인 한자를 사용했어요. 그런데 한자는 중국 말을 바탕으로 한 글자인데다 글자 수도 많아 배우기가 쉽지 않았어요. 그래서 일반 백성은 글을 몰라 어려움을 겪어야 했어요. 글을 읽을 수 없으니 학문을 배울 수도 없었고, 새로운 법이 생겨도 알지 못해 억울한 일을 당하기도 하였지요.

이를 안타깝게 여긴 조선의 네 번째 임금 세종 대왕은 오랜 연구 끝에 누구나 쉽게 배우고 쓸 수 있는 '훈민정음'을 만들었어요. '훈민정음'은 '백성을 가르치는 바른 소리'라는 뜻으로 한글의 옛 이름이에요.

한글의 모음자는 하늘과 땅, 사람의 모양을 본떠 만들었고, 자음자는 말소리를 내는 혀와 입, 목구멍 등의 모양을 본떠 만들었어요.

한글은 자음자와 모음자를 모아 소리를 적어요. 자음자와 모음자 몇 개만 알면 수많은 소리를 쉽게 적고 읽을 수 있기 때문에 　　　　　㉠

1 한자를 사용할 때 일반 백성은 어떤 어려움이 있었습니까? (　　)

① 법을 이해하기 쉬웠다.
② 학문을 배울 수 없었다.
③ 중국 말을 배우기 쉬웠다.
④ 농사를 짓지 않으려고 했다.
⑤ 시험에 합격하는 사람이 많았다.

2 한글을 만든 사람은 누구입니까? (　　)

① 이순신　　　　　② 장영실
③ 신사임당　　　　④ 세종 대왕
⑤ 광개토 대왕

3 '훈민정음'의 뜻은 무엇입니까? (　　)

① 한자의 옛 이름
② 백성과 함께 만든 소리
③ 중국에서 사용하는 글자
④ 백성을 가르치는 바른 소리
⑤ 조선의 아름다움을 담은 소리

4 ㉠ 에 들어갈 한글의 좋은 점으로 알맞은 것은 무엇입니까? (　　)

① 아무나 배울 수 없어요.
② 누구나 쉽게 배울 수 있어요.
③ 일반 백성이 배우기는 어려워요.
④ 한글보다 한자를 더 많이 사용했어요.
⑤ 똑똑한 사람만 한글을 사용할 수 있어요.

5 글 내용으로 보아 자음자 'ㅇ'은 무엇을 본떠 만들었겠습니까? (　　)

① 땅의 동그란 모양
② 목구멍의 동그란 모양
③ 빗방울의 동그란 모양
④ 해와 달의 동그란 모양
⑤ 사람 머리의 동그란 모양

[6~8] 다음 글을 읽고 물음에 답하시오.

> [동키] 스크롤은 어떻게 해?
>
> [몽키] 스크롤 안 해. 한 장 한 장 넘기면 돼. 이건 책이거든.
>
> [동키] 게임할 수 있어?
>
> [몽키] 아니. 책인걸.
>
> [동키] 메일 보낼 수 있어?
>
> [몽키] 아니.
>
> [동키] 와이파이는?
>
> [몽키] 아니.

6 몽키와 동키는 무엇에 대하여 이야기하고 있습니까? (   )

① 책
② 컴퓨터
③ 게임기
④ 카메라
⑤ 전자 사전

7 동키가 책으로 할 수 있냐고 물어본 것을 모두 고른 것은 어느 것입니까? (   )

> **보기**
> ㉠ 게임   ㉡ 동화 읽기   ㉢ 메일 보내기

① ㉠
② ㉡
③ ㉢
④ ㉠, ㉡
⑤ ㉠, ㉢

8 동키에 대한 설명으로 알맞지 <u>않은</u> 것은 무엇입니까? (   )

① 책을 잘 모른다.
② 책을 궁금해한다.
③ 책을 한 장 한 장 넘기며 읽었다.
④ 책을 전자 기기와 비교하고 있다.
⑤ 몽키에게 계속 질문을 하고 있다.

9 다음 글자에 들어가지 <u>않는</u> 자음자와 모음자는 무엇무엇입니까? (,   )

금

① ㄱ
② ㄴ
③ ㅁ
④ ㅡ
⑤ ㅓ

10 에 들어갈 자음자로 알맞은 것은 무엇입니까? (   )

 ➡ ㄷ

> '■'에 획 하나를 더 그으면
> 다른 자음자 'ㄷ'이 됩니다.

① ㄴ
② ㅅ
③ ㅊ
④ ㅍ
⑤ ㅎ

5 단원

11 다음 빈칸에 들어갈 모음자는 무엇입니까?
( )

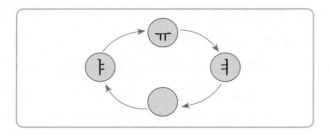

① ㅏ   ② ㅒ

③ ㅛ   ④ ㅖ

⑤ ㅓ

12 모음자에 대해 바르게 말한 것은 어느 것입니까? ( )

① 'ㅜ'의 방향을 바꾸어 'ㅚ'를 만들 수 있다.
② 'ㅏ'의 방향을 바꾸어 'ㅐ'를 만들 수 있다.
③ 'ㅓ'는 'ㅗ'의 방향을 바꾸어 만들 수 없다.
④ 글자의 방향과 글자의 모양은 관련이 없다.
⑤ 방향을 바꿔서 다른 모음자를 만들 수 있다.

13 '발'의 첫 자음자를 바꾸어 만들 수 있는 낱말은 무엇입니까? ( )

① 달
② 별
③ 불
④ 방
⑤ 밭

14 '곰'의 모음자만 바꾸어 만들 수 있는 글자는 무엇입니까? ( )

① 봄   ② 솜

③ 곡   ④ 곧

⑤ 감

15 보기 에 대해 바르게 말한 것은 어느 것입니까? ( )

보기

물 → 말

① 글자는 다르지만 뜻은 같다.
② 받침을 바꾸어 다른 글자가 되었다.
③ 모음자를 바꾸어 다른 글자가 되었다.
④ 첫 자음자를 바꾸어 다른 글자가 되었다.
⑤ 글자의 방향을 바꾸어 다른 글자가 되었다.

16 한글의 특징을 바르게 말한 친구를 모두 고른 것은 무엇입니까? ( )

태용	자음자와 모음자를 합쳐서 글자를 만들어.
슬기	글자의 받침이 달라져도 뜻은 바뀌지 않아.
도영	글자의 모음자가 달라지면 뜻도 함께 바뀌어.

① 태용   ② 도영

③ 태용, 슬기   ④ 태용, 도영

⑤ 태용, 도영, 슬기

[17~19] 다음 글을 읽고 물음에 답하시오.

"자, 이제 운동장에 나가 볼까요?"

선생님의 말씀에 친구들은 모두 "우아!" 하고 소리를 질렀다. ㉠나만 "어휴."라고 했다. 왜냐하면 훌라후프로 운동하는 시간이기 때문이다.

친구들은 훌라후프가 떨어지지 않게 잘 돌린다. 그런데 내가 하면 훌라후프가 금방 뚝 떨어진다.

친구들처럼 훌라후프를 잘 돌리고 싶어서 나는 훌라후프가 있다고 생각하면서 허리를 이리저리 움직였다. 선생님은 훌라후프 돌리기를 포기하지 않고 노력하는 모습이 기특하다고 칭찬해 주셨다. ㉡칭찬을 받아서 기분이 좋았지만 다음에는 친구들처럼 훌라후프를 잘 돌리면 좋겠다.

17 ㉠에서 알 수 있는 '나'의 마음으로 알맞은 것은 무엇입니까? (　　　)

① 신나는 마음

② 기대되는 마음

③ 나가기 싫은 마음

④ 친구에게 고마운 마음

⑤ 훌라후프를 빨리 돌리고 싶은 마음

18 '나'가 훌라후프가 있다고 생각하면서 허리를 움직인 까닭은 무엇입니까? (　　　)

① 축구 대회에서 질까 봐 걱정되어서

② 친구들만큼 달리기를 잘하고 싶어서

③ 훌라후프를 안 좋아하는 친구가 많아서

④ 친구들처럼 훌라후프를 잘 돌리고 싶어서

⑤ 훌라후프를 잘하지 못하는 친구들을 응원해 주려고

19 ㉡에 대한 생각이나 느낌으로 알맞은 것은 무엇입니까? (　　　)

① 친구들처럼 훌라후프를 돌리고 싶어 하는 모습이 안타까워.

② 좋은 마음으로 한 일인데 선생님께 혼이 나서 억울할 것 같아.

③ 훌라후프를 처음 돌리는데도 떨어뜨리지 않는 모습이 대단해.

④ 조금만 더 하면 할 수 있는데 훌라후프 돌리기를 포기한 것이 아쉬워.

⑤ 다른 친구에게도 훌라후프 돌리는 방법을 가르쳐 주는 마음씨가 따뜻해.

20 물건을 셀 때 쓰는 낱말을 잘못 나타낸 것은 어느 것입니까? (　　　)

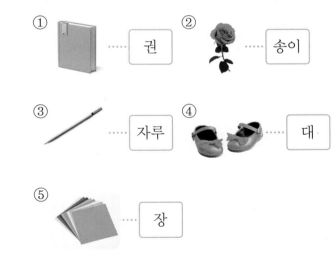

① 권　② 송이　③ 자루　④ 대　⑤ 장

· 답안 입력하기　· 평가 분석표 받기

6
단원

✳ 강의를 들으며 중요한 내용을 메모하세요!

● 생각을 문장으로 표현하기

입

잎

● 낱말을 바르게 읽고 쓰기

낫

낮

낯

● 문장을 자연스럽게 띄어 읽기

개념 확인하기   정답에 ✔표를 하시오.

정답 30쪽

1 다음 중 자신의 생각을 잘 표현한 문장은 어느 것입니까?

ㄱ 종이를 버립니다. ☐

ㄴ 종이를 다시 씁니다. ☐

ㄷ 종이를 아껴 쓰면 좋겠습니다. ☐

2 다음 중 나머지와 소리가 다른 낱말은 어느 것입니까?

| ㄱ 낫 ☐ | ㄴ 낮 ☐ |
| ㄷ 남 ☐ | ㄹ 낯 ☐ |

3 소리 나는 대로 낱말을 쓰면 안 되는 까닭은 무엇입니까?

ㄱ 읽는 사람이 뜻을 알기 어려워서 ☐

ㄴ 읽는 사람이 더 빨리 글을 읽을 수 있어서 ☐

4 문장을 띄어 읽는 방법으로 알맞지 <u>않은</u> 것은 무엇입니까?

ㄱ 의미가 잘 드러나게 읽습니다. ☐

ㄴ 문장이 길면 모든 낱말을 띄어 읽습니다. ☐

ㄷ 누가, 무엇을 했는지 생각하면서 읽습니다. ☐

[1~4] 다음 광고를 보고 물음에 답하시오.

① 벤자민 플랭클린은 전기를 발명했다.

② 손수현 양은 안 쓰는 전기를 발견했다.

③ 고틀리프 다임러는 자동차를 발명했다.

④ 김지훈 씨는 나만의 자가용을 발견했다.

⑤ 발명보다 위대한 ㉠

⑥ 미래를 위해 낭비되고 있는 에너지를 발견하세요!

1 벤자민 프랭클린이 발명한 것은 무엇입니까?

( )

① 전기 ② 전구 ③ 자전거
④ 자동차 ⑤ 거중기

2 ㉠ 에 들어갈 낱말로 알맞은 것은 무엇입니까? ( )

① 발명 ② 발견 ③ 발전
④ 연구 ⑤ 사용

3 광고에서 하려는 말은 무엇입니까? ( )

① 전기를 많이 사용하자.
② 에너지를 많이 만들자.
③ 어두울 때는 불을 켜자.
④ 새로운 발명품을 만들자.
⑤ 에너지를 낭비하지 말자.

4 광고에서 하려는 말과 비슷한 생각이나 느낌으로 알맞지 <u>않은</u> 것은 무엇입니까? ( )

① 쓰지 않는 전자 제품은 전원을 꺼야겠어.
② 될 수 있으면 일회용품을 사용하지 말아야겠어.
③ 학교 갈 때 부모님 차를 타는 대신 걸어가야겠어.
④ 낮은 층은 엘리베이터를 쓰는 대신 걸어 올라가야겠어.
⑤ 고틀리프 다임러가 발명한 자동차 덕분에 우리 생활이 편해졌어.

[5~7] 다음 그림을 보고 물음에 답하시오.

시호

5 빈칸에 들어갈 알맞은 낱말은 무엇입니까?
( )

어떤 문제가 있나요?
▶ 손을 씻으며 ☐을/를 낭비하고 있다.

① 손   ② 물   ③ 수건
④ 종이   ⑤ 휴지

6 시호의 행동에 대한 생각을 문장으로 알맞게 쓴 것은 무엇입니까? ( )

① 물은 자주 마시는 것이 좋겠다.
② 손을 씻을 때는 비누를 사용하면 좋겠다.
③ 종이는 종이 버리는 곳에 버리면 좋겠다.
④ 손을 씻고 나서는 수건으로 손을 닦으면 좋
   겠다.
⑤ 손에 비누칠을 할 때는 수도꼭지를 잠갔으
   면 좋겠다.

7 문제 6의 답과 같이 생각한 까닭으로 알맞은 것은 무엇입니까? ( )

① 물을 아낄 수 있어서
② 분리수거를 잘해야 해서
③ 손을 깨끗하게 씻어야 해서
④ 밥 먹기 전에는 손을 씻어야 해서
⑤ 다 쓴 종이로 새 종이를 만들 수 있어서

8 다음 그림의 이름으로 알맞은 낱말은 무엇입니까? ( )

① 몬   ② 못   ③ 몿
④ 몹   ⑤ 목

9 다음 대화에서 빈칸에 들어갈 수 있는 말은 무엇입니까? ( )

'같다'와 '갔다'처럼 소리는 같지만, 뜻이 다른 낱말은 무엇이 있을까?

☐도 소리가 같지만 뜻이 다른 낱말이야.

① '일'과 '잎'   ② '팔'과 '팥'
③ '달'과 '닻'   ④ '곰'과 '공'
⑤ '박'과 '밖'

10 서로 뜻이 반대인 낱말이 아닌 것은 무엇입니까? ( )

① 묶다 – 풀다
② 싫다 – 좋다
③ 밝다 – 어둡다
④ 느리다 – 무겁다
⑤ 더럽다 – 깨끗하다

[11~14] 다음 글을 읽고 물음에 답하시오.

가 여러분, 안녕하세요. 저는 소방서에서 일하는 소방관입니다. 오늘은 우리 모두의 안전을 지키기 위한 방법을 이야기하려고 합니다.

첫째, 소방서에 장난 전화를 하면 안 됩니다. ㉠신고가 들어오면 소방관은 바로 출동해야 합니다. 그런데 만약 그 전화가 장난이라면 정말 도움이 필요한 다른 사람들에게 소방관이 갈 수 없게 됩니다. 소방관들이 위험에 처한 사람들을 도울 수 있게 장난 전화를 하지 말아 주세요.

나 둘째, 도로에 있는 소화전 근처에는 차를 대면 안 됩니다. 소방관은 불이 났을 때 소방차에 있는 물을 뿌려 불을 끕니다. 하지만 소방차에는 많은 물을 가지고 다닐 수 없습니다. 그래서 도로에 물을 끌어다 쓸 수 있는 곳을 만들어 놓았지요. '소방 용수'라고 적힌 표지판이나 도로에 빨간색으로 칠해진 곳을 본 적이 있나요? 소방차는 그곳에서 물을 끌어다 쓴답니다. 부모님께서 소화전 근처에 주차하시지 않도록 꼭 말씀드려 주세요.

11 누가 하고 있는 이야기입니까? (   )

① 미용사   ② 경찰관   ③ 선생님
④ 요리사   ⑤ 소방관

12 글 가에서 부탁하고 있는 것은 무엇입니까?
(   )

① 위험할 때는 소방서에 전화하세요.
② 소방서에 장난 전화를 하지 마세요.
③ 횡단보도에서는 장난을 치지 마세요.
④ 신고가 들어오면 바로 출동해 주세요.
⑤ 위험에 처한 사람을 보면 도와주세요.

13 소화전 근처에 차를 대면 안 되는 까닭은 무엇입니까? (   )

① 도로가 부서져서
② 물웅덩이가 있어서
③ 소방관이 전화를 받는 장소라서
④ 불이 났을 때 물을 끌어와야 해서
⑤ 불이 나면 건물이 무너질 수 있어서

14 ㉠을 '누가' 뒤에서 띄어 읽으려고 합니다. ①~⑤ 중 띄어 읽을 부분은 어디입니까?
(   )

신고가 들어오면①소방관은②바로③출동해야④합니다.⑤

15 다음을 알맞게 고쳐 쓴 문장은 무엇입니까?
(   )

꽃 향기를 맏습니다.

① 꽃 향기를 맑습니다.
② 꼳 향기를 맏습니다.
③ 꼳 향기를 맡습니다.
④ 꽃 향기를 맡습니다.
⑤ 꽃 향기를 맛습니다.

단원 평가

[16~20] 다음 글을 읽고 물음에 답하시오.

> 🍦 아저씨가 낮잠을 자는데 새들이 포르르.
>
> 머리카락 한 올이 쏘옥~
>
> 다음 날, 아저씨는 세수를 하고 머리카락을 세 개씩 묶었어요.
>
> "오, 괜찮은데?"
>
> 🍦 비 오는 날, 거미가 아저씨 머리에 매달려 흔들흔들.
>
> 머리카락 한 올이 쏘옥~
>
> 다음 날, 아저씨는 세수를 하고 가르마를 탔어요.
>
> "오, 괜찮은데?"
>
> 🍦 아저씨는 곰이랑 시소를 타고 오르락내리락.
>
> 머리카락 한 올이 쏘옥~
>
> ㉠다음 날, 아저씨는 세수를 하고 머리카락을 꼬불꼬불 말았어요.
>
> "오, 괜찮은데?"

16 글 🍦에서 아저씨는 머리카락을 몇 올씩 묶었습니까? (   )

① 한 올씩   ② 두 올씩

③ 세 올씩   ④ 여섯 올씩

⑤ 여덟 올씩

17 글 🍦에서 아저씨의 머리카락이 빠진 까닭은 무엇입니까? (   )

① 바람이 세게 불어서

② 아침에 세수를 해서

③ 빗으로 머리를 빗어서

④ 거미가 머리에 매달려서

⑤ 머리를 지나치게 세게 묶어서

18 글 🍦에서 아저씨는 어떤 머리 모양을 하였습니까? (   )

① 가르마를 탔다.

② 귀 뒤로 넘겼다.

③ 앞머리를 만들었다.

④ 꽃으로 장식을 했다.

⑤ 머리카락을 꼬불꼬불 말았다.

19 "오, 괜찮은데?" 대신 쓸 수 있는 말로 알맞은 것은 무엇입니까? (   )

① "오늘은 날씨가 좋은데?"

② "이번 머리 모양도 예쁜데?"

③ "세수를 하니 기분이 좋은데?"

④ "세수를 하는 게 더 편해졌는데?"

⑤ "머리카락이 빠지는 게 아쉬운데?"

20 ㉠을 띄어 읽은 두 가지 방법을 알맞게 비교한 것은 무엇입니까? (   )

> (1) 다음 날, ∨아저씨는∨세수를 하고∨머리카락을 꼬불꼬불 말았어요.

> (2) 다음∨날, ∨아저씨는∨세수를∨하고∨머리카락을∨꼬불꼬불∨말았어요.

① (1)과 (2) 모두 자연스럽게 띄어 읽었다.

② (1)은 낱말마다 띄어 읽어서 더 자연스럽다.

③ (1)보다 더 많이 띄어 읽은 (2)가 자연스럽다.

④ 누가, 무엇을 뒤에서만 띄어 읽은 (2)가 자연스럽다.

⑤ 언제, 누가, 무엇을 하였는지 잘 드러나게 띄어 읽은 (1)이 자연스럽다.

· 답안 입력하기   · 평가 분석표 받기

※ 강의를 들으며 중요한 내용을 메모하세요!

● 설명하는 글이란?

● 글에서 설명하는 대상 찾기

● 겪은 일 쓰기

7
단원

개념 확인하기   정답에 ✓표를 하시오.   정답 31쪽

1 글의 무엇을 보고 설명하는 내용을 짐작할 수 있습니까?

ㄱ 제목 ☐   ㄴ 분량 ☐   ㄷ 글쓴이 ☐

2 글에서 설명하는 대상을 찾는 방법으로 알맞은 것은 무엇입니까?

ㄱ 재미있는 말을 찾아본다. ☐

ㄴ 말하고 행동하는 인물을 살펴본다. ☐

ㄷ 무엇을 자세하게 설명하는지 알아본다.
☐

3 겪은 일이 잘 드러나는 글을 쓰는 방법으로 알맞지 <u>않은</u> 것은 어느 것입니까?

ㄱ 생각이나 느낌은 쓰지 않는다. ☐

ㄴ 언제, 어디에서, 어떤 일이 있었는지 자세히 쓴다. ☐

4 다음 중 생각이나 느낌은 어느 것입니까?

ㄱ 가족들과 바다를 보러 갔다. ☐

ㄴ 바다가 맑아서 가슴이 시원했다. ☐

ㄷ 바다에는 수많은 갈매기가 날고 있었다.
☐

7
단원

[1~2] 다음 글을 읽고 물음에 답하시오.

독도는 우리나라 동쪽 끝에 위치한 섬입니다. 독도는 큰 섬 두 개와 작은 바위섬 89개로 이루어져 있습니다. 큰 섬 두 개를 각각 동도와 서도라고 부릅니다. 독도는 동도와 서도를 모두 합쳐 부르는 이름입니다.

동도에는 등대와 배가 섬에 닿을 수 있도록 만든 시설이 있습니다. 동도에 있는 등대는 밤에도 불을 밝혀 독도 주변을 지키는 데 도움을 줍니다. 독도를 지키는 경비대도 이곳에 있습니다.

서도에는 주민을 위한 숙소가 있습니다. 독도를 사람들에게 널리 알리고 보존하는 일을 하는 독도관리사무소 직원도 독도에 올 때는 이곳을 이용합니다.

1 이 글은 어떠한 글입니까? (   )

① 어떤 생각을 주장하는 글이다.
② 어떤 일을 하자고 설득하는 글이다.
③ 어떤 글을 읽고 쓴 독서 감상문이다.
④ 어떤 대상을 자세히 설명하는 글이다.
⑤ 어떤 작품에 대한 느낌을 나타내는 글이다.

2 이 글에서 설명한 내용을 모두 고른 것은 어느 것입니까? (   )

보기
㉠ 독도의 위치
㉡ 동도와 서도
㉢ 독도에 사는 물고기
㉣ 독도가 우리 땅인 까닭

① ㉠, ㉡   ② ㉠, ㉢   ③ ㉡, ㉢
④ ㉡, ㉣   ⑤ ㉠, ㉣

[3~5] 다음 글을 읽고 물음에 답하시오.

유리창에 붙어 있는 인형을 본 적이 있나요? ㉠그것을 붙일 때에 사용하는 물건은 문어의 빨판을 본떠 만들었습니다. 문어는 빨판을 이용하여 어디에나 잘 달라붙습니다. 우리가 흔히 쓰는 칫솔걸이도 ㉡이것을 본떠 만든 물건입니다.

3 ㉠은 다음 중 무엇이겠습니까? (   )

4 ㉡은 무엇을 말합니까? (   )

① 유리창
② 칫솔걸이
③ 문어의 빨판
④ 유리창에 붙은 인형
⑤ 유리창에 무언가를 붙일 때 사용하는 물건

5 이 글은 무엇에 대해 설명하고 있습니까?
(   )

① 문어의 생김새
② 문어가 사는 곳
③ 유리창에 붙어 있는 인형
④ 문어와 오징어의 다른 점
⑤ 문어의 빨판을 본떠 만든 물건

[6~9] 다음 글을 읽고 물음에 답하시오.

아무리 찾아도 없어.

㉠책가방을 탈탈 털어도 안 나와.

나는 알림장을 뚫어지게 쳐다봤어.

> 연필 깨끗이 깎아 오기.

휴, 연필이 있어야 깎아 가지.

필통을 잃어버리는 바람에 연필도 싹 사라졌는걸.

또 사 달라고 하면 엄마한테 혼날 텐데.

벌써 세 번째니까.

엄마한테 철석같이 ㉡약속을 하고는 겨우 새 필통을 샀어.

내가 또 필통 잃어버리나 봐라!

내 물건 지키기 비법 1
초강력 끈적대마왕 이름표 붙이기

"학교 다녀왔습니다!"

집에 들어가면서 큰 소리로 외쳤어.

"잘 다녀왔니?"

엄마가 물었어.

"필통도 잘 다녀왔고?"

쌍둥이 누나들이 얄밉게 끼어들었지.

눈을 흘기면서도 난 가방 속을 들여다봤어.

새로 산 필통이 얌전히 들어 있었지.

"준수야, 알림장 잘 써 왔어?"

"그럼요!"

㉢ 나는 자신 있게 가방을 열어젖혔어.

"어? 알림장이 어디 갔지?"

6 ㉠에서 준수는 어떠한 마음이 들었겠습니까?

( )

① 설레는 마음   ② 뿌듯한 마음

③ 고마운 마음   ④ 자랑스러운 마음

⑤ 걱정스러운 마음

7 준수가 겪은 일을 순서대로 나타낸 것은 어느 것입니까? ( )

> ㉮ 필통에 이름표를 크게 써 붙였다.
> ㉯ 필통을 잃어버려 새 필통을 샀다.
> ㉰ 필통은 지켰지만 알림장을 잃어버렸다.

① ㉮ → ㉯ → ㉰   ② ㉮ → ㉰ → ㉯

③ ㉯ → ㉮ → ㉰   ④ ㉯ → ㉰ → ㉮

⑤ ㉰ → ㉯ → ㉮

8 ㉡은 어떤 약속이었겠습니까? ( )

① 알림장을 잘 써 오겠다는 약속

② 앞으로 엄마 말을 잘 듣겠다는 약속

③ 연필을 절대 잃어버리지 않겠다는 약속

④ 필통을 절대 잃어버리지 않겠다는 약속

⑤ 알림장을 절대 잃어버리지 않겠다는 약속

9 ㉢에서 준수의 표정은 어떻게 바뀌었겠습니까? ( )

① 실망한 표정에서 당황한 표정으로

② 불안한 표정에서 뿌듯한 표정으로

③ 당황한 표정에서 자신 있는 표정으로

④ 자신 있는 표정에서 당황한 표정으로

⑤ 의심스러운 표정에서 자신 있는 표정으로

[10~11] 다음 글을 읽고 물음에 답하시오.

> 첫째, 다른 사람의 모습을 함부로 찍어서는 안 됩니다. 다른 사람의 모습을 찍을 때에는 반드시 그 사람에게 허락을 받아야 합니다. 같은 반 친구나 선생님도 허락 없이 찍으면 안 됩니다.
>
> 둘째, 사진 촬영을 허락하지 않는 곳에서 사진을 찍어서는 안 됩니다. 사진을 찍을 때 내는 빛이 작품에 영향을 주기 때문입니다.
>
> 셋째, 사진을 찍을 때 다른 사람을 불편하게 해서는 안 됩니다. 사진을 찍기 전, 자신이 사람들이 다니는 길을 막고 있는지 먼저 살펴야 합니다.

10 글의 제목으로 알맞은 것은 무엇입니까?

( )

① 예쁘게 사진을 찍어요
② 안전하게 사진을 찍어요
③ 사진을 예의 있게 찍어요
④ 여럿이 함께 사진을 찍어요
⑤ 사진에 찍히지 않게 주의해요

11 글의 중요한 내용을 모두 고르시오.

(, ,)

① 작품을 잘 보호해야 한다.
② 사진을 찍는 것은 재미있다.
③ 다른 사람의 모습을 함부로 찍어서는 안 된다.
④ 사진을 찍을 때 다른 사람을 불편하게 해서는 안 된다.
⑤ 사진 촬영을 허락하지 않는 곳에서 사진을 찍어서는 안 된다.

12 그림을 보고 수학 시간에 겪은 일이 가장 잘 드러나게 쓴 문장은 어느 것입니까? ( )

① 수학 시간이 되었다.
② 수학 시간이 길었다.
③ 수학 시간에 공부를 했다.
④ 수학 시간에 선생님께서 오셨다.
⑤ 수학 시간에 짝꿍과 덧셈 카드 놀이를 했다.

13 다음 중 생각이나 느낌을 가장 잘 표현한 문장은 어느 것입니까? ( )

① 오늘은 맑다.
② 맑은 하늘을 보았다.
③ 오늘은 맑은 하늘을 보았다.
④ 기분이 좋고 즐겁고 또 신났다.
⑤ 맑은 하늘을 보니 마음이 들뜨고 상쾌한 기분이 들었다.

14 겪은 일을 쓰는 방법으로 알맞은 것은 어느 것입니까? ( )

① 나의 생각은 쓰지 않는다.
② 나의 기분이 어떠했는지만 쓴다.
③ 겪은 일을 다양하게 상상해서 쓴다.
④ 흉내 내는 말을 넣어 간단하게 쓴다.
⑤ 있었던 일과 생각이나 느낌을 자세하게 쓴다.

[15~17] 다음 글을 읽고 물음에 답하시오.

> ㉠수목원에는 큰 나무와 예쁜 꽃이 많았다. 점심시간에는 할머니께서 싸 주신 김밥을 친구들과 나누어 먹었다. ㉡맛있었다.
> 친구들과 술래잡기도 했다. 친구가 나를 잡을까 봐 ㉢ . 신나게 놀고 나니 선생님께서 집에 가야 한다고 하셨다. 더 놀고 싶었는데 아쉬웠다.

15 겪은 일이 잘 드러나게 ㉠에 덧붙일 내용으로 알맞지 않은 것은 어느 것입니까? ( )

① 어떤 꽃이 예뻤는지 쓴다.

② 어떤 나무를 보았는지 쓴다.

③ 나무와 꽃의 모습을 보다 자세히 쓴다.

④ 나무와 꽃을 보고 어떤 기분이었는지 쓴다.

⑤ 씨앗이 꽃이 되는 과정을 자세히 설명한다.

16 ㉡을 다음과 같이 바꾸어 썼을 때 좋은 점은 무엇입니까? ( )

> 김밥 속 우엉이 달콤하고 짭조름했다.

① 언제 겪은 일인지 잘 알 수 있다.

② 겪었던 일의 순서를 잘 알 수 있다.

③ 겪은 일에 대한 느낌이 생생해진다.

④ 김밥을 누가 만들었는지 잘 알 수 있다.

⑤ 누구와 겪은 일인지 생생하게 드러난다.

17 ㉢에 들어갈 생각이나 느낌으로 알맞은 것은 어느 것입니까? ( )

① 심심했다 ② 설레었다

③ 미안했다 ④ 자랑스러웠다

⑤ 조마조마했다

[18~20] 다음 대화를 읽고 물음에 답하시오.

> 정호: 아나바다 행사에 같이 갈래?
> 소영: 응? 그게 뭐야?
> 정호: '아껴 쓰고, 나눠 쓰고, 바꿔 쓰고, 다시 쓰고'의 앞 글자만 따서 부르는 거야.
> 소영: 아, 그렇구나. 아껴 쓰는 건 알겠는데 나눠 쓰는 건 뭐지?
> 정호: 나에게 필요가 없지만, 다른 사람에게는 필요한 물건을 나누어 주는 거야.
> 소영: 서로에게 필요한 물건을 바꾸어 쓰는 것은 바꿔 쓰기구나.

7단원

진도 완료 체크

18 '아나바다'의 '아'는 어떤 말의 앞 글자이겠습니까? ( )

① 아껴 쓰고 ② 아까워하고

③ 아프게 하고 ④ 아름답게 하고

⑤ 아낌없이 주고

19 '아나바다'의 '바꿔 쓰기'에 대해 바르게 설명한 것은 어느 것입니까? ( )

① 물건을 잠깐 동안 쓰는 것

② 한 번 쓴 물건을 싸게 사는 것

③ 필요하지 않은 물건을 선물하는 것

④ 서로에게 필요한 물건을 바꾸어 쓰는 것

⑤ 망가진 물건을 쓸모 있게 고쳐서 쓰는 것

20 '아나바다'는 무엇을 하기 위한 활동이겠습니까? ( )

① 웃어른 공경하기 ② 주위를 청소하기

③ 부모님께 효도하기 ④ 이웃과 친하게 지내기

⑤ 물건을 오래 쓰고 절약하기

· 답안 입력하기 · 평가 분석표 받기

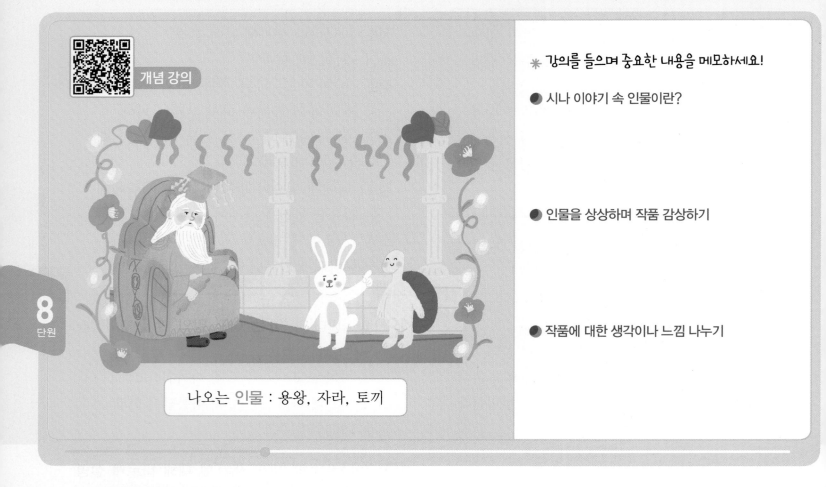

개념 강의

* 강의를 들으며 중요한 내용을 메모하세요!

● 시나 이야기 속 인물이란?

● 인물을 상상하며 작품 감상하기

● 작품에 대한 생각이나 느낌 나누기

나오는 인물 : 용왕, 자라, 토끼

개념 확인하기 정답에 ✓표를 하시오.

정답 32쪽

1 이야기 속 인물은 무엇을 말합니까?

ㄱ 이야기에서 가장 중요한 일을 하는 사람 ☐

ㄴ 이야기에서 말하거나 행동하고 생각하는 모든 이 ☐

2 작품 속 인물에 대해 바르게 말한 것은 어느 것입니까?

ㄱ 작품에 직접 등장하는 사람만 인물이 될 수 있다. ☐

ㄴ 말하고 행동하는 식물이나 동물도 인물이 될 수 있다. ☐

3 장면을 떠올리며 시를 읽는 방법은 무엇입니까?

ㄱ 글자 수를 세어 가며 읽는다. ☐

ㄴ 반복되는 말의 재미를 느끼며 읽는다. ☐

ㄷ 시에서 일어난 일을 떠올리며 읽는다. ☐

4 연극에서 인물의 마음이나 생각을 알아보려면 무엇을 살펴보아야 합니까?

ㄱ 일이 일어난 때 ☐

ㄴ 일이 일어난 장소 ☐

ㄷ 인물의 말과 행동 ☐

1 다음 전래 동화에서 '인물'을 잘못 찾은 것은 어느 것입니까? (　　　)

① 흥부전 – 흥부, 놀부
② 콩쥐와 팥쥐 – 콩쥐, 팥쥐
③ 선녀와 나무꾼 – 선녀, 나무꾼
④ 토끼와 거북의 경주 – 토끼, 거북
⑤ 금도끼 은도끼 – 산신령, 나무꾼, 도끼

2 ㉠에서 송이의 마음은 어떠합니까? (　　　)

① 후회된다.　　　② 기대된다.
③ 미안하다.　　　④ 쓸쓸하다.
⑤ 화가 난다.

3 가에서 송이는 어떤 생각을 하였습니까?

(　　　)

① 준이가 고맙다.
② 준이와 싸우지 않겠다.
③ 준이에게 사과하고 싶다.
④ 준이와 다시는 놀지 않겠다.
⑤ 준이와 같이 공부하고 싶다.

[2~5] 다음 글을 읽고 물음에 답하시오.

> 가 어제는 준이랑 싸웠어.
> 너무 화가 나 소리도 질렀어.
> ㉠'흥! 다시는 너랑 노나 봐.'
> 마음이 그랬어.
>
> 나 놀이터에서 그네를 탔어.
> 맨날 같이 놀던 준이가 없으니 재미가 없는걸.
> 마음이 텅텅 빈 상자 같아. 허전해.
> '먼저 사과할까?'
> '준이도 나랑 다시 놀고 싶을까?'
> 집에 와서 필통을 열었더니 준이가 준 쪽지가 있었어.

송이야
미안해.
-준이-

4 나에서 송이가 그네를 타도 재미가 없는 까닭은 무엇입니까? (　　　)

① 그네가 너무 작아서
② 준이가 옆에 없어서
③ 그네가 너무 낮아서
④ 놀이터가 너무 멀어서
⑤ 그네를 탈 때마다 소리가 나서

5 나에서 송이의 마음을 바르게 짐작한 것은 어느 것입니까? (　　　)

	그네를 탈 때	준이의 쪽지를 보고
①	외롭다.	화가 난다.
②	심심하다.	쓸쓸하다.
③	쓸쓸하다.	고맙고 미안하다.
④	후회된다.	외롭고 서운하다.
⑤	화가 난다.	고맙고 미안하다.

[6~10] 다음 글을 읽고 물음에 답하시오.

가 옛날 어느 마을에 말을 함부로 하는 청년이 살았습니다. ㉠이 청년은 다른 사람의 자그마한 실수를 부풀려 말하기도 했고, 자신이 알고 있는 일을 다른 사람에게 쉽게 전하기도 했습니다.

나 그러자 마을에서 가장 나이가 많은 할아버지가 이 청년에게 새의 깃털을 한 ㉡ 주며 이렇게 말했습니다.

"지금부터 동네 모든 집 대문 앞에 이 새털 하나씩을 놓고 오세요."

청년은 할아버지가 시키는 대로 했습니다. 그리고 할아버지를 다시 찾아갔습니다. 할아버지는 청년에게 이렇게 말했습니다.

"이제 그 깃털을 모두 다시 가져오세요."

다시 뛰어나간 청년은 빈손으로 올 수밖에 없었습니다.

"깃털이 너무 가벼워 바람에 모두 날아가 버렸고, 하나도 없었습니다."

그러자 할아버지가 말했습니다.

"당신이 한 말도 바람에 날아간 깃털과 같습니다. ㉢ "

6 주요 인물은 누구와 누구입니까?(,)

① 깃털   ② 청년   ③ 마을

④ 대문   ⑤ 할아버지

7 ㉠의 예로 알맞은 것은 무엇입니까? ( )

① "동이 어머니, 안녕하세요?"

② "우리 마을은 우리가 지킵시다."

③ "마을 이장님은 참 현명하신 분입니다."

④ "윗마을 동이가 자다가 오줌을 쌌대요."

⑤ "날이 좋으니 올해는 풍년일 것 같습니다."

8 ㉡에 들어갈 말로 알맞은 것은 어느 것입니까? ( )

① 마리   ② 켤레   ③ 움큼

④ 송이   ⑤ 그루

9 청년이 놓아두었던 깃털을 하나도 가져오지 못한 까닭은 무엇입니까? ( )

① 할아버지가 깃털을 몰래 가져가서

② 깃털이 바람에 모두 날아가 버려서

③ 깃털을 어디에 두었는지 잊어버려서

④ 마을 사람들이 깃털을 모두 가져가서

⑤ 청년이 놓아둔 깃털을 새들이 물어 가서

10 ㉢에서 할아버지가 했을 말로 알맞은 것은 어느 것입니까? ( )

① 용기를 가지면 못 할 일이 없어요.

② 거짓말은 자신마저 속이게 됩니다.

③ 한번 지나간 시간은 다시 오지 않아요.

④ 먼 사촌보다 가까운 이웃이 소중합니다.

⑤ 말도 한번 내뱉으면 다시는 주울 수 없어요.

11 이야기에서 인물의 모습을 상상하는 방법으로 알맞지 않은 것은 무엇입니까? ( )

① 인물과 비슷한 경험을 떠올려 본다.

② 상황 속 인물의 표정을 떠올려 본다.

③ 인물의 마음이 드러난 부분을 찾아본다.

④ 내가 그 인물이라면 어떤 마음일지 생각해 본다.

⑤ 인물의 이름과 같은 이름을 가진 친구를 떠올려 본다.

[12~15] 다음 글을 읽고 물음에 답하시오.

나도 소시지처럼 분홍색이면 사랑받을 수 있겠지?
…… 그건 내 착각이었어.

나도 라면처럼 뽀글뽀글 파마하면 사랑받을 수 있겠지?
…… 이것도 내 착각이었어.

왜 하나도 효과가 없는 거야?
초록색이라서? 맛이 없어서?
아니면 내가……. 브로콜리라서?

이제 알겠어.
브로콜리는 절대 사랑받을 수 없다는걸.

㉠아무도 없는 곳으로 떠날 거야!

떠나기 전에 이것만 두고 갈게.
별거 아니고 작은 이별 선물이야.
좋아해 줄지는 모르겠지만 밤새 열심히 만들었어.
진짜 갈게. 안녕!

맛있어!

응? 뭐라고 했어?
맛있다고 한 거야?

양파와 감자를 버터에 달달 볶은 다음
초록초록 브로콜리 섞어 주고
새하얀 우유 넣고 보글보글 끓여 주면
음~ 끝내주게 맛있는 브로콜리수프 완성!

㉡그래, 바로 이거야.
따라 할 필요가 없는 거였어!

12 '나'에 대한 설명으로 알맞은 것 두 가지를 고르시오. (,   )
① 분홍색이다.   ② 초록색이다.
③ 길쭉길쭉하다.   ④ 스파게티이다.
⑤ 브로콜리이다.

13 '나'가 소시지와 라면처럼 되고 싶었던 까닭은 무엇입니까? (   )
① 혼자 있고 싶어서
② 멀리 떠나고 싶어서
③ 아이들이 귀찮게 해서
④ 아이들에게 사랑받고 싶어서
⑤ 소시지, 라면과 친구가 되려고

14 ㉠에서 느껴지는 '나'의 마음으로 알맞은 것을 모두 고르시오. (,   )
① 즐겁다.   ② 슬프다.
③ 고맙다.   ④ 서운하다.
⑤ 자랑스럽다.

15 ㉡에서 '나'가 알게 된 것과 '나'의 마음에 대해 바르게 말한 것은 어느 것입니까? (   )
① 소시지가 몸에 해로운 걸 알아서 기뻤을 거야.
② 감자가 필요 없다는 걸 알아서 뿌듯했을 거야.
③ 아이들이 무엇을 싫어하는지 알아서 안심했을 거야.
④ 양파를 따라 하면 사랑받을 수 있다는 것을 알아서 기뻤을 거야.
⑤ 누군가를 따라 하지 않아도 사랑받을 수 있다는 걸 알아서 행복했을 거야.

단원 평가

[16~19] 다음 글을 읽고 물음에 답하시오.

❶ 농부가 밭을 갈다가 항아리를 발견했습니다. 항아리에 물건이 들어가면 똑같은 물건이 계속 나오는 신기한 요술 항아리였습니다.

❷ 밭을 팔았던 대감은 밭만 팔았지 요술 항아리는 팔지 않았다며 농부에게서 요술 항아리를 빼앗아 가려고 했습니다. 농부와 대감은 원님에게 판결을 내려 달라고 부탁하였습니다.

❸ 이야기를 듣고 욕심이 난 원님은 요술 항아리를 자신이 보관하겠다며 가져가 버렸습니다.

❹ 원님의 어머니가 요술 항아리에 빠져 똑같이 생긴 어머니가 여러 명이 되었습니다. 원님은 누가 진짜 어머니인지 알 수 없었습니다.

16 요술 항아리가 작품 속 '인물'이 아닌 까닭은 무엇입니까? (   )

① 이름이 없기 때문에
② 요술을 부리기 때문에
③ 이야기에 나오지 않기 때문에
④ 농부나 원님처럼 직업이 없기 때문에
⑤ 이야기에서 말하거나 행동하지 않기 때문에

17 다음 장면을 일이 일어난 차례대로 늘어놓은 것은 어느 것입니까? (   )

① ㉠ → ㉡ → ㉢   ② ㉠ → ㉢ → ㉡
③ ㉡ → ㉠ → ㉢   ④ ㉡ → ㉢ → ㉠
⑤ ㉢ → ㉡ → ㉠

18 ❸에서 원님은 어떤 생각을 하였겠습니까? (   )

① '나는 이제 부자구나!'
② '항아리는 누구 거지?'
③ '항아리가 보잘것없구나.'
④ '나는 이제 벌을 받겠구나.'
⑤ '항아리는 농부에게 주어야겠다.'

19 다음은 누구에 대한 생각입니까? (   )

항아리는 농부가 발견한 것인데 밭만 팔았다고 내놓으라고 하다니 엉큼해요.

① 농부   ② 대감   ③ 원님
④ 항아리   ⑤ 원님의 어머니

20 작품에 대한 생각이나 느낌을 나누는 방법으로 알맞지 않은 것은 무엇입니까? (   )

① 인물의 말과 행동을 떠올려 본다.
② 자신이라면 어떻게 했을지 생각한다.
③ 나의 생각과 느낌만 맞다고 주장한다.
④ 인물이 어떻게 행동하면 좋았을지 생각한다.
⑤ 생각이나 느낌이 서로 다를 수 있음을 기억한다.

· 답안 입력하기   · 평가 분석표 받기

어떤 교과서를 쓰더라도 ALWAYS

우등생 시리즈

국어/수학 | 초 1~6(학기별), **사회/과학** | 초 3~6학년(학기별)

세트 구성 | 초 1~2(국/수), 초 3~6(국/사/과, 국/수/사/과)

POINT 1

동영상 강의와 스케줄표로
쉽고 빠른 홈스쿨링 학습서

POINT 2

모든 교과서의 개념과
문제 유형을 빠짐없이 수록

POINT 3

온라인 성적 피드백 &
오답노트 앱(수학) 제공

온라인
학습북

수학 전문 교재

●연산 학습

빅터연산	예비초~6학년, 총 20권
창의융합 빅터연산	예비초~4학년, 총 16권

●개념 학습

개념클릭 해법수학	1~6학년, 학기용

●수준별 수학 전문서

해결의법칙(개념/유형/응용)	1~6학년, 학기용

●단원평가 대비

수학 단원평가	1~6학년, 학기용
밀등전략 초등 수학	1~6학년, 학기용

●단기완성 학습

초등 수학전략	1~6학년, 학기용

●상위권 학습

최고수준 S 수학	1~6학년, 학기용
최고수준 수학	1~6학년, 학기용
최강 TOT 수학	1~6학년, 학년용

●경시대회 대비

해법 수학경시대회 기출문제	1~6학년, 학기용

예비 중등 교재

●**해법 반편성 배치고사 예상문제**	6학년
●**해법 신입생 시리즈(수학/영어)**	6학년

맞춤형 학교 시험대비 교재

●**열공 전과목 단원평가**	1~6학년, 학기용(1학기 2~6년)

한자 교재

●**한자능력검정시험 자격증 한번에 따기**	8~3급, 총 9권
●**씽씽 한자 자격시험**	8~5급, 총 4권
●**한자 전략**	8~5급Ⅱ, 총 12권

영어 알파벳 중에서 가장 위대한 세 철자는
N, O, W
곧 지금(NOW)이다.

The three greatest English alphabets are N, O, W,
which means now.

월터 스콧

언젠가는 해야지, 언젠가는 달라질 거야!
'언젠가는'이라는 말에 자신의 미래를 맡기지 마세요.
해야 할 일, 하고 싶은 일은 지금 당장 실행에 옮기세요.
가장 중요한 건 과거도 미래도 아닌 바로 지금이니까요.

先 見 之 明

먼저 볼 갈 밝을
선 견 지 명

어떤 일이 일어나기 전, 미리 아는 지혜를
'선견지명'이라고 해요.
일기예보를 보고 미리 우산을 챙겨놓는다거나,
늦잠 잘 때를 대비해서 전날 밤 가방을 미리 챙겨놓는 것도
넓은 의미로 '선견지명'이라 할 수 있어요.

정답은 정확하게, 풀이는 자세하게

꼼꼼 풀이집

초등
국어 1·2

홈스쿨링
우등생

천재교육

꼼꼼 풀이집

정답과 풀이

1-2

1. 기분을 말해요

1 ④   **2** ①   **3** 걱정돼요   **4** (1) 슬퍼요 (2) 즐거워요   **5** (1) 살랑살랑 (2) 둥실둥실 (3) 씽씽   **6** (1) ② (2) ③ (3) ①   **7** (1) 맴맴 (2) 삐악삐악 (3) 활짝   **8** 동욱   **9** ㉢   **10** (1) 휘휘 (2) 대롱대롱 (3) 어흥   **11** (1) 쨍그랑 (2) 주렁주렁   **12** ③   **13** 예 윙윙 소리를 내며 날고 있습니다.   **14** ②   **15** ②   **16** ②   **17** (1) ○   **18** ③   **19** ②   **20** ②   **21** ⑤   **22** ④   **23** 속상했다. 등   **24** 화   **25** 예 나는 내가 만든 성이 무너져서   **26** ③   **27** (1) ㉣ (2) ㉠ (3) ㉡ (4) ㉢   **28** 편안해요   **29** 뿌듯   **30** 신나요 / 즐거워요 등   **31** ③   **32** ④   **33** ④   **34** 속상하다. 등   **35** ③   **36** ④   **37** (3) ○   **38** 예 나는 네가 자전거를 빌려줘서 정말 고마워.   **39** ②, ④   **40** (1) ③ (2) ①   **41** ③   **42** 모자를   **43** ㉠, ㉡   **44** 예 우유를 마십니다. / 그림책을 봅니다.

1 축하를 받으면 '고마워요'라고 대답합니다.

2 친구에게 잘못을 한 상황이므로 '미안해'라고 사과를 할 수 있습니다.

3 친구가 아플 때 '걱정돼요'로 기분을 나타낼 수 있습니다. '반가워요'는 그리워하던 사람을 만났을 때에 어울리는 말입니다.

4 우는 표정에는 '슬퍼요', 웃는 표정에는 '즐거워요'가 어울립니다.

5 나뭇잎에 '살랑살랑', 구름에 '둥실둥실', 자전거에 '씽씽'이 어울립니다.

6 토끼가 뛰는 모습을 '깡충깡충', 아이들이 웃는 소리를 '깔깔'이라고 나타낼 수 있습니다.

7 '맴맴'은 '매미가 우는 소리.', '삐악삐악'은 '병아리가 계속 약하게 우는 소리.'를 뜻합니다.

8 흉내 내는 말을 사용하여 문장을 만들면 문장을 더 실감 나게 할 수 있습니다.

9 '끙끙'은 '힘이 들 때 내는 소리.', '스르륵'은 '물건이 쓸릴 때 나는 소리.', '흔들흔들'은 '자꾸 이리저리 흔들리는 모양.', '재잘재잘'은 '빠르게 말하는 소리나 모양.'을 뜻합니다. '함께'는 소리나 모양을 흉내 내는 말이 아닙니다.

10 코를 휘젓는 모양을 '휘휘'로, 나무에 매달린 모습을 '대롱대롱'으로, 호랑이 울음 소리를 '어흥'으로 나타낼 수 있습니다.

11 그릇이 깨지는 소리를 '쨍그랑'으로, 열매가 많이 열린 모양을 '주렁주렁'으로 나타낼 수 있습니다.

12 '큰 물체가 물에 자꾸 부딪치거나 잠기는 소리.'를 뜻하는 '첨벙첨벙'이 잘 어울립니다.

13 '윙윙'의 뜻에 어울리는 문장을 씁니다.

채점 기준	
평가	답안 내용
상	예 윙윙 힘차게 날아간다. → '윙윙'의 소리가 잘 느껴지는 내용을 씀.
중	예 윙윙 꿀을 먹는다. → '난다'는 모습이 드러나지는 않지만 꿀벌의 모습으로 어울리는 내용을 씀.
하	예 윙윙 달콤하다. → '윙윙'과 어울리지 않는 내용을 씀.

14 '나'는 친구들 앞에서 떨려서 노랫말이 생각나지 않는다고 하였습니다.

15 친구들은 '나' 혼자만 뜀틀에 오를 수 있어서 부러워하였습니다.

16 블록으로 성을 만들고 있는데 민호가 달려들어서 '나'는 깜짝 놀랐습니다.

17 '훨훨'은 '새가 날개를 치며 시원스럽게 나는 모양.'을 뜻하고, '두근두근'은 '몹시 놀라서 자꾸 가슴이 뛰는 소리나 모양.'을 뜻합니다.

18 달리기에서 1등을 하면 기쁠 것입니다.

19 울고 있는 모습이 나타나 있으므로 기분을 나타내는 말로 '슬퍼요'가 어울립니다.

20 '무서워요'와 비슷한 기분을 나타내는 말로 '겁나요'를 쓸 수 있습니다.

21 사과할 때 '미안해요'를 쓸 수 있습니다.

22 민지가 지나가다 주영이가 만든 성을 무너뜨리고 말았습니다.

23 주영이는 자신이 만든 성이 무너져서 정말 속상하고 화가 났다고 하였습니다.

24 주영이는 자신이 화를 내면 민지가 상처받을 것이라고 생각하였습니다.

25 주영이에게 있었던 일과 그때의 솔직한 기분을 써야 합니다.

채점 기준	
평가	답안 내용
상	예 나는 내가 열심히 만든 성이 무너져서 → '나'로 시작하여 있었던 일을 알맞게 씀.
하	예 열심히 만든 성이 망가져서 / 나는 이렇게 되어서 → '나'로 시작하지 않거나 있었던 일이 무엇인지 알기 어려움.

26 무거워서 힘들어하고 있는 모습입니다.

27 떨고 있는 모습에는 '떨려요', 하품을 하고 있는 모습에는 '졸려요', 웃고 있는 모습에는 '웃겨요', 고마워하는 모습에는 '고마워요'가 어울립니다.

28 의자에 편안히 앉아 있는 모습이므로 '편안해요'가 어울립니다.

29 달리기에서 일 등을 하면 뿌듯하거나 자랑스러울 것입니다.

30 회전목마를 처음 타서 신나고 즐거울 것입니다.

31~32 도치는 화를 내며 말을 하는 버릇이 있어서 '버럭쟁이'라는 별명을 갖고 있습니다.

33 구름에게 소리를 지르는 말이나 친구에게 화를 내며 하는 나쁜 말 때문에 도치 머리 위의 구름이 점점 커졌습니다.

34 도치가 화를 내자 치치는 속상했을 것입니다.

35 작은 양산을 쓴 할머니는 도치 머리 위에 있는 구름을 보고 '나쁜 말 구름'이라고 하였습니다.

36 도치가 놀이터에 갔을 때 친구들이 모른 척해서 도치는 화가 났습니다.

37 도치가 친구들에게 화를 내지 않고 바르고 고운 말을 하자 나쁜 말 구름이 사라졌습니다.

38
채점 기준	
평가	답안 내용
상	예 나는 네 자전거를 타게 해 줘서 참 고마워. → '나'로 시작하여 있었던 일과 그때의 솔직한 기분이 잘 드러나게 씀.
하	예 자전거를 빌려줘서 고마워. / 나는 정말 고맙게 생각해. → '나'로 시작하지 않거나, 있었던 일을 빠뜨린 경우.

39 듣는 사람의 기분을 생각하며 '나'라는 말로 시작하여 있었던 일과 자신의 기분을 말합니다.

40 '갑자기 많이 커지거나 자라는 모양.'을 '쑥쑥', '유리나 쇠붙이가 부딪치거나 떨어져서 울리는 맑은 소리.'를 '쨍그랑'이라고 합니다.

41 '들키지 않게' 부분을 통해 빈칸에 어울리는 말은 '살금살금'인 것을 짐작할 수 있습니다.

42 '벗습니다'와 어울리는 말은 '모자를'입니다.

43 '그림책을 벗습니다.'나 '그림책을 마십니다.'는 뜻이 어색한 문장입니다.

44
채점 기준	
평가	답안 내용
상	예 그림책을 삽니다. / 모자를 삽니다. → 뜻이 자연스러운 문장을 완성하여 씀.
하	예 모자를 마십니다. / 우유를 벗습니다. → 뜻이 어색한 문장을 씀.

문해력 쑥쑥   교과서 진도북 **20~21**쪽

1 (1) 두근두근 (2) 꽁꽁 (3) 반짝반짝

2 (1) ㉡ (2) ㉠ (3) ㉢

3 (1) 꽁꽁 (2) 감쪽같이 (3) 버럭버럭

4 (1) 음매 (2) 멍멍 (3) 짹짹 (4) 방긋방긋 (5) 살금살금 (6) 살랑살랑 (7) 둥실둥실 (8) 쨍쨍 (9) 덩실덩실 (10) 주룩주룩

1 '몹시 놀라거나 불안하여 자꾸 가슴이 뛰는 소리.'를 '두근두근', '작은 빛이 잠깐 잇따라 나타났다가 사라지는 모양.'을 '반짝반짝'이라고 합니다.

2 '소곤소곤'은 작은 소리로 말을 할 때 쓸 수 있습니다. '감쪽같이'는 전혀 알아챌 수 없을 정도로 티가 나지 않을 때 쓰는 말입니다.

3 '꽁꽁 얼어서', '감쪽같이 고치다', '버럭버럭 화를 낸다'와 같이 사용할 수 있습니다.

4 참새가 우는 소리는 '짹짹', 아기가 웃는 모습은 '방긋방긋'이 어울립니다. 들키지 않게 조심할 때에는 '살금살금', 봄바람이 불 때는 '살랑살랑'을 씁니다. 춤을 출 때 '덩실덩실', 비가 쏟아질 때 '주룩주룩'을 씁니다.

쪽지 평가
교과서 진도북 **22**쪽

1 흉내 내는 말 2 엉금엉금 3 반짝반짝
4 기분 5 뿌듯해 6 화

단원 평가
교과서 진도북 **23~26**쪽

1 ② 2 맴맴 3 (1) 깔깔 (2) 후드득 (3) 똑딱똑딱 4 (1) © (2) Ⓛ (3) ㉣ (4) ㉠ 5 ⑩ 들판을 깡충깡충 뛰어갑니다. 6 ④ 7 얼음
8 ④ 9 ④ 10 ⑩ 내가 열심히 만든 성이 무너져서 정말 속상해. 11 ③
12 ⑤ 13 ④ 14 ② 15 ⑤ 16 ⑤
17 ③ 18 ② 19 작은 양산을 쓴 할머니 등
20 ②

1 꽃이 핀 모습에 '활짝'을 쓸 수 있습니다.

2 매미가 우는 소리를 흉내 내는 말은 '맴맴'입니다.

3 웃음 소리를 흉내 내는 말로 '깔깔', 빗방울이 떨어지는 소리를 흉내 내는 말로는 '후드득'을 쓸 수 있습니다.

4 단풍은 '울긋불긋'이 어울립니다. 각 동물이 어떤 소리를 내는지 떠올려 봅니다.

5
채점 기준	
평가	답안 내용
상	⑩ 활짝 웃고 있다.
	→ 토끼의 모습과 어울리는 내용의 문장을 알맞은 흉내 내는 말을 넣어 씀.
하	⑩ 귀엽다. / 꿀꿀 웁니다.
	→ 흉내 내는 말이 어울리지 않거나, 흉내 내는 말을 쓰지 않음.

6 '나'는 떨려서 노랫말이 잘 떠오르지 않았습니다.

7 "내 마음이 꽁꽁, 얼음처럼 꽁꽁!" 부분에 잘 나타나 있습니다.

8 '나'는 친구들이 모두 부러워하자 자랑스럽고 뿌듯한 마음이 들었을 것입니다.

9 민호 때문에 '내'가 만들던 성이 무너졌습니다.

10
채점 기준	
평가	답안 내용
상	⑩ 내 성이 망가져서 기분이 좋지 않아.
	→ 있었던 일과 그에 대한 솔직한 기분을 씀.
하	⑩ 기분이 나빠. / 내 성이 망가졌어.
	→ 있었던 일이 잘 드러나지 않거나 '나'의 기분이 어떤지 드러나지 않음.

11 기쁜 표정이므로 '기쁘다'가 어울립니다.

12 '슬픈' 기분이 드는 일로 전학 가는 친구와 헤어진 일을 들 수 있습니다.

13 '마시다'는 '물 등의 액체를 목구멍으로 넘기다.'를 뜻하는 말로, 기분을 나타내는 말이 아닙니다.

14 자신의 기분을 다른 사람에게 말할 때에는 '나'라는 말로 시작하고 있었던 일과 그때의 솔직한 기분을 말합니다.

15 '나'로 시작하여 있었던 일과 그때의 솔직한 기분을 알맞게 말한 것은 ⑤입니다.

17 도치는 머리 위의 구름이 귀찮다고 하였습니다.

18 도치는 구름 때문에 친구들과 놀 수가 없자 슬퍼서 펑펑 울었습니다.

19 작은 양산을 쓴 할머니가 도치에게 나쁜 말 구름을 없애는 방법을 가르쳐 주셨습니다.

20 도치가 말을 예쁘게 하자 친구들이 놀랐습니다.

2. 낱말을 정확하게 읽어요

진도 학습

1 박물관 **2** ③ **3** 썩은 **4** ④

5 | 닦 | 다 | **6** ④ **7** ③

8 ⑴ 없습니다 ⑵ 밝았습니다 ⑶ 낡았습니다

9 ③ **10** ④ **11** ③ **12** | 밝 |

13 ④ **14** ⑴ 잃어버리다 ⑵ 굵다 **15** ⑴ 닭
⑵ 닳았다 ⑶ 짧다 **16** ③ **17** ⑴ ② ⑵ ④
⑶ ③ **18** 밝 **19** ⑴ 얇다 ⑵ 값 **20** ⑴ ②
⑵ ① ⑶ ① **21** 간신히 **22** ⑵ ○ **23** ⑤
24 태민 **25** 김서연 등 **26** ① **27** ㉢
28 ⑩ 물건을 쓰고 나면 제자리에 두자. **29** 복도
30 ①, ④ **31** ㉢ **32** 지안 **33** 멋진 날
34 ④ **35** ⑴ ④ ⑵ ③ ⑶ ② ⑷ ①
36

37 ② **38** ②
39 ⑴ ② ⑵ ②
40 ㉢

1 ○○박물관에서 관람할 때 주의할 점에 대하여 안내하는 글이므로, 박물관에서 볼 수 있습니다.

2 은서는 사진을 찍으면 안 된다는 안내문의 첫 번째 내용을 지키지 않았습니다.

3 호랑이가 잡은 썩은 동아줄이 끊어져 수수밭에 떨어지고 말았습니다.

4 '붉게'는 서로 다른 두 개의 자음자로 이루어진 겹받침이 들어간 낱말입니다.

5 '이를 닦다.'로 나타낼 수 있습니다.

6 '냄비가 끓다.'로 써야 하므로 빈칸에 들어갈 글자는 '끓'입니다.

7 '붉다'와 '읽다'를 나타낸 모습이므로 겹받침 'ㄺ'이 들어갑니다.

8 '시간이 없습니다.', '날이 밝았습니다.', '가구가 낡았습니다.'로 써야 알맞은 표현이 됩니다.

9 '누렁이는 못 하는 게 없구나!'와 같이 쓸 수 있으므로 빈칸에 들어갈 글자는 '없'입니다.

10 '하늘이 맑다.', '엄마 옷이 붉다.'와 같이 쓸 수 있으므로 빈칸에 들어갈 글자를 순서대로 나타내면 '맑-붉'이 됩니다.

11 '들판이 넓다.'에 들어가는 겹받침은 'ㄼ'입니다.

12 '불빛이 밝다.'와 같이 쓸 수 있으므로 빈칸에 들어갈 겹받침은 'ㄺ'입니다.

13 '앓다'는 병에 걸려 고통을 겪는다는 뜻을 가진 낱말입니다.

14 '열쇠를 잃어버리다.', '등을 굵다.'와 같이 쓸 수 있는 문장입니다.

15 ⑴은 '닭이 알을 품고 있다.'로, ⑵는 '닳았다'로 고쳐 써야 합니다. ⑶은 '오래 쓴 연필이 새로 산 연필보다 짧다.'로 써야 합니다.

16 '흙'을 나타내는 모습입니다.

17 '잃다'와 '끓다'에는 겹받침 'ㄶ'이 들어가고, '밟다'와 '짧다'에는 겹받침 'ㄼ'이 들어갑니다. '읽다'와 '밝다'에는 겹받침 'ㄺ'이 들어갑니다.

18 '밝습니다.'로 써야 하는 문장입니다.

19 첫 번째 그림은 '얇다'를 나타낸 것이고, 두 번째 그림은 '값'을 나타낸 것입니다.

20 '햇빛이 싫다.', '빵값이 비싸다.', '땅을 밟다.'로 써야 알맞은 표현이 됩니다.

21 '매우 힘들게.'를 뜻하는 낱말은 '간신히'입니다.

22 "제 꿈은 흙 속에 들어가서 달고 맛있는 참외가 되는 거예요."에 잘 나타나 있습니다.

23 먼지 할아버지는 세상을 아주 넓고 위험한 곳이라고 하였습니다.

24 '흙이'는 [흘기]로 소리 내어 읽고, '흙 속에'는 [흑쏘게]로 소리 내어 읽습니다.

> **더 알아보기**
> '흙이'에서 '이'의 첫 자음자가 이응이므로, 앞 글자의 겹받침 중 뒷부분인 'ㄱ'이 '이'의 첫소리로 넘어가서 소리 납니다.

25 1학년 김서연 어린이가 학교 신문에 자신의 생각을 쓴 글입니다.

26 글의 제목은 '사용한 물건을 제자리에 두자'로, 글의 맨 위에 있습니다.

27 글쓴이의 동생은 물건을 쓰고 나서 아무 데나 두는 습관을 가지고 있습니다.

28

채점 기준	
평가	답안 내용
상	예 물건을 쓰고 나서 제자리에 둡시다. → 글쓴이의 생각으로 알맞은 내용을 한 문장으로 간단히 씀.
하	예 물건을 쓰고 나면 나처럼 해야 한다. → 글쓴이의 생각이 무엇인지 알 수 없음.

29 글쓴이는 어제 옆 반 친구가 복도에서 뛰다가 다른 반 친구랑 부딪쳐서 보건실에 가는 것을 보았습니다.

30 글쓴이는 복도에서 뛰면 다칠 수 있고, 다른 사람을 놀라게 할 수도 있다고 하였습니다.

31 글쓴이는 복도에서 뛰지 말고 오른쪽으로 천천히 걸어 다녀야 한다고 생각합니다. 이와 같은 생각이 가장 잘 나타난 문장은 ©입니다.

32 글쓴이가 하고 싶은 말을 찾을 때에는 글쓴이의 생각이 무엇인지, 글쓴이가 글을 쓴 까닭은 무엇인지 생각해 보아야 합니다. 또한, 글의 제목에도 글쓴이의 생각이 나타날 수 있으므로, 글의 제목을 살펴보아야 합니다.

33 이웃들은 다니엘에게 '멋진 날 보내렴!' 하고 인사합니다.

34 '귀가'는 집으로 돌아간다는 뜻을 나타냅니다.

35 인물이 한 말이나 행동을 살펴보고 어떤 날이 멋진 날이라고 생각하는지 구별해 봅니다.

36 '읽다', '밟다', '빵값', '끓다'가 겹받침을 알맞게 쓴 낱말입니다.

37 민혁(쓴 사람)이가 준호(받는 사람)에게 쓴 편지입니다.

38 글쓴이는 자신이 넘어졌을 때 도와준 준호에게 고맙다는 말을 하고 싶어서 편지를 썼습니다.

39 [까마기]나 [다람직]는 알맞은 발음이 아닙니다. 모음자를 정확하게 발음해야 합니다.

40 ㉠은 [널뛰기]로, ㉡은 [가위바위보]로 소리 내어 읽는 것이 알맞습니다.

1 (1) 뚫다 (2) 탈출 (3) 닳다
2 (1) © (2) © (3) ㉠
3 (1) 탈출 (2) 간신히 (3) 하마터면 (4) 무시무시
4 (1) 예 복도에서 뛰지 말고 천천히 걸어 다녀야 합니다.
　(2) 예 준호야, 내가 넘어졌을 때 도와줘서 정말 고마워.

1 '뚫다'는 '구멍을 내다.', '막힌 것을 통하게 하다.'를 뜻하는 낱말입니다. 붙잡혀 있는 곳이나 어떤 상황에서 벗어날 때 '탈출'을 쓰고, 오래 쓰여서 어떤 물건이 낡아지거나, 그 물건의 길이, 두께, 크기가 줄어들 때 '닳다'를 씁니다.

2 '간신히'는 '겨우, 매우 힘들게.'를 뜻하고, '하마터면'은 '조금만 잘못하였더라면.'을 뜻합니다.

4 (1) 글쓴이는 복도에서 뛰지 말고 오른쪽으로 천천히 걸어 다녀야 한다고 생각합니다.
　(2) 글쓴이는 자신이 넘어졌을 때 도와준 준호에게 고맙다는 말을 하고 싶어서 편지를 썼습니다.

1 겹받침   **2** 끓
3 (1) 잃어버렸다 (2) 굵은 (3) 얇습니다   **4** ©
5 아무 데나   **6** 안아

1 '굵다', '밟다', '없다'에는 모두 서로 다른 두 개의 모음자가 합쳐진 '겹받침'이 들어가 있습니다.

2 '끓다'와 '끓이다'가 들어간 문장들입니다.

3 '가방을 잃어버렸다.', '저는 면이 굵은 것이 좋아요.', '이 책들은 모두 얇습니다.'와 같이 써야 알맞은 표현이 됩니다.

4 「대단한 참외씨」에 수박씨는 나오지 않습니다.

5 글쓴이의 동생은 물건을 쓰고 나서 아무 데나 둔다고 하였습니다.

6 다니엘의 할머니는 다니엘이 자신을 안아 주는 날이 멋진 날이라고 하셨습니다.

단원 평가

교과서 진도북 **42~44** 쪽

1 ③ **2** 맑 **3** 없다 **4** (1) 넓다 (2) 짧다

5 ④ **6** 📝 나무가 굵다. / 하늘이 맑다.

7 (2) ○ **8** 세연 **9** 무시무시한 **10** ②

11 흙 **12** ㉯ **13** 흑쏘게

14 제자리 **15** (3) ○ **16** 📝 다음에 물건을 쓰려면 한참을 찾아야 한다. **17** ㉢ **18** ④ **19** ⑤

20 (1) 바람 (2) 연

---

1 '공을 찼습니다.'이므로 빈칸에 들어갈 글자는 '찼'입니다.

2 '하늘이 맑다.'이므로 빈칸에 들어갈 겹받침은 'ㄺ'입니다.

3 '없다'로 써야 알맞은 표현이 됩니다.

4 '새로 생긴 공원이 넓다.', '내 연필이 새 연필보다 짧다.'이므로 알맞은 겹받침이 들어간 것을 골라야 합니다.

5 '잠자리의 날개가 얇습니다.'와 '아이가 풀밭을 밟고 있습니다.'이므로 빈칸에 들어갈 겹받침은 'ㄼ'입니다.

6

채점 기준	
평가	답안 내용
상	📝 잠자리의 날개가 얇다.
	→ '굵다', '맑다', '얇다' 중 하나를 골라 그림의 내용으로 알맞은 문장을 씀.
하	📝 아주 맑다. / 참 굵다.
	→ 그림의 내용이 잘 드러나지 않음.

7 "휴, 간신히 살았네. 하마터면 잡아먹힐 뻔했어."는 참외씨가 탈출을 하며 한 말입니다.

8 '닦아요'는 [다까요]로 소리 내어 읽습니다.

9 '아주 많이 무서운.'은 '무시무시한'의 뜻을 나타낸 것입니다.

10 참외씨는 탈출을 하고 달리던 중에 먼지 할아버지를 만났습니다.

11 참외씨는 먼지 할아버지에게 흙이 어디 있는지 아시냐고 여쭈어보았습니다.

12 참외씨는 달고 맛있는 참외가 되는 것이 꿈이라고 하였습니다.

13 '흙 속에'는 [흑쏘게]로 소리 내어 읽습니다.

14 글쓴이는 물건을 쓰고 나면 제자리에 둔다고 하였습니다.

15 물건을 쓰고 나서 제자리에 두면 다음에 쓰려고 할 때 빨리 찾을 수 있다고 하였습니다.

16

채점 기준	
평가	답안 내용
상	📝 다음에 물건을 쓰려고 할 때 찾는 시간이 더 오래 걸린다.
	→ 글쓴이가 말한 내용을 알맞은 문장으로 정확하게 씀.
하	📝 한참 걸린다. / 찾기 불편하다.
	→ 일부 내용이 빠져 있어 글쓴이가 말한 내용으로 보기 어려움.

17 글쓴이가 하고 싶은 말은 글을 통해 전하려는 생각입니다. 글쓴이의 생각이 가장 잘 나타난 문장은 '물건을 쓰고 나서 제자리에 둡시다.'입니다.

18 다니엘은 할머니 댁에 가고 있었습니다.

19 산체스 부인은 하늘이 맑아서 페인트칠하기 좋은 날이 멋진 날이라고 하였습니다.

> **더 알아보기**
> 다니엘의 할머니는 다니엘이 자신을 안아 주는 날이 멋진 날이라고 하였고, 건널목 안전 요원은 모두가 안전하게 귀가하는 날이 멋진 날이라고 하였습니다.

20 에마 누나는 바람이 씽씽 불어서 연 날리기 좋은 날이 멋진 날이라고 하였습니다.

3. 그림일기를 써요

1 ①	**2** ②	**3** (3) ○	**4** 지수	**5** ⑤

6 ②   **7** (2) ○   **8** ⑤   **9** (1) 만났다 (2) 일어났다 (3) 먹었다   **10** ⑤   **11** ④   **12** ⑤
13 ①   **14** ②   **15** (1) ○   **16** ④
17 (1) ① (2) ②   **18** (1) 물고기 (2) 술래잡기 (3) 노을   **19** (1) 10, 24 (2) 일   **20** ②
21 예 정말 재미있었다.   **22** (2) ○   **23** ③
24 ⑤   **25** (1) 경험한 일 (2) 내용   **26** ㉢
27 (2) ○   **28** 시율   **29** ⑤   **30** 가   **31** 가
32 가   **33** 정윤   **34** ④   **35** ㉠, ㉢
36 (1) ○ (2) ○   **37** '날짜', '요일', '경험한 일', '생각', '그림', '느낌'에 색칠, 토끼   **38** (1) 꿈을 (2) 책을 (3) 거울을 (4) 선물을 (5) 그림을

1 선생님께서는 자신의 꿈에 대해 발표하라고 하셨습니다.

2 진호는 탐험가가 되는 것이 꿈이라고 하였습니다.

3 진호는 알맞은 크기의 목소리로 또박또박 말했습니다.

4 진호는 허리를 펴고 바르게 서서 듣는 사람을 바라보며 발표했습니다.

5 듣는 자세가 바른 친구는 ❺입니다.

6 여자아이는 궁금한 점을 생각하며 잘 듣고 있습니다.

7 그림 속 친구는 딴짓을 하느라 발표를 듣지 않고 있습니다.

8 다른 사람이 발표할 때 발표하는 목소리보다 크게 떠들면 여러 사람이 듣지 못합니다.

9 (1)은 친구를 만나는 그림, (2)는 아침에 일어나는 그림, (3)은 된장찌개를 먹는 그림입니다.

10 그림 ❹에서 겪은 일을 알맞게 말한 사람은 규리입니다.

11 자신의 발표를 점검할 때, 친구들이 많이 웃었는지는 확인하지 않아도 됩니다.

12 내일은 현장 체험 학습을 가는 날입니다.

13 선생님께서 부모님과 함께 오라는 말은 하지 않았습니다.

14 선생님의 말씀을 바른 자세로 듣고 있는 아이는 ②입니다.

15 선생님께서는 쓰레기를 줄이기 위해 과자는 봉지째 가져오지 말고 통에 먹을 만큼만 담아 오라고 하셨습니다. 그리고 돗자리와 물도 준비하라고 하셨습니다.

16 우리 반이 함께한 일을 떠올린 그림입니다.

17 그림 가는 입학식, 그림 다는 체육 대회를 나타낸 그림입니다.

18 (1)은 물가에서 물고기를 잡는 그림, (2)는 공원에서 친구들과 술래잡기를 하는 그림, (3)은 산책하다가 노을을 본 그림입니다.

19 10월 24일 일요일에 쓴 일기입니다.

20 할머니 댁에 놀러 가서 사과를 딴 일을 쓴 그림일기입니다.

더 알아보기

그림일기에 들어갈 내용과 쓰는 방법

날짜와 요일, 날씨	• 날짜와 요일을 쓴다. • 날씨를 쓴다.
그림	• 경험한 일을 표현하는 그림을 그린다
글	• 그날 경험한 일 가운데 기억에 남는 일을 쓴다. • 경험한 일에 대한 생각이나 느낌을 쓴다.

21 채점 기준

평가	답안 내용
상	예 정말 재미있었다. → 찬호의 생각이나 느낌을 정확히 씀.
하	예 사과를 땄다. → 찬호가 경험한 일에 대해 씀.

22 '해가 쨍쨍한 날'이라고 쓴 것을 보고 맑은 날씨임을 알 수 있습니다.

23 맨 위에 날짜와 요일, 날씨를 써야 하는데 날씨를 빠뜨렸습니다.

24 일기를 쓸 때는 기억에 남는 일을 골라 써야 하는데 오늘 한 일을 늘어놓기만 했습니다.

25 그림일기를 쓸 때는 경험한 일이 그림에 잘 드러나게 표현해야 합니다. 또, 경험한 일이 드러나게 내용을 자세히 써야 합니다.

26 저녁에 잠을 잔 일은 매일 반복되는 일이므로 하루 중 기억에 남는 일로 알맞지 않습니다.

27 기억에 남는 일을 고른 후에는 기억에 남는 일이 잘 드러나는 장면을 어떻게 그릴지 생각해야 합니다.

28 영주는 작년에 있었던 일을 말했습니다. 따라서 하루 동안에 있었던 일 중에서 기억에 남는 일을 알맞게 말한 친구는 시율입니다.

29 그림일기에는 기억에 남는 장면을 그려야 합니다. 있었던 일을 그림으로 모두 표현하는 것이 아닙니다.

30 날짜와 요일, 날씨를 모두 쓴 일기는 ㉮입니다.

31 그림을 내용에 알맞게 그린 일기는 ㉮입니다.

32 있었던 일이 잘 드러나게 쓴 일기는 ㉮입니다.

33 그림일기에 쓸 글에 대해 알맞게 말한 친구는 정윤입니다.

34 그림일기를 쓸 때는 다른 사람의 생각을 고려하지 않아도 됩니다.

35 다른 사람 앞에서 말할 때는 듣는 사람을 바라보며 또박또박 말해야 합니다.

36 다른 사람의 말을 들을 때는 말하는 사람을 바라보며 귀 기울여 들어야 합니다.

37 그림일기에는 날짜와 요일, 날씨, 그림이 들어가야 합니다. 그리고 기억에 남는 일을 쓰고, 겪은 일에 대한 생각이나 느낌을 써야 합니다.

38 (1)은 밤에 꿈을 꾸는 모습, (2)는 책을 읽는 모습, (3)는 거울을 닦는 모습, (4)는 선물을 주는 모습, (5)는 그림을 그리는 모습입니다.

문해력 쑥쑥   교과서 진도북 **58~59**쪽

1 (1) 자세 (2) 발표 (3) 일기
2 (1) ㉠ (2) ㉡
3 (1) 자세 (2) 경험 (3) 일기 (4) 발표
4 (1) ① 수연이가 ② 자전거를 ③ 탑니다
    (2) ① 나와 동생은 ② 사과를 ③ 먹었습니다
    (3) ① 여자아이는 ② 인형을 ③ 안았습니다

1 주어진 뜻에 알맞은 낱말을 찾아봅니다.

2 낱말의 뜻에 어울리는 말을 바르게 이어 봅니다.

4 문장의 주인 역할을 하는 말인 '누가', 뒤에 을/를이 붙어 나타나는 '무엇을', 누가 무엇을 어찌하는지 풀어 주는 '어찌하다'에 해당하는 것을 각각 찾아봅니다.

쪽지 평가   교과서 진도북 **60**쪽

1 그림일기   **2** (1) 또박또박 (2) 듣는 사람
3 ②   **4** 예 탐험가   **5** (1) ○ (3) ○
6 그림

1 하루에 경험한 일 가운데에서 기억에 남는 일을 골라 글과 그림으로 나타낸 일기를 '그림일기'라고 합니다.

2 발표를 할 때는 바르게 서서 또박또박 말해야 합니다. 그리고 듣는 사람을 바라보며 말해야 합니다.

3 친구의 발표를 들을 때는 발표하는 친구의 얼굴을 보면서 바른 자세로 들어야 합니다. 궁금한 점을 생각하며 듣는 것도 좋습니다.

4 자신의 꿈은 무엇인지 생각해 보고, 친구들 앞에서 발표할 때 어떻게 말할지 생각해 봅니다.

5 그림일기를 쓸 때는 기억에 남는 일을 사실대로 써야 합니다. 또한, 경험한 일에 대한 나의 생각이나 느낌을 자세히 쓰는 것이 좋습니다.

6 그림일기를 쓸 때는 무엇에 주의해야 할지 생각해 봅니다. 그림일기에 들어가는 그림과 글 각각에 해당하는 주의할 점을 생각해 봅니다.

단원 평가

교과서 진도북 61~64쪽

1 수영 **2** ④ **3** ② **4** (1) 집 (2) 아침을
5 성훈 **6** 10, 24, 일 **7** ④
8 재미있었다. **9** ③ **10** (1) ○ (4) ○
11 (3) ○ **12** ㉢ **13** ⑤ **14** ③
15 (2) ○ **16** (1) ○ **17** ⑤ **18** ④ **19** (3) ○
20 예 아침에 늦잠을 자서 부모님께 혼났다.

1 자신의 꿈에 대해 알맞게 발표한 사람은 수영입니다. 민호는 자신이 좋아하는 계절에 대해 말했습니다.

2 지우는 말끝을 흐리면서 분명하지 않게 말하고 있습니다.

3 다른 사람의 발표를 들을 때는 말하는 사람을 바라보며 들어야 합니다.

4 그림은 가족들이 다 함께 아침을 먹고 있는 모습입니다.

5 우리 반이 함께한 일에 대해 말한 친구는 성훈입니다. 미연이는 집에서 부모님과 있었던 일에 대해 말했습니다.

6 그림일기의 맨 윗부분을 보면 그림일기를 쓴 날짜와 요일을 알 수 있습니다. 이 그림일기는 10월 24일 일요일에 썼습니다.

7 그림은 남자아이가 동생과 함께 나무에서 사과를 따는 모습입니다.

8 그림일기에 사과를 따서 재미있었다는 느낌이 나타나 있습니다.

9 그림일기에는 날짜, 요일, 날씨, 글, 그림이 들어가야 합니다. 하지만 이 그림일기에는 날씨가 나와 있지 않습니다.

10 이 그림일기에는 기억에 남는 한 가지 일이 아닌 하루 동안 한 일이 모두 들어가 있습니다. 또한 경험한 일에 대한 생각이나 느낌을 쓰지 않았습니다.

11 일기의 맨 윗부분을 보면 일기를 쓴 날의 날씨를 알 수 있습니다. 날짜와 요일 옆에 흐리다가 비가 왔다고 날씨가 적혀 있습니다.

12 ㉠과 ㉡은 일어난 일을 사실대로 쓴 내용입니다. 생각이나 느낌을 쓴 부분은 ㉢입니다.

13 일기에서 글쓴이는 장미 공원으로 현장 체험 학습을 갔다고 했습니다.

14 그림일기를 쓰면 중요한 일을 기억할 수 있고, 어떤 일이 일어났는지 알 수 있습니다. 그리고 그림일기를 쓴 날의 생각이나 느낌을 오래 간직할 수 있습니다.

15 일기를 쓸 때는 기억에 남는 한 가지 일에 대해 쓰고, 그 일에 대한 생각과 느낌을 써야 합니다.

16 그림은 남자아이가 친구들과 공원에서 술래잡기를 하는 모습입니다. 그림을 통해 남자아이가 즐거워하는 것을 알 수 있습니다. 따라서 빈칸에 들어갈 말로 '너무 재미있어서 자꾸 웃음이 났다.'가 알맞습니다.

17 그림일기를 쓸 때는 날짜, 요일, 날씨, 경험한 일 가운데에서 기억에 남는 일을 쓴 글, 경험한 일을 표현하는 그림이 들어가야 합니다. 그림일기를 읽는 사람에 대해서는 쓰지 않아도 됩니다.

18 그림일기를 다 쓴 후에는 쓴 것을 다시 읽고 다듬어야 합니다.

19 빈칸에는 아침에 일어난 일이 들어가야 합니다. 밤에 옥상에서 별을 본 일은 저녁에 일어난 일이고, 학교에서 점심을 맛있게 먹은 일은 낮에 일어난 일입니다.

20

채점 기준	
평가	답안 내용
상	예 점심 때 학교에서 큰 무지개를 보았다. → 하루 중 언제 있었던 일인지, 어떤 일이 있었는지에 대해 알맞게 씀.
중	예 지난 주에 가족들과 동물원에 갔다. → 나에게 있었던 일에 대해 썼지만, 오늘이 아닌 다른 날에 있었던 일에 대해 씀.
하	예 나는 만화를 좋아한다. → 오늘 하루 동안 나에게 있었던 일과 관계없는 내용을 씀.

4. 감동을 나누어요

1 ②   **2** ②   **3** 나 → 라 → 다 → 가

4 진우   **5** ⑤   **6** ㉠   **7** 신기하다

8 (1) 작은따옴표 (2) 마음속으로   **9** ④

10 ⑤   **11** (1) 저녁 (2) 깊은 밤

12 ㉣ → ㉡ → ㉠ → ㉢   **13** ②

14   “   ”   **15** (1) 아침 일찍 (2) 이튿날

(3) 며칠 뒤   **16** ③   **17** (1) ○ (3) ○

18 ㉡ → ㉠ → ㉢   **19** (1) ❹ (3) ❸

20 거북이   **21** (1) ○ (3) ○

22 ㉠ → ㉣ → ㉢ → ㉡   **23** 꺼병이

24 진석   **25** ⑤   **26** ㉠, ㉣   **27** (1) 씻습니다 (2) 닦습니다 (3) 찹니다 (4) 읽습니다

1 오늘 점심시간에 있던 일을 다룬 글입니다.

2 미역무침을 먹지 않고 있는 주원이를 보며 서윤이는 "너도 한번 먹어 봐. 새콤달콤 맛이 얼마나 좋은데."라고 말하였습니다.

> **더 알아보기**
>
> 「미역도 맛있어」에서 인물의 생각이나 말, 행동

주원	생각	'그럼 나도 한번 먹어 볼까?'
	행동	입을 살짝 벌려 미역무침을 먹어 보았다.
서윤	말	"너도 한번 먹어 봐. 새콤달콤 맛이 얼마나 좋은데."
	행동	미역무침을 맛있게 먹었다.
선생님	말	"주원이는 반찬을 골고루 잘 먹는구나."
	행동	칭찬해 주시며 박수도 쳐 주셨다.

3 누가 무엇을 했는지 생각하며 이야기의 흐름을 떠올려 봅시다.

4 주원이는 미역을 싫어했지만 용기를 내어 새로운 음식 먹기에 도전을 했습니다. 진우 역시 좋아하지 않는 음식을 용기 내어 먹어 본 적이 있다고 하였습니다.

5 사람들은 시장에 모여 신기한 맷돌에 대해 이야기를 했습니다.

6 사람들의 뒤에서 신기한 맷돌에 대한 이야기를 들은 도둑은 고약한 마음을 먹었다고 하였습니다. 따라서 맷돌을 훔쳐야겠다는 생각을 했을 것이라고 예상할 수 있습니다.

7 '신기하다'는 '믿을 수 없을 정도로 놀랍다.'는 뜻입니다. 따라서 '저절로 움직이는 장난감이 신기하다.'라고 표현하는 것이 알맞습니다.

8 '그 맷돌이 있으면 부자가 될 수 있겠어.'에 쓰인 것은 작은따옴표입니다. 작은따옴표는 인물이 마음속으로 한 말을 적을 때 씁니다.

9 도둑은 깊은 밤, 모두 잠든 사이 맷돌을 훔쳐 도망갔습니다.

10 도둑은 너무 놀라 맷돌을 멈추게 하는 방법을 잊어버렸고 배에 소금이 쌓이자 결국 배는 바닷속에 가라앉았습니다.

11 '시간을 나타내는 말'이란, 일이 일어난 때를 알려 주는 말입니다. (1)에서는 '저녁'이, (2)에서는 '깊은 밤'이 시간을 나타내는 말입니다.

12 도둑은 시장에서 신기한 맷돌에 대한 이야기를 듣게 되었습니다. 맷돌을 훔쳐야겠다고 생각한 도둑은 저녁이 되자 궁궐로 숨어들었습니다. 그리고 깊은 밤이 되자 맷돌을 훔쳐 도망갔습니다. 배를 타고 바다를 건너던 도둑은 맷돌에서 소금이 나오게 하였습니다. 쌓여 가는 소금 때문에 배가 기우뚱거리자 당황한 도둑은 맷돌을 멈추는 방법을 잊어버렸습니다. 결국, 도둑과 맷돌은 함께 바닷속에 가라앉고 말았습니다.

13 양치기 소년은 늑대가 나타났다는 거짓말로 마을 사람들을 놀라게 했습니다.

14 인물이 소리 내어 한 말을 적을 때는 큰따옴표를, 인물이 마음속으로 한 말을 적을 때는 작은따옴표를 써야 합니다.

15 '시간을 나타내는 말'이란, 일이 일어난 때를 알려 주는 말입니다. 글에서 시간을 나타내는 말을 찾으며 일이 일어난 순서를 다시 정리해 봅시다.

16 아이쿠는 할머니께 꽃밭에서 딴 꽃을 선물로 드리려고 했습니다.

17 꽃을 선물 받은 카르망 콩드 백작은 몸이 가려워졌습니다. 콧물을 흘리며 기침과 재채기를 하기도 했습니다.

18 이야기의 흐름에 따라 일어난 사건을 파악하며 일이 일어난 순서를 살펴봅시다.

19 카르망 콩드 백작이 재채기를 하며 뛰어나가는 장면은 장면 ❹입니다. 아이쿠가 카르망 콩드 백작을 할머니라고 부르는 장면은 장면 ❸입니다. 아연이가 말한 장면, 수정이가 말한 장면이 이야기의 순서 중 어느 부분에 해당하는지 찾아봅시다.

20 아기 거북이는 혼자 뒤늦게 알에서 깨어났기 때문에 까투리 가족을 따라가게 되었습니다.

21 아기 거북이와 꺼병이들은 공놀이를 하고 미끄럼틀을 타며 놀았습니다.

22 이야기의 흐름에 따라 일어난 사건을 파악하며 일이 일어난 순서를 살펴봅니다.

23 '꺼병이'는 꿩의 어린 새끼를 뜻합니다.

24 자신이 본 만화 영화에 대해 말한 친구는 진석입니다. 유미는 나중에 보고 싶은 만화 영화에 대해 말했습니다.

25 인물의 생각이나 말, 행동을 살펴보고 인물에게 어떤 일이 있었는지 찾아보면 누가 무엇을 했는지 알 수 있습니다.

26 만화 영화를 보고 생각이나 느낌을 말할 때는 다른 사람의 생각이 아니라 나의 생각을 말해야 합니다.

27 ⑴은 얼굴을 씻는 모습, ⑵는 이를 닦는 모습, ⑶은 공을 차는 모습, ⑷는 책을 읽는 모습입니다.

문해력 쑥쑥   교과서 진도북 **75~76**쪽

1 ⑴ 귀하다 ⑵ 서두르다 ⑶ 신기하다
2 ⑴ ㉠ ⑵ ㉡
3 ⑴ 순서 ⑵ 신기 ⑶ 서두르다 ⑷ 특징
4 ⑴ ② ⑵ ③ ⑶ ② ⑷ ②

쪽지 평가   교과서 진도북 **77**쪽

1 큰따옴표   **2** ㉡ → ㉢ → ㉠   **3** ③
4 ⑶ ○   **5** 꽃   **6** ⑶ ○

1 인물이 소리 내어 한 말을 적을 때 쓰는 문장 부호는 '큰따옴표'입니다. '작은따옴표'는 인물이 마음속으로 한 말을 적을 때 쓰는 문장 부호입니다.

2 누가 무엇을 했는지 생각하며 이야기의 흐름을 떠올려 봅시다.

> **더 알아보기**
>
> 「미역도 맛있어」에서 일이 일어난 순서
>
> 주원이는 급식 반찬으로 나온 미역무침을 먹기 싫었다.
>
> ↓
>
> 주원이가 용기 내어 미역무침을 먹자 입안에 새콤함이 가득 느껴졌다.
>
> ↓
>
> 선생님은 주원이가 반찬을 골고루 잘 먹는 모습을 보고 칭찬해 주셨다.
>
> ↓
>
> 주원이는 다음에도 새로운 음식 먹기에 도전해 봐야겠다고 생각했다.

3 인물의 생각이나 행동을 살펴보면 글에서 누가 무엇을 했는지 알 수 있습니다.

4 사람들은 시장에 모여 임금님이 가진 신기한 맷돌에 대해 이야기했습니다.

5 아이쿠는 할머니께 꽃을 드리려고 했습니다.

6 만화 영화를 보고 생각이나 느낌을 말할 때는 나의 생각이나 느낌을 말해야 합니다.

단원 평가

교과서 진도북 **78~80**쪽

1 ② **2** 서윤 **3** 새콤함 **4** (2) ○ **5** ④
6 새로운 **7** 예 주원이는 용기 내어 미역무침을 먹어 보았다. **8** 궁궐 **9** 저녁 **10** ②
11 잊어버렸기 **12** (2) ○ **13**

3	4
2	1

14 지호 **15** ② **16** 거북이 아줌마 **17** ③
18

1	4
2	3

19 바다 **20** (1) ② (2) ①

1 학교 점심시간에 있던 일입니다.

2 주원이에게 미역무침을 먹어 보라고 이야기한 사람은 서윤이입니다.

3 주원이는 미역무침을 계속 먹다 보니 입안에 새콤함이 가득해졌다고 했습니다.

4 반찬을 골고루 잘 먹는 주원이를 보며 선생님은 칭찬해 주시고 박수도 쳐 주셨습니다.

5 주원이는 선생님이 칭찬해 주시고 박수도 쳐 주셔서 기분이 좋았을 것입니다. 따라서 빈칸에는 '웃음이'가 들어가는 것이 알맞습니다.

6 주원이는 미역무침을 먹고 다음에도 새로운 음식 먹기에 도전해 봐야겠다고 생각했습니다.

7

채점 기준	
평가	답안 내용
상	예 주원이는 용기 내어 미역무침을 먹어 보았다. → 처음 미역무침을 먹기 싫어했던 일과 선생님께서 주원이를 칭찬해 주신 일 사이에 일어난 일에 대해 알맞게 씀.
중	예 미역무침을 먹었다. → 처음 미역무침을 먹기 싫어했던 일과 선생님께서 주원이를 칭찬해 주신 일 사이에 일어난 일을 썼지만, 누가 한 일인지 정확하게 쓰지 못함.
하	예 서윤이가 박수를 쳐 주었다. → 글에서 일어난 일과 관계없는 내용을 씀.

8 도둑은 맷돌을 훔치기 위하여 궁궐로 숨어들었습니다.

9 ㉠에서 시간을 나타내는 말은 '저녁'입니다.

10 도둑은 맷돌을 보고 "나와라, 소금!"이라고 말하였을 것입니다.

11 배에 소금이 점점 쌓이자 배는 기우뚱거렸습니다. 이에 놀란 도둑은 "멈춰라, 소금!"이라는 말을 잊어버렸습니다.

12 인물이 마음속으로 한 말을 적을 때는 작은따옴표를 씁니다.

> **더 알아보기**
>
> **따옴표의 종류와 특징**
>
> | 종류 | 특징 |
> |---|---|
> | 큰따옴표 " " | 인물이 소리 내어 한 말을 적을 때 쓴다. |
> | 작은따옴표 ' ' | 인물이 마음속으로 한 말을 적을 때 쓴다. |

13 이야기의 흐름에 따라 일어난 사건을 파악하며 일이 일어난 순서를 살펴봅니다.

14 도둑은 맷돌을 훔치고 지나치게 욕심을 부려서 결국 벌을 받았습니다.

15 엄마 까투리와 꺼병이들은 바다에서 우연히 거북 알을 발견했습니다.

16 엄마 까투리는 아기 거북이를 애타게 기다리고 있을 거북이 아줌마가 걱정됐습니다.

17 가족과 다시 만난 아기 거북이는 기뻤을 것입니다.

18 누가 무엇을 했는지 생각하며 이야기의 흐름을 떠올려 봅시다.

19 엄마 까투리와 꺼병이들은 아기 거북이를 집으로 돌려보내 주기 위해 다 같이 바다로 갔습니다.

20 '꺼병이'는 꿩의 어린 새끼, '까투리'는 꿩의 암컷을 뜻하는 낱말입니다.

5. 생각을 키워요

진도 학습

교과서 진도북 **83~88** 쪽

1 한자 **2** ②, ⑤ **3** 훈민정음 **4** ⑤
5 (2) ◯ (4) ◯ **6** ③ **7** ㅓ **8** 발
9 받침(ㄹ) **10** 곰 **11** ④ **12** 책 **13** ⑤
14 (2) ◯ **15** ④ **16** ⓜ 책을 읽으면 재미를 느
낄 수 있다. **17** ② **18** ② **19** (1) ⓜ
나가기 싫은 (2) ⓜ 친구들이 부러운 (3) ⓜ 뿌듯한
20 ⓜ '나'를 응원해 주고 싶다.
21 첫 자음자 **22** (2) ◯ **23** 한글
24 (1) 대 (2) 켤레 (3) 장 (4) 자루 **25** ②

1 한글이 없었을 때 우리 민족은 중국 글자인 한자
를 사용하였습니다.

2 한자는 글자 수가 너무 많고, 중국 말을 바탕으
로 한 글자여서 일반 백성들은 글을 배우기 어려
웠습니다.

3 한글의 옛 이름은 '백성을 가르치는 바른 소리'라
는 뜻을 가진 '훈민정음'입니다.

> **더 알아보기**
> 훈민정음(訓民正音)
> 訓 가르칠 훈, 民 백성 민, 正 바를 정, 音 소리 음

4 세종 대왕은 글을 읽고 쓸 줄 모르는 백성들을
안타깝게 여겨 한글을 만들었습니다.

> **더 알아보기**
> 훈민정음을 만들고 세종 대왕이 남긴 글
>
> > 우리나라 말이 중국 말과 달라 한자로는
> > 뜻이 통하지 않으니 가여운 백성들이 억울한
> > 일이 있어도 전할 방법이 없다. 이에 훈민정
> > 음을 만들었으니 백성들은 쉽게 배우고 매일
> > 쓰며 편안하기를 바란다.
>
> • 세종 대왕은 글을 읽고 쓸 줄 모르는 백성들을 안타
> 깝게 여겼습니다.
> • 백성들의 삶이 더 편안해지기를 바라는 마음으로 한
> 글을 만들었습니다.

5 한글은 누구나 쉽게 배우고 쓸 수 있으며, 자음
자와 모음자를 모아 글자를 만듭니다.

6 'ㄱ'에 한 획을 더 그으면 'ㅋ'이 되고, 'ㄷ'에 한
획을 더 그으면 'ㅌ'이 됩니다.

> **더 알아보기**
> 획을 더 그어 다른 자음자 만들기
>
>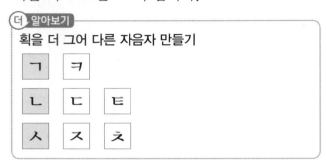

7 'ㅗ'의 방향을 바꾸면 'ㅓ'가 됩니다.

8 '달'의 첫 자음자를 'ㅂ'으로 바꾸면 '발'이 됩니다.

9 '달'의 받침 'ㄹ'을 'ㅂ'으로 바꾸면 '답'이 됩니다.

10 '공'의 받침 'ㅇ'을 'ㅁ'으로 바꾸면 '곰'이 됩니다.

11 글자의 받침이 달라지면 다른 글자가 되므로 뜻
도 함께 바뀝니다.

12 몽키와 동키는 책에 대해 이야기하고 있습니다.

13 메일, 와이파이 등을 이야기하는 것으로 보아 동
키는 책과 전자 기기를 비교하고 있음을 알 수
있습니다.

15 시간 가는 줄도 모르고 계속 책을 읽고 있는 모
습에서 동키가 책에 흠뻑 빠졌다는 사실을 알 수
있습니다.

16 책을 읽으면 좋은 점과 관련된 내용이면 정답으
로 합니다.

> **채점 기준**
>
> | 평가 | 답안 내용 |
> |---|---|
> | 상 | ⓜ 책을 읽으면 재미를 느낄 수 있다. / 책을 읽으면 여러 가지를 배울 수 있다. → 책을 읽었을 때의 좋은 점을 생각하여 구체적으로 씀. |
> | 하 | → 책을 읽었을 때의 좋은 점을 쓰지 못함. |

17 훌라후프를 잘 돌리지 못해서 훌라후프 시간이
라는 사실에 "어휴."라고 말했습니다.

18 훌라후프가 있는 것처럼 허리를 이리저리 움직
였습니다.

19 글에서 나타나는 '나'의 마음을 다양하게 쓸 수 있습니다.

채점 기준	
번호	답안 내용
(1)	예 나가기 싫은 / 하기 싫은 / 두려운
(2)	예 부러운 / 신기한 / 따라하고 싶은
(3)	예 기쁜 / 뿌듯한 / 더 잘하고 싶은

20 자신의 생각을 알맞게 쓰면 답으로 합니다.

채점 기준	
평가	답안 내용
상	예 '나'를 응원해 주고 싶다. → 자신의 생각이나 느낌을 구체적으로 씀.
하	→ 자신의 생각이나 느낌을 쓰지 못하였거나, 내용과 관련이 없는 생각이나 느낌을 씀.

21 '밤'과 '람'은 첫 자음자가 다릅니다.

22 (1)은 안내판의 내용과 관련이 없습니다.

23 한글에 대해 설명하고 있습니다.

24 차는 한 '대', 신발은 한 '켤레', 종이는 한 '장', 연필은 다섯 '자루'입니다.

더 알아보기

신발을 세는 말

- 신발 한 짝
- 신발 한 켤레

25 수박은 '통'이라고 셉니다.

문해력 쑥쑥 교과서 진도북 89~90쪽

1 (1) ㉢ (2) ㉠ (3) ㉡

2 (2) ○

3 (1) 특징 (2) 본떠 (3) 원리

4 (1) ③ (2) ② (3) ③ (4) ②

---

2 (1)은 '대피', (3)은 '스크롤'을 뜻합니다.

4 (1) '비가 밉고 슬펐다.'에서 글쓴이의 생각과 느낌이 드러납니다.
(2) '뿌듯했다.'에서 글쓴이의 생각과 느낌이 나타납니다.
(3) '행복해서', '또 생일이었으면 좋겠다는 생각을 했다.'에서 글쓴이의 생각과 느낌이 나타납니다.
(4) '쓸쓸해서', '지훈이가 빨리 나았으면 좋겠다'에서 글쓴이의 생각과 느낌이 나타납니다.

쪽지 평가 교과서 진도북 91쪽

1 쉬워서 **2** 백성 **3** 모음자 **4** 책 **5** 충전
6 어휴.

1 한글은 읽고 쓰기가 쉬워서 배우기 편한 문자입니다.

2 세종 대왕은 백성들을 위하여 한글을 만들었습니다.

3 한글은 자음자와 모음자를 모아서 글자를 만듭니다.

4 동키는 책과 전자 기기를 비교하였습니다.

5 동키는 몽키의 책을 돌려주지 않고 대신 다 보면 충전해 놓겠다고 말했습니다.

6 훌라후프를 잘 못 돌리는 '나'는 선생님의 운동장으로 나가자는 말씀에 "어휴."라고 말했습니다.

단원 평가 교과서 진도북 92~94쪽

1 세종 대왕 **2** 백성 **3** ②, ④
4 예 말소리를 내는 혀와 입, 목구멍 등의 모양을 본떠 만들었다. **5** ⑤ **6** ③ **7** ⑤
8 ㉠, ㉡ **9** (1) 모음자 (2) 받침 (3) 첫 자음자
10 ② **11** 예 문 **12** ② **13** 비밀번호
14 ① **15** 책 **16** ④ **17** (2) ○ **18** (1) ○
19 미경 **20** 벌

1 세종 대왕이 한글을 만들었습니다.

> **더 알아보기**
>
> **세종 대왕**
> 조선의 제4대 왕으로, 쉽게 읽고 쓸 수 있는 훈민정음을 만들었습니다. 또한 측우기(빗물의 양을 재는 기구)와 해시계를 만들어 농사를 더 편하게 지을 수 있도록 하는 등 백성들을 생각하는 왕이었습니다.

2 훈민정음은 '백성을 가르치는 바른 소리'라는 뜻입니다.

3 한글의 모음자는 땅, 하늘, 사람을 본떠 만들었습니다.

4 소리를 내는 기관의 모양을 본떠 만들었다 등 알맞게 서술하면 정답으로 합니다.

평가	답안 내용
상	예 말소리를 내는 혀와 입, 목구멍 등의 모양을 본떠 만들었다.
	예 글자를 발음할 때의 혀와 입, 목구멍 등의 모양을 본떠 만들었다.
	→ 혀와 입, 목구멍 등이 글자를 발음할 때의 모양을 본떠 만들었다는 내용을 씀.
하	→ 자음자를 만든 원리를 쓰지 못하였거나, 모음자를 만든 원리를 씀.

5 세종 대왕은 억울한 일을 당하는 백성들이 글을 쉽게 배우고 편안하길 바라는 마음으로 훈민정음을 만들었습니다.

6 'ㄱ'에 획 하나를 더하면 'ㅋ'이 됩니다.

7 'ㅐ'는 'ㅗ, ㅓ, ㅜ, ㅏ'의 방향을 바꾸어서 만들 수 없습니다.

8 자음자를 위아래로 뒤집어도 다른 자음자가 만들어지지 않습니다.

9 ⑴ '벌'은 '볼'의 모음자 'ㅗ'를 'ㅓ'로 바꾸어 만든 낱말입니다,
⑵ '봄'은 받침 'ㄹ'을 'ㅁ'으로 바꾸어 만든 낱말입니다,
⑶ '돌'은 첫 자음자 'ㅂ'을 'ㄷ'으로 바꾸어 만든 낱말입니다,

10 '감'의 첫 자음자 'ㄱ'을 'ㅂ'으로 바꾸면 '밤'이 됩니다.

11 '물'의 받침 'ㄹ'을 바꾸어 '문', '뭍' 등의 낱말을 만듭니다. 뜻이 없는 말을 쓰거나, 낱말의 뜻을 알지 못하고 받침만 바꾸어 글자를 적었다면 오답으로 합니다.

12 동키는 전화에 대해서 묻지 않았습니다.

13 책갈피는 책을 읽을 때 필요한 것이므로 '아니.'라는 대답이 나오려면 책과 관련이 없는 '비밀번호'가 알맞습니다.

14 책이기 때문에 별명은 설정할 필요가 없다는 뜻입니다.

15 동키는 책을 잘 모르고, 책에 대해 궁금해서 계속 엉뚱한 질문을 하고 있습니다.

16 친구들의 반응은 나와 있지 않습니다.

> **더 알아보기**
>
> 「너무너무 어려운 훌라후프 돌리기」에서 '나'가 겪은 일
> ① 운동장에 나감.
> ② 훌라후프를 잘 돌리지 못함.
> ③ 훌라후프를 잘 돌리려고 노력함.
> ④ 선생님께 칭찬을 받음.

17 '나'는 훌라후프를 잘 돌리고 싶은 마음에 훌라후프가 있다고 생각하며 허리를 이리저리 움직였습니다.

18 '나'는 훌라후프 없이 허리를 움직이고 있으므로 ⑴의 그림이 알맞습니다.

19 도의와 상은이는 '나'가 한 일과 관련이 없는 이야기를 하고 있습니다.

20 수저는 '벌'이라고 셉니다.

> **왜 틀렸을까?**
>
> • 올: 실이나 줄의 가닥을 세는 단위.
>   예 머리카락 한 올이 빠졌다.
> • 타: 물건 열두 개를 한 단위로 세는 말.
>   예 연필 한 타는 연필 열두 자루이다.
> • 마리: 동물을 세는 단위.
>   예 나는 강아지 한 마리를 키운다.

6. 문장을 읽고 써요

교과서 진도북 97~105 쪽

1 ⑤ **2** ② **3** ④ **4** 예 학교에 갈 때 부모님 차를 타지 않고 스스로 걸어가야겠다고 생각했다. **5** ④ **6** ② **7** ㉠, ㉢

8 손을 씻을 때 **9** ① **10** (1) ② (2) ①

11 (1) ㉡, ㉢ (2) ㉠, ㉣ **12** (2) ○

13 (1) 별 (2) 별자리 **14** (1) ③ (2) ① (3) ②

15 같습니다. **16** ④ **17** (1) ㅅ (2) ㅌ

18 윷놀이 **19** ③ **20** ②, ③, ④ **21** (1) ○

22 앞으로도( )우리 소방관들은(∨)여러분의 안전을 위해 열심히( )일할 것입니다. **23** ② **24** ④

25 오, 괜찮은데? **26** ⑤ **27** ② **28** ②

29 (1) ③ (2) ② (3) ① **30** 예

31 (1) ○ **32** (1) ㅊ (2) ㅍ

33 밖

34 (1) 치읓 (2) 키읔 (3) 피읖 (4) 히읗

35 (1) ① (2) ③ (3) ④ (4) ②

36 (1) 밝다, 어둡다 (2) 빠르다, 느리다

1 '손수현 양'은 필요 없이 켜져서 '안 쓰는 전기'를 발견하고 전등을 껐습니다.

2 자동차 대신 자전거를 타는 등의 발견을 통해 에너지를 아낄 수 있기 때문입니다.

3 낭비되고 있는 에너지를 발견하여 아끼자는 말을 하고 있습니다.

4 광고 내용을 파악하고 관련된 자신의 생각이나 느낌을 씁니다.

채점 기준

평가	답안 내용
상	예 학교에 갈 때 부모님 차를 타지 않고 스스로 걸어가야겠다고 생각했어. → 광고의 내용을 알맞게 파악하고 자신의 생각이나 느낌을 씀.
하	→ 광고의 내용을 알맞게 파악하지 못하고, 자신의 생각이나 느낌을 쓰지 못함.

5 아직 쓸 수 있는 종이를 버리고 있는 그림입니다.

6 쓸 수 있는 종이를 버리고 있는 상황에 어울리는 해결 방안은 종이를 뒤집어 다시 쓰는 것입니다.

7 친구가 아닌 나의 생각을 표현해야 합니다.

더 알아보기

나의 생각을 문장으로 표현하는 방법
① 어떤 상황인지 살펴봅니다.
② 어떤 문제가 있는지 알아봅니다.
③ 해결 방법이나 하고 싶은 말을 떠올립니다.
④ 그렇게 생각하는 까닭을 들어 나의 생각을 씁니다.

8 물을 틀어 놓은 채 손을 씻고 있는 그림입니다.

9 '물을 아낄 수 있기 때문입니다.'라고 까닭을 들 수 있습니다.

10 '별'은 '혼자' 반짝 빛나고 있으며 '별자리'는 '여럿이' 함께 반짝반짝 빛나고 있습니다.

11 혼자서 좋은 일을 한 것과 여럿이 다 함께 좋은 일을 한 경우를 찾아 씁니다.

12 여럿이 함께하면 서로 힘을 합쳐 더 좋은 결과를 낼 수 있습니다.

13 (1)은 별처럼 혼자 빛나고 싶어 하고, (2)는 별자리처럼 여럿이 함께 빛나고 싶어 합니다.

14 낫, 낮, 낯은 받침에 따라 뜻이 달라지는 낱말이므로 주의해서 그 표기를 익혀 두어야 합니다.

더 알아보기

• 낫: 벼를 벨 때 쓰는 농기구.
• 낮: 해가 떠 있는 시간대.
• 낯: 눈, 코, 입 따위가 있는 얼굴의 바닥.

15 모두 [낟]으로 소리가 납니다.

16 글자를 소리 나는 대로만 쓰면 소리는 같지만 뜻이 다른 낱말을 구별할 수 없습니다.

17 받침 'ㅅ'에 주의해서 '못'을 쓰고, 받침 'ㅌ'에 주의해서 '팥'을 씁니다.

18 받침 'ㅊ'을 넣어 '윷놀이'라고 써야 합니다.

19 '꽃'에는 받침으로 'ㅊ'이, '맡다'에는 받침으로 'ㅌ'이 들어갑니다.

20 소방관은 모두의 안전을 위해 세 가지 부탁을 했습니다. ①과 ⑤는 부탁하지 않았습니다.

21 낱말마다 띄어 읽지 말고 의미가 잘 구분되게 띄어 읽어야 합니다.

> **더 알아보기**
> (1) 첫째,∨소방서에 장난 전화를 하면∨안 됩니다.
> ▶ 문장 부호(쉼표) 뒤와 조건을 나타내는 내용 뒤에서 띄어 읽었습니다.

22 '누가'를 나타내는 부분은 '우리 소방관들은'이므로 그 뒤를 띄어 읽습니다.

23 글쓴이가 말하려는 내용을 생각하며 의미가 잘 드러나게 띄어 읽어야 합니다.

24 괜찮아 아저씨는 아침이면 세수를 하고 머리 모양을 만듭니다.

25 아저씨는 머리 모양을 만든 뒤 "오, 괜찮은데?"라고 말합니다.

26 글 ❶에서 아저씨의 머리카락은 10올입니다.

27 아저씨가 낮잠을 잘 때 새들이 포르르 날아 아저씨의 머리카락을 물고 갔음을 알 수 있습니다.

28 머리카락이 아홉 올 남았을 때 아저씨는 머리카락을 세 올씩 묶었습니다.

29 아저씨는 머리카락이 8올일 때 가르마를 타고, 7올일 때는 꼬불꼬불 말고, 6올일 때는 땋아서 묶었습니다.

> **더 알아보기**
> 괜찮아 아저씨의 머리 모양
>
> | 열 올 | – | 가장 처음 머리 |
> |---|---|---|
> | 아홉 올 | – | 세 올씩 묶었다. |
> | 여덟 올 | – | 가르마를 탔다. |
> | 일곱 올 | – | 꼬불꼬불 말았다. |
> | 여섯 올 | – | 머리카락을 땋았다. |

30 다섯 가닥의 머리카락을 다양하게 표현합니다.

31 문장의 의미를 생각하며 띄어 읽습니다. (1)은 누가 무엇을 했는지 생각하며 띄어 읽었습니다.

32 '숯'은 받침 'ㅊ', '잎'은 받침 'ㅍ'이 들어갑니다.

33 '밖'을 나타내는 그림이므로 받침 'ㄲ'을 씁니다.

34 'ㅊ'은 '치읓', 'ㅋ'은 '키읔', 'ㅍ'은 '피읖', 'ㅎ'은 '히읗'입니다.

35 '들어가다'의 반대말은 '나가다', '싫다'의 반대말은 '좋다', '더럽다'의 반대말은 '깨끗하다', '묶다'의 반대말은 '풀다'입니다.

36 낮은 밝고, 밤은 어둡습니다. 토끼는 빠르고, 거북이는 느립니다. '밝다'와 '어둡다', '빠르다'와 '느리다'는 서로 반대되는 말입니다.

> **문해력 쑥쑥** 교과서 진도북 **106~107**쪽
>
> **1** (1) 의미 (2) 표기 (3) 표현 **2** (1) ㉡ (2) ㉠
> **3** (1) 발명 (2) 의미 (3) 표현 (4) 발견
> **4** (1) 올해 칠순이 되신 할아버지는∨하루도 빠짐없이 뒷산으로 등산을 가십니다.
> (2) 공주는 호두와 크림이 많이 들어간 빵을∨가난한 소년에게 주었습니다.
> (3) 도움이 필요한 다른 사람들에게∨소방관이 갈 수 없게 됩니다.
> (4) 우리 가족은 나무와 꽃이 가득 피어 있는 정원에서∨이야기했습니다.
> (5) 눈의 건강이 나빠질 수 있기 때문에∨스마트폰을 오랫동안 보면 안 됩니다.

4 (1) '올해 칠순이 되신 할아버지'는 '누가'에 해당합니다.
(2) 공주가 '어떤 빵'을 주었는지 찾아보면 문장에서 '무엇을'에 해당하는 부분을 쉽게 찾을 수 있습니다.
(3) '도움이 필요한 다른 사람들에게'가 '누구에게'에 해당합니다.
(4) '우리 가족은(누가) 나무와 꽃이 가득 피어 있는 정원에서(어디에서) 이야기했습니다(어찌하다)'로 의미를 구분할 수 있습니다.
(5) '~때문에' 앞에 있는 부분은 까닭을 나타내는 부분입니다.

1 발견   **2** 별자리   **3** 소화전   **4** 아침
5 괜찮은데?   **6** 내용을 구분하여

1 사람들은 낭비되는 에너지를 '발견'했습니다.

2 함께 반짝반짝 빛나는 것은 별자리입니다.

3 소화전 근처에 주차를 하지 말아달라고 하였습니다.

4 아저씨는 아침마다 세수를 하고 머리 모양을 만듭니다.

5 아저씨는 머리 모양을 만들고 "오, 괜찮은데?"라고 말하는 버릇이 있습니다.

6 문장의 내용을 생각하며 자연스럽게 띄어 읽어야 합니다.

1 (1) ①, ③   (2) ②, ④   **2** 에너지   **3** (2) ○
4 별   **5** ㉢   **6** 예 누가 시키지 않아도 바닥
에 떨어져 있는 쓰레기는 스스로 줍는다.   **7** (1) ○
8 ①   **9** ③   **10** ②   **11** 깻입, 깻잎
12 (1) 낮, 갔다   (2) 낫, 같다   **13** 뜻을   **14** ①
15 ㉠   **16** ③   **17** ㉡   **18** 예 곰이랑 시소
를 타다가 빠졌다.   **19** ①   **20** ④

1 벤자민 프랭클린과 고틀리프 다임러는 각각 전기와 자동차를 발명하였습니다. 손수현 양과 김지훈 씨는 각각 안 쓰는 전기와 나만의 자가용을 발견하였습니다.

2 광고는 낭비되는 에너지를 발견하여 에너지를 아끼자는 말을 하고 있습니다.

3 광고의 내용을 파악하고 에너지를 아낄 수 있는 방법에 대하여 이야기한 것을 찾습니다.

4 혼자 반짝 빛나는 것은 별입니다.

5 모두 함께 좋은 일을 한 것을 찾습니다.

6 반을 위해 혼자 할 수 있는 좋은 일을 씁니다.

평가	답안 내용
상	예 누가 시키지 않아도 바닥에 떨어져 있는 쓰레기는 스스로 줍는다.
	→ 우리 반을 위해 누가 시키지 않아도 혼자 할 수 있는 좋은 일을 씀.
하	→ 친구들과 함께 할 수 있는 좋은 일을 쓰거나, 우리 반을 위한 일이 아닌 일을 씀.

채점 기준

7 아직 더 쓸 수 있는 종이를 버리고 있으므로 빈 부분을 더 써야 한다는 말을 할 수 있습니다.

8 종이를 아낄 수 있다는 까닭을 들어 종이의 빈 부분을 다시 쓰자고 말할 수 있습니다.

9 선생님의 말씀이 아닌 자신이 하고 싶은 말을 써야 합니다.

10 'ㅋ'의 이름은 '키읔'입니다.

11 '깻입'은 '깻잎'이라고 써야 합니다.

12 벼를 베는 '낫'과 오후를 뜻하는 '낮'은 [낟]으로 소리가 같지만 뜻이 다릅니다. '가다.'를 뜻하는 '갔다', '다르지 않다.'를 뜻하는 '같다'를 구분하여 씁니다.

13 모든 글자를 소리 나는 대로 쓰면, 읽는 사람이 뜻을 알기 어렵습니다.

14 소화전 근처에는 주차를 하지 말아 달라는 이야기를 하고 있습니다.

15 낱말마다 띄어 읽지 않고 문장의 의미를 생각하며 띄어 읽어야 합니다.

16 ③은 '그리고' 뒤에서 한 번 띄어 읽거나 문장의 길이가 짧으므로 띄어 읽지 않아도 자연스럽습니다. 낱말 안에서 띄어 읽지 말아야 합니다.

17 아저씨는 아침마다 세수를 하고 머리 모양을 만듭니다.

18 곰이랑 시소를 타고 오르락내리락 하다가 머리카락 한 올이 쏘옥 빠졌습니다.

19 글 ㉯에서 아저씨는 머리카락을 땋았습니다.

20 아저씨는 새로운 자신의 머리 모양이 마음에 들어서 "오, 괜찮은데?"라고 말했습니다.

7. 무엇이 중요할까요

진도 학습
교과서 진도북 **115~124** 쪽

1 ②	**2** 하율이	**3** ③	**4** (2) ○	**5** 소영
6 독도	**7** ①, ⑤	**8** 등대	**9** ③
10 (2) ○, (3) ○, (4) ○		**11** ⑤	**12** ⑤
13 자연	**14** ⑤	**15** ⑤	**16** (3) ×
17 민준	**18** 빛	**19** 필통	**20** ⑤
21 예 걱정스럽다.	**22** ⑤	**23** ④	**24** ④

25 ① **26** (1) 예 당황스러운 마음, 걱정스러운 마음 (2) 예 굳게 다짐하는 마음, 자신하는 마음 (3) 예 당황스러운 마음 **27** 수희 **28** 현장 체험 학습

29 ②, ④ **30** 나 **31** (1) ② (2) ③

32 ②, ④ **33** (1) ② (2) ① **34** (2) ○

35 예 수학 공부가 더 흥미롭게 느껴졌다.

36 ㄴ, ㄹ **37** 아나바다 행사 **38** 아, 나, 바, 다

39 (1) ㄴ (2) ㄱ (3) ㄷ **40** (2) ○

41 (1) 힘들어요 (2) 귀찮아요 (3) 신나요

1 정호와 하율이는 색종이로 한복을 만들고 있습니다.

2 하율이가 만든 한복이 더 반듯하게 만들어졌습니다.

3 하율이는 종이 접는 방법을 알려 주는 설명하는 글을 읽었습니다.

4 하율이와 같이 설명하는 글을 읽으면 일을 하는 방법을 잘 알 수 있습니다.

5 소영이가 읽은 글은 이야기로, 설명하는 글이 아닙니다.

6 설명하는 글의 제목은 설명하는 대상을 알 수 있게 짓습니다.

7 독도의 위치, 독도의 이름, 동도와 서도에 대한 내용 등을 설명하고 있습니다.

8 동도에는 밤에도 불을 밝혀 주는 등대가 설치되어 있습니다.

9 서도에는 주민을 위한 숙소가 있고, 서도는 작은 바위섬이 아니라 두 개의 큰 섬 중 하나입니다.

10 독도는 우리나라 동쪽 끝에 있고 동도에 경비대가 있습니다. 독도는 동도와 서도를 합쳐 부르는 이름입니다.

11 어디에나 잘 달라붙는 문어의 빨판을 본떠 만들었습니다.

12 도꼬마리에는 갈고리 모양의 가시가 있어 새나 짐승의 털에 잘 붙습니다.

13 이 글은 자연을 본떠 만든 물건들을 설명하고 있어 '자연은 발명왕'이라는 제목이 붙었습니다.

14 문어의 빨판, 민들레씨, 도꼬마리 열매 등 식물이나 동물의 특징을 본떠 여러 가지 물건을 만들었다는 것을 알 수 있습니다.

15 사진을 찍을 때 지켜야 할 점에 대해 설명하고 있는 글입니다.

16 사진에 안 나오는 사람이 있는지 살피는 것은 사진을 찍을 때 지켜야 할 점과 관련이 없습니다.

17 글의 제목이나 알려 주는 내용과 관련지어 설명하는 대상을 찾을 수 있습니다.

18 사진을 찍을 때 나오는 빛이 작품에 영향을 줄 수 있으므로 미술관에서 사진을 찍으면 안 됩니다.

19 준수는 필통을 잃어버렸습니다.

20 준수는 필통을 잃어버려서 연필도 사라져 버렸기 때문에 연필을 깎아 갈 수가 없었습니다.

21 필통을 잃어버려 엄마한테 혼날까 봐 걱정하는 준수의 마음을 알 수 있습니다.

22 다시는 필통을 잃어버리지 않겠다고 다짐하는 말에서 자신하는 준수의 마음이 느껴집니다.

23 준수는 새 필통에 자신의 이름을 크게 써서 붙였습니다.

24 쌍둥이 누나들은 필통을 잃어버렸던 준수를 놀리려고 필통도 잘 다녀왔냐고 물었습니다.

25 알림장을 잘 써 왔다고 자신 있게 가방을 열어젖힌 준수는 크고 힘찬 목소리로 말했을 것입니다.

26 필통과 알림장을 잃어버렸을 때 당황스러운 마음, 필통을 잃어버리지 않겠다고 굳게 믿는 마음 등을 쓸 수 있습니다.

채점 기준

준수의 마음을 다양하게 짐작해서 쓸 수 있습니다. 필통이 보이지 않아 '답답한 마음', 알림장을 잃어버렸을 때 '부끄러운 마음' 등 준수와 비슷한 상황을 떠올려 보고 그와 어울리는 마음이면 폭넓게 정답으로 인정합니다.

27 수희는 준수가 필통과 알림장을 잃어버린 것처럼 물통을 학교에 두고 온 경험에 대해 말하였습니다.

28 글 가와 나는 모두 현장 체험 학습을 가서 겪은 일에 대해 쓴 글입니다.

29 글쓴이는 현장 체험학습을 가서 김밥을 먹은 일, 술래잡기를 한 일 등에 대해 썼습니다.

30 글 가는 겪은 일이 단순하지만 글 나는 겪은 일을 자세하게 썼습니다.

31 글 나는 김밥을 먹은 느낌과 술래잡기를 할 때의 마음을 다양하게 썼습니다.

32 겪은 일을 자세하게 쓰고 생각이나 느낌을 다양한 방법으로 표현합니다.

33 아침에 맑은 하늘을 본 일, 수학 시간에 덧셈 뺄셈 놀이를 한 일을 표현하였습니다.

34 생각이나 느낌을 단순한 낱말이 아닌 다양한 방법으로 표현하되 같은 말을 반복하는 것은 바람직하지 않습니다.

35 '수학이 더 재미있게 느껴졌다.'와 같이 다양한 생각이나 느낌을 쓸 수 있습니다.

더 알아보기

'재미있었다'와 같이 간단한 표현보다 '수업 시간이 너무 짧게 느껴졌다.'와 같이 다양한 표현을 쓸 수 있도록 합니다.

36 ㉡과 같이 겪은 일을 자세하게 나타내고, ㉢과 같이 미역국에 대한 생각이나 느낌을 다양하게 표현하는 것이 좋습니다.

39 '바꾸어 쓰는 것', '나누어 쓰는 것', '다시 쓰는 것'에서 바꿔 쓰기, 나눠 쓰기, 다시 쓰기를 알 수 있습니다.

40 단순한 낱말로 표현하는 것보다 그 까닭이나 행사의 내용을 함께 써 주면 생각이나 느낌이 더

잘 느껴집니다.

41 웃는 표정, 놀란 표정, 슬픈 표정에 알맞은 마음을 나타내는 말을 구분해 봅니다.

문해력 쑥쑥   교과서 진도북 **125~126** 쪽

1 (1) 탈탈 (2) 설명 (3) 흘기다
2 (1) ㉠ (2) ㉡
3 (1) 설명 (2) 탈탈 (3) 얄밉게 (4) 철석같이
4 (1) ③ (2) ① (3) ② (4) ②

1 눈동자를 옆으로 굴리어 못마땅하게 노려보는 것을 '흘기다'라 하고, '흘기고, 흘기어, 흘기니'와 같이 모양이 바뀝니다.

2 '말이나 행동이 약삭빠르고 밉다.'의 뜻을 가진 '얄밉다'는 '얄밉고, 얄밉게, 얄미워'와 같이 모양이 바뀌어 쓰입니다.

4 설명하는 대상은 글에서 무엇에 대해 말하고 있는지 생각하여 찾습니다. 문장에서 '무엇은'에 해당하는 말이 주로 설명하는 대상이 됩니다.

쪽지 평가   교과서 진도북 **127** 쪽

1 설명하는 글   **2** 제목   **3** 서도   **4** 이름표
5 예 당황스럽다.   **6** 생각이나 느낌

단원 평가   교과서 진도북 **128~130** 쪽

1 하율   **2** ⑤   **3** ④   **4** 독도
5 (1) ① (2) ②   **6** 도서관   **7** 낙하산   **8** 털
9 열매   **10** ④   **11** 필통   **12** ③   **13** ③
14 ⑤   **15** 철석   **16** ①, ⑤   **17** (1) 예 깜짝 놀란 표정 (2) 예 당황스러운 마음   **18** (1) 김밥 (2) 술래잡기   **19** ㉡, ㉢
20 예 더 놀고 싶었는데 아쉬웠다.

2 하율이는 만들기에 대해 설명하는 글을 읽었기 때문에 만들기를 더 잘하였을 것입니다.

4 글 전체적인 내용은 독도에 대해 설명하고 있으므로 '독도'가 글의 제목으로 알맞습니다.

5 동도에는 경비대가 있고, 서도에 주민을 위한 숙소가 있습니다.

6 도서관에서 할 수 있는 일을 설명하고 있습니다. '도서관', '도서관에서 할 수 있는 일' 모두 정답으로 합니다.

9 도꼬마리의 열매를 본떠 단추나 끈보다 더 쉽게 붙였다 떼었다 할 수 있는 물건을 만들었습니다.

10 두 글은 민들레씨와 도꼬마리의 열매에서 좋은 생각을 얻어 새롭게 만든 물건이 무엇인지 설명하고 있습니다.

12 책가방을 터는 모양을 흉내 내는 말로 '탈탈'이 어울립니다.

13 ㉡을 볼 때 알림장에는 연필을 깎아 오라는 내용이 있었을 것이라 짐작할 수 있습니다.

14 엄마에게 필통을 또 사 달라고 하면 혼날까 봐 걱정하는 '나'의 마음이 느껴집니다.

15 '철석같이'는 '마음이나 의지, 약속 따위가 굳세게.'라는 뜻입니다.

17 알림장이 사라져서 깜짝 놀란 표정을 짓고 당황스러운 마음이 들었을 것입니다.

> **채점 기준**
>
> '깜짝 놀란 표정', '당황스러운 마음' 등 잘 챙겼다고 믿은 알림장이 보이지 않았을 때의 상황과 어울리는 표정과 마음이면 정답으로 합니다.

19 ㉠과 ㉢은 '한 일', 또는 '겪은 일'이고 ㉡과 ㉣이 생각이나 느낌을 표현한 부분입니다.

20 체험 학습을 하고 난 뒤의 생각이나 느낌을 다양하게 쓸 수 있습니다.

> **채점 기준**
>
> | 평가 | 답안 내용 |
> |---|---|
> | 상 | 📝 아쉽지만 오늘 하루를 알차게 보낸 것 같아 기분이 좋았다. / 많이 배우고 즐겁게 논 하루여서 마음이 뿌듯했다.
→ 겪은 일에 대한 생각이나 느낌을 다양한 방식으로 생생하게 표현함. |
> | 하 | 📝 아쉬웠다. / 재밌었다. / 즐거웠다.
→ 생각이나 느낌을 하나의 낱말로만 간단히 표현함. |

8. 느끼고 표현해요

> **1** ②   **2** ④   **3** 준이   **4** ②   **5** 영서
> **6** 📝 감기 **7** ③   **8** 📝 누워 있는 것 같기 때문이다.   **9** ⑤   **10** 📝 힘이 없이 작고 느린 목소리   **11** 학교   **12** (2) ○   **13** ②
> **14** ②, ④   **15** ②, ⑤   **16** ⑤   **17** ④   **18** ⑤
> **19** (1) 슬프다(서운하다). (2) 기분이 좋다(신난다).
> **20** ④   **21** 밭   **22** ②   **23** 원님   **24** 청년, 마을 사람, 할아버지 **25** ㉣   **26** ⑤   **27** 말
> **28** (2) ○ (3) ○   **29** (2) ○ (4) ○   **30** ③
> **31** ⑤   **32** 📝 당황스러운 마음, 실망한 마음
> **33** ②   **34** (1) ㉣ (2) ㉡ (3) ㉠ (4) ㉢

1 송이는 어제 준이와 싸웠습니다.

2 준이와 다시 놀고 싶지 않다고 말하는 송이의 표정은 화가 나 있을 것입니다.

3 준이가 먼저 송이에게 미안하다는 쪽지를 썼습니다.

4 송이는 미안하다고 하는 준이의 쪽지를 보고 반갑고, 또 자신이 먼저 사과하지 못해 미안한 마음도 들었을 것입니다.

5 송이가 아닌 준이가 먼저 사과를 한 것이므로 영서의 말은 알맞지 않습니다.

6 '나'는 감기에 걸려 학교에 가지 못하고 누워 있습니다.

7 책상에 재채기를 하고 책상도 감기 들었다고 표현하였습니다.

8 연필, 공책, 가방도 다 누웠다는 말에서 힘없이 누워 있는 '나'의 모습을 떠올릴 수 있습니다.

> **채점 기준**
>
> '나'가 아파서 누워 있는 것처럼 연필, 공책, 가방도 감기에 걸려 힘없이 누워 있는 것 같다는 내용이면 정답으로 합니다.

9 시 속 '나'는 감기에 걸려 누워 있으므로 ⑤와 같은 모습이 알맞습니다.

10 감기에 걸려 힘없이 하는 말이므로 감기에 걸려 콜록대는 목소리, 힘없이 작고 느린 목소리 등이 어울립니다.

11 4연의 감기에게 한 '나'의 말에서 감기가 나아 학교에 가고 싶은 '나'의 마음을 알 수 있습니다.

12 이야기의 제목과 내용, 이야기 속 인물 그림을 통해 '나'가 브로콜리임을 알 수 있습니다.

> 더 **알아보기**
> 이야기에서 말을 하고 있는 '나'도 인물에 해당합니다. 이야기에서 말을 하는 '나'라는 인물은 이 이야기에서처럼 사람이 아닐 수도 있습니다.

13 아이들이 싫어하는 채소 1위에 뽑혔다는 걸 알게 된 브로콜리는 밤새도록 펑펑 울었습니다.

14 사랑받는 친구들을 따라 해 본다는 브로콜리는 소시지와 라면을 따라 했습니다. 소시지와 라면은 브로콜리와 달리 아이들에게 사랑받고 있다는 것을 알 수 있습니다.

15 브로콜리는 소시지처럼 분홍색이 되고 싶어 분홍색으로 몸을 꾸미거나 꼬불꼬불 라면처럼 파마를 했을 것입니다.

> 더 **알아보기**
> 이야기에서 브로콜리는 아이들에게 사랑받고 싶어 합니다. 그런데 아이들이 싫어하는 채소 1위에 뽑혔다고 하자 브로콜리는 아이들이 좋아하는 소시지와 라면을 따라 해 보기로 하였습니다.

16 자신은 절대 사랑받을 수 없다고 생각한 브로콜리는 떠나려 했습니다.

17 브로콜리는 이별 선물로 브로콜리수프를 만들었습니다.

18 브로콜리수프가 맛있다는 아이 덕분에 브로콜리는 누구를 따라 하지 않아도 사랑받을 수 있다는 것을 알게 되었을 것입니다.

19 각 장면에서 브로콜리의 마음이 어떠했을지 '슬프다, 신난다' 외에도 다양하게 표현할 수 있습니다.

20 요술 항아리는 이야기의 중요한 소재이지만 말하거나 행동하는 '인물'은 아닙니다.

> **왜 틀렸을까?**
> 인물은 이야기에서 말을 하거나 생각, 행동을 하며 여러 가지 일을 겪거나 만듭니다. 여기에서 요술 항아리는 말을 하거나 행동을 하지 않으므로 이야기의 재료가 될 뿐 인물은 아닙니다.

21 농부에게 밭을 팔았던 대감은 요술 항아리는 팔지 않았다며 요술 항아리를 빼앗으려 하였습니다.

22 욕심을 부려 요술 항아리를 가져온 원님은 곧 부자가 될 거라며 좋아했을 것입니다.

23 공정한 판결을 내리지 않고 오히려 요술 항아리를 빼앗은 원님에게 할 말로 알맞습니다.

24 깃털은 말하고 행동하는 '인물'이 아닙니다.

25 인물의 성격은 인물이 한 말이나 행동을 통해 알 수 있습니다. ㉠~㉢은 청년의 태도나 행동에 대한 설명으로 청년의 성격이 드러나지만 ㉣은 할아버지가 한 말로 청년의 성격과는 관련이 없습니다.

26 청년은 말을 함부로 해서 마을에 이상한 소문이 퍼지는 일이 자주 일어났습니다.

27 할아버지는 깃털처럼 말도 한번 내뱉으면 주워 담기 어렵다는 것을 알려 주고 있습니다.

28 한번 내뱉은 말은 주워 담을 수 없으니 조심해야 한다는 것과 관련된 이야기를 할 수 있습니다.

29 시에서 '나'는 동생의 콧구멍을 강아지풀로 간질이고 있습니다. 시에서 말을 하고 있는 '나'와 졸고 있는 '동생'이 인물에 해당합니다.

30 강아지풀로 동생에게 장난을 치는 모습을 떠올릴 수 있습니다.

31 '나'는 동생에게 강아지풀로 콧구멍을 간질이면 동생이 간지러워하며 재채기를 할 것이라고 기대했을 것입니다.

32 기대했던 것과 달리 아무런 반응이 없자 당황스러운 마음, 실망한 마음 등이 들었을 것입니다.

33 예상했던 반응이 아니어서 의아해하는 표정으로는 ②가 가장 어울립니다.

34 '사실을 확인하다', '종류를 구별하다', '생각을 표현하다', '도구를 활용하다'와 같이 바른 낱말의 뜻을 익혀 둡니다.

쪽지 평가
교과서 진도북 **141** 쪽

1 ① 말 ② 행동 **2** 미안해. **3** 브로콜리
4 브로콜리수프 **5** 욕심 **6** 예 감기가 얼른 나아 학교에 가고 싶은 마음

단원 평가
교과서 진도북 **142~144** 쪽

1 싸웠다. 등 **2** ① **3** 예 반갑고 기쁜 표정 **4** 예 미안해 **5** ② **6** ④
7 ③ **8** 브로콜리 **9** ② **10** 예 슬프고 서운하다. **11** 소시지, 라면 **12** ④
13 예 뭘 해도 아이들에게 사랑받지 못하는 것 같아 슬펐을 것이다. **14** (3) ○ **15** 농부 **16** (2) ○
17 ㉠ **18** 깃털 **19** 말 **20** ①

1 '먼저 사과할까?' 등의 말로 보아 송이와 준이가 다퉜다는 것을 알 수 있습니다.

2 매일 같이 놀던 준이가 없어서 외롭고 하나도 재미가 없는 송이의 마음이 드러나 있습니다.

3 송이는 먼저 사과할까 생각하고 있었으므로 먼저 사과해 준 준이가 고마웠을 것입니다. 기쁜 표정, 활짝 웃고 있는 표정 등을 답안으로 쓸 수 있습니다.

4 송이는 준이에게 화를 낸 것을 사과하고 싶었을 것입니다.

5 감기가 걸린 '나'로 보아 시의 제목으로 '감기'가 가장 어울립니다.

6 재채기를 하는 소리로 알맞은 것은 '에취'입니다.

7 감기에 걸려 방 안에서 힘없이 누워 있는 아이를 상상할 수 있는 시입니다.

8 이야기에서 말과 행동을 하는 '나'는 브로콜리입니다. '아니면 내가 ……. 브로콜리라서?'에서 말하고 있는 '나'가 누구인지 알 수 있습니다.

9 아이들이 싫어하는 채소 1위에 뽑힌 '나'는 아이들에게 사랑받기를 바라고 있습니다.

10 아이들에게 사랑받고 싶어 하는 '나'는 아이들이 자신을 싫어하는 것을 알고 슬프고 서운했을 것

입니다.

12 '나'는 라면처럼 뽀글뽀글 파마하면 사랑받을 수 있을 거라 생각하였습니다.

13 '나'는 무엇을 해도 절대 사랑받지 못하는 것 같아 슬펐을 것입니다.

채점 기준	
평가	답안 내용
상	예 자신은 아이들에게 사랑받지 못한다는 걸 알고 서운한 마음이 들었을 것이다.
	→ '나'가 왜 슬프고 서운했을지 알맞은 까닭을 들어 씀.
하	예 슬프다. / 서운하다.
	→ '나'의 마음으로 알맞지만 그렇게 생각한 까닭은 없이 '나'의 마음을 낱말로만 간단히 표현함.

14 인물은 이야기에서 말이나 행동, 생각을 하는 이를 말합니다. 말을 하지 않고(예 마법에 걸려 말을 하지 못하는 인물 등) 이야기를 이끌어 가는 인물도 있을 수 있습니다.

16 요술 항아리 때문에 어머니가 여러 명이 된 원님은 헛된 욕심을 부리지 말아야 한다는 것을 깨달았을 것입니다.

17 농부가 자신의 물건을 소중하게 다루지 않아서 요술 항아리를 빼앗긴 것이 아니므로 ㉠은 인물에 대한 생각으로 알맞지 않습니다.

18 할아버지는 청년이 한 말이 깃털과 같다고 하였습니다.

19 할아버지는 청년에게 한번 뱉은 말은 주워 담을 수 없으니 신중해야 한다는 것을 알려 주고 싶었습니다.

20 '발 없는 말이 천 리 간다'는 말은 순식간에 퍼지니 조심해야 한다는 뜻으로, 여기서 '발 없는 말'은 '소문'과 비슷한 뜻을 나타냅니다.

더 알아보기

■ 말의 중요함을 나타내는 속담
• 말 한마디에 천 냥 빚도 갚는다 – 말만 잘하면 어려운 일이나 불가능해 보이는 일도 해결할 수 있다는 말.
• 낮말은 새가 듣고 밤말은 쥐가 듣는다 – 아무도 안 듣는 데서라도 말조심해야 한다는 말.

1. 기분을 말해요

개념 확인하기

온라인 학습북 **3**쪽

1 ㉠   **2** ㉢   **3** ㉡   **4** ㉡   **5** ㉡

정답을 확인하기 전에 자기가 푼 단원 평가의 정답을 큐알을 찍어 올려 보세요.

단원 평가

온라인 학습북 **4~6**쪽

문항 번호	정답	평가 내용	난이도
1	⑤	흉내 내는 말 구별하기	쉬움
2	③	흉내 내는 말 구별하기	보통
3	③	흉내 내는 말의 뜻 구별하기	보통
4	②	흉내 내는 말로 문장 만들기	보통
5	①	흉내 내는 말로 문장 만들기	보통
6	②	흉내 내는 말 활용하기	어려움
7	④	흉내 내는 말의 뜻 구별하기	보통
8	④	흉내 내는 말 활용하기	보통
9	①	이야기의 내용 파악하기	쉬움
10	④	흉내 내는 말 활용하기	어려움
11	③	인물의 마음 짐작하기	보통
12	②	기분을 나타내는 말 구별하기	쉬움
13	③	기분을 나타내는 말 활용하기	보통
14	④	기분을 나타내는 말 활용하기	쉬움
15	④	기분을 나타내는 말 활용하기	보통
16	④	인물의 성격 파악하기	보통
17	②	인물의 마음 짐작하기	보통
18	④	이야기의 내용 파악하기	쉬움
19	⑤	이야기의 내용 파악하기	보통
20	⑤	듣는 사람을 생각하며 자신의 기분 말하기	어려움

1 '짤랑짤랑', '비틀비틀', '소곤소곤'은 소리나 모양을 나타내는 말로 '흉내 내는 말'입니다.

2 '멍멍'은 개가 짖는 소리를 흉내 내는 말입니다.

3 '엉금엉금'은 큰 동작으로 느리게 걷거나 기는 모양을 흉내 내는 말입니다.

4 곤충이 날아가는 소리를 흉내 내는 말로 '붕붕'이 어울립니다.

5 토끼가 뛰어가는 모습을 흉내 내는 말로 '깡충깡충'을 쓸 수 있습니다.

6 매우 단단히 언 모양과 단단히 묶은 모양을 흉내 내는 말로 '꽁꽁'을 쓸 수 있습니다.

7 소나기가 쏟아지는 소리를 흉내 내는 말로는 '쏴' 등을 쓸 수 있습니다.

8 '파도'가 치는 모습이므로 아주 많은 물이 부딪칠 때 나는 소리를 뜻하는 '철썩철썩'이 어울립니다.

9 '나'는 친구들 앞에서 노래를 부를 때 떨려서 노랫말이 잘 떠오르지 않았습니다.

10 친구들이 자신을 부러워하자 마음이 뿌듯하였을 것입니다. '반짝반짝'은 보석과 같이 빛나는 물건에 어울리는 말입니다.

11 '나'는 민호가 성을 무너뜨려서 화가 났습니다.

12 '먹다'는 기분을 나타내는 말이 아닙니다. '먹다'는 움직임을 나타내는 말입니다.

13 친구를 오랜만에 만나면 반가울 것입니다.

14 용돈을 잃어버린 상황과 '자랑스럽다'는 어울리지 않습니다.

15 무서워서 떨고 있는 모습이 나타나 있으므로 기분을 나타내는 말로 '무서워요'가 어울립니다.

16 도치는 화를 내며 말하는 버릇이 있습니다.

17 도치는 머리 위에 생긴 구름을 귀찮아했습니다.

18 도치가 치치에게 화를 내자 머리 위의 구름이 그림책만 하게 커졌습니다.

19 양산 할머니가 도치에게 나쁜 말 구름을 없애는 방법을 알려 주었습니다.

20 '나'로 시작하여 듣는 사람의 기분도 생각해 주면서 자신의 기분을 잘 말한 것을 찾아야 합니다.

2. 낱말을 정확하게 읽어요

개념 확인하기

온라인 학습북 **7**쪽

1 ⓒ   **2** ⓒ   **3** ⓒ   **4** ⓒ   **5** ⓒ

정답을 확인하기 전에 자기가 푼 단원 평가의 정답을 큐알을 찍어 올려 보세요.

단원 평가

온라인 학습북 **8~10**쪽

문항 번호	정답	평가 내용	난이도
1	④	쌍받침과 겹받침 구별하기	쉬움
2	④	겹받침이 들어간 문장 읽기	어려움
3	②	겹받침이 들어간 낱말 알기	보통
4	③	겹받침이 들어간 문장 읽기	보통
5	④	겹받침이 들어간 낱말 알기	어려움
6	③	겹받침이 들어간 낱말 알기	보통
7	④	겹받침이 들어간 문장 쓰기	보통
8	④	겹받침이 들어간 낱말 읽기	쉬움
9	③	낱말의 뜻 짐작하기	보통
10	③	겹받침이 들어간 낱말 읽기	보통
11	④	겹받침이 들어간 낱말 읽기	어려움
12	②	낱말의 뜻 짐작하기	보통
13	④	글쓴이가 하고 싶은 말 찾기	쉬움
14	②	글쓴이가 하고 싶은 말 찾기	보통
15	⑤	낱말의 뜻 짐작하기	보통
16	②	이야기의 내용 짐작하기	어려움
17	③	이야기의 내용 파악하기	보통
18	④	인물의 생각 찾기	보통
19	④	글의 내용 파악하기	쉬움
20	③	글쓴이가 하고 싶은 말 찾기	보통

1 '볶'은 쌍받침이 들어간 글자입니다.

2 '맑다'는 [막따]로 소리 내어 읽습니다.

3 '배가 고파서 라면을 끓이다.'로 쓰므로 빈칸에 들어갈 글자는 '끓'입니다.

4 '넓다'는 [널따]로 소리 내어 읽습니다.

5 '값이 비싸다.', '구멍을 뚫다.'와 같이 쓰는 문장이므로 빈칸에 들어갈 글자는 각각 '값'과 '뚫'입니다.

6 '땅을 밟다'에는 겹받침 'ㄼ'이 들어갑니다.

> **왜 틀렸을까?**
> ① 면이 굵다.   ② 달이 밝다.
> ④ 책을 읽다.   ⑤ 머리를 긁다.
> 나머지에는 모두 겹받침 'ㄺ'이 들어갑니다.

7 '노을이 붉다.', '연필이 짧다.', '시간이 없다.', '닭이 꼬꼬댁 운다.'와 같이 써야 합니다.

8 '밥값'은 [밥깝]으로 소리 내어 읽습니다.

9 위험한 상황을 겨우 벗어났을 때 '조금만 잘못하였더라면.'을 뜻하는 '하마터면'을 쓸 수 있습니다.

10 '흙이'는 [흘기]로 소리 내어 읽습니다.

11 '흙 속에'는 [흑쏘게]로 소리 내어 읽습니다.

12 '얼른'은 '시간을 끌지 않고 바로.'를 뜻하므로 '빨리'와 바꾸어도 문장이 뜻이 그대로 통합니다.

13 글쓴이는 사용한 물건을 제자리에 두어야 한다고 생각합니다.

14 글의 제목에는 글쓴이의 생각이 드러나기도 하므로 '사용한 물건을 제자리에 두자'라는 제목이 잘 어울립니다.

15 물건을 찾는 데에 시간이 오래 걸린다는 뜻으로 '한참'을 썼습니다.

16~17 건널목 안전 요원은 모두들 안전하게 귀가하는 날이 멋진 날이라고 대답하였습니다. 그러므로 건널목 안전 요원에게 물어본 것은 ②일 것입니다.

18 다니엘의 할머니는 다니엘이 안아 주는 날이 멋진 날이라고 하였습니다.

19 글쓴이가 넘어졌을 때 준호가 도와주었습니다.

20 글쓴이는 고맙다는 말을 하고 싶어 할 것입니다.

3. 그림일기를 써요

1 ㉠   **2** ㉡   **3** ㉡   **4** ㉠

정답을 확인하기 전에 자기가 푼 단원 평가의 정답을 큐알을 찍어 올려 보세요.

단원 평가   온라인 학습북 **12~15**쪽

문항 번호	정답	평가 내용	난이도
1	⑤	바른 자세로 발표하는 방법 알기	보통
2	②	알맞은 문장 완성하기	쉬움
3	④	알맞은 문장으로 나타내기	보통
4	⑤	알맞은 문장으로 나타내기	쉬움
5	④	경험한 일 파악하기	보통
6	③	그림일기의 내용 파악하기	보통
7	④	그림일기의 내용 파악하기	보통
8	⑤	그림일기의 내용 파악하기	어려움
9	②	그림일기의 내용 파악하기	보통
10	⑤	그림일기에서 고칠 점 찾기	어려움
11	③	그림일기의 내용 파악하기	보통
12	②	그림일기의 내용 파악하기	보통
13	③	글쓴이의 마음 짐작하기	쉬움
14	③	경험한 일 파악하기	보통
15	④	경험한 일 파악하기	보통
16	④	그림일기에 들어갈 내용 알기	보통
17	④, ⑤	알맞은 문장으로 나타내기	쉬움
18	④	경험한 일을 발표하는 방법 알기	보통
19	⑤	그림일기를 쓸 때 주의할 점 알기	어려움
20	③	바른 자세로 발표하는 방법 알기	보통

1 발표를 할 때는 듣는 사람을 모두 바라보며 발표 해야 합니다.

2 '현수는 꿈을 꿉니다.'가 알맞은 문장입니다.

3 그림은 체육 대회를 하는 모습입니다.

4 그림은 남자아이가 된장찌개를 먹는 모습입니다.

5 오늘 아침에 있었던 일에 대해 알맞게 말한 친구 는 정민입니다.

6 그림일기를 쓴 날의 날씨는 '해가 쨍쨍한 날'이라 고 하였습니다.

7 그림은 할머니 댁에서 사과를 따는 모습입니다.

8 ㉠은 할머니 댁에서 사과를 따며 들었던 생각이나 느낌을 쓴 것입니다.

9 그림은 밤에 잠을 자고 있는 모습입니다.

10 그림일기를 쓸 때는 기억에 남는 일을 골라 써야 하는데 오늘 한 일을 나열만 했습니다.

11 그림일기의 맨 윗부분을 보면 날짜와 요일, 날씨 를 알 수 있습니다.

12 그림은 어머니께 곰 인형을 받는 모습입니다.

13 곰 인형을 선물받은 '나'는 기뻤을 것입니다.

14 ㉠에는 낮에 일어난 일이 들어가야 합니다. 부모 님과 저녁을 먹은 일은 저녁에 일어난 일입니다.

15 ㉡에는 저녁에 일어난 일이 들어가야 합니다. 자 기 전에 침대에 누워 만화 영화를 본 일이 저녁에 일어난 일입니다.

16 그림일기에는 날짜와 요일, 날씨, 글, 그림 등이 들어갑니다.

17 '선물을'이 '무엇을'에 해당하는 말이므로 '선물을 주다.', '선물을 하다.'와 같이 문장을 만들 수 있습 니다.

18 친구가 발표를 잘했는지 생각할 때, 발표를 하며 친구들을 얼마나 웃겼는지는 생각하지 않아도 됩 니다.

19 그림일기를 쓸 때는 내가 경험한 일에 대해 써야 합니다.

20 목소리가 작아서 잘 안 들렸기 때문에 남자아이는 여자아이의 말을 제대로 알아듣지 못했습니다.

4. 감동을 나누어요

개념 확인하기
온라인 학습북 16쪽

1 ㉢   2 ㉠   3 ㉡   4 ㉡

정답을 확인하기 전에 자기가 푼 단원 평가의 정답을 큐알을 찍어 올려 보세요.

단원 평가
온라인 학습북 17~20쪽

문항 번호	정답	평가 내용	난이도
1	②	글의 내용 파악하기	쉬움
2	③	누가 무엇을 했는지 파악하기	보통
3	③	글의 내용 파악하기	보통
4	③	글의 내용 파악하기	보통
5	③	누가 무엇을 했는지 파악하기	어려움
6	⑤	이야기의 내용 파악하기	쉬움
7	②	시간을 나타내는 말 알기	보통
8	②	이야기의 내용 파악하기	보통
9	⑤	이야기에서 일어난 일 파악하기	보통
10	③	일이 일어난 순서 파악하기	어려움
11	③	이야기의 내용 파악하기	쉬움
12	⑤	인물이 그렇게 행동한 까닭 알기	보통
13	⑤	글의 내용 파악하기	보통
14	④	일이 일어난 순서 파악하기	보통
15	②	따옴표의 종류와 특징 알기	보통
16	⑤	빈칸에 들어갈 말 짐작하기	쉬움
17	⑤	만화 영화의 내용 파악하기	보통
18	④	인물의 생각 짐작하기	어려움
19	④	만화 영화를 보고 생각 나누기	보통
20	④	따옴표의 종류와 특징 알기	어려움

1 주원이는 미역을 가장 싫어한다고 하였습니다.
2 선생님이 한 말입니다.
3 선생님은 주원이가 미역무침을 먹는 모습을 보고 칭찬해 주셨습니다.
4 주원이는 좋아하지 않았던 미역무침을 용기 내어 먹어 보았습니다.
5 이야기에서 어떤 일이 일어났는지 잘 정리하려면 누가 무엇을 했는지 생각하며 이야기를 읽어야 합니다.
6 도둑은 바다 건너 멀리 도망가려고 했습니다.
7 일이 일어난 때를 알려 주는 말을 '시간을 나타내는 말'이라고 합니다.
8 도둑이 "나와라, 소금!"이라고 외치자 맷돌에서 하얀 소금이 쏟아져 나왔습니다.
9 도둑은 너무 놀라 맷돌을 멈추는 말을 잊어버렸습니다.
10 신기한 맷돌에 대한 이야기를 들은 도둑은 저녁이 되자 궁궐로 숨어들었고 맷돌을 훔쳐 도망갔습니다.
11 양치기 소년은 마을 사람들에게 늑대가 나타났다고 소리쳤습니다.
12 마을 사람들은 양치기 소년이 계속 거짓말을 하자 화를 냈습니다.
13 마을 사람들은 양치기 소년의 말을 듣고 "쳇, 거짓말쟁이. 우리가 또 속을 줄 알고?"라고 말했습니다.
14 양치기 소년은 늑대가 나타났다고 거짓말을 했습니다. 양치기 소년이 계속 거짓말을 하자 마을 사람들은 화가 났습니다. 나중에 진짜 늑대가 나타났지만 아무도 양치기 소년을 믿지 않았습니다.
15 인물이 마음속으로 한 말을 적을 때는 작은따옴표를 씁니다.
16 아이쿠는 비비와 함께 할머니 댁에 가고 있었습니다.
17 꽃을 선물받은 카르망 콩드 백작은 몸이 가려워졌고, 콧물을 흘리며 기침과 재채기를 했습니다.
18 아이쿠는 진짜 우리 할머니가 맞을지 고민했을 것입니다.
19 아이쿠는 카르망 콩드 백작을 할머니로 착각했습니다.
20 인물이 소리 내어 한 말을 적을 때에는 큰따옴표를 씁니다.

5. 생각을 키워요

개념 확인하기

온라인 학습북 **21**쪽

1 ⓒ	**2** ㄱ	**3** ⓒ	**4** ㄱ	**5** ⓒ

정답을 확인하기 전에 자기가 푼 단원 평가의 정답을 큐알을 찍어 올려 보세요.

단원 평가

온라인 학습북 **22~25**쪽

문항 번호	정답	평가 내용	난이도
1	②	한글에 대한 내용 파악하기	쉬움
2	④	한글을 만든 사람 알기	보통
3	④	훈민정음의 뜻 알기	쉬움
4	②	한글의 좋은 점 파악하기	어려움
5	②	자음자가 만들어진 원리 알기	어려움
6	①	글의 내용 파악하기	쉬움
7	⑤	인물의 말과 행동 알기	보통
8	③	인물에 대하여 파악하기	보통
9	②, ⑤	글자를 이루는 자음자와 모음자 파악하기	쉬움
10	①	자음자를 만드는 방법 알기	보통
11	③	모음자의 특징 알기	보통
12	⑤	모음자의 특징 파악하기	어려움
13	①	자음자를 바꾸어 낱말 만들기	보통
14	⑤	모음자를 바꾸어 낱말 만들기	보통
15	③	낱말의 바뀐 자음자나 모음자 알기	어려움
16	④	한글의 특징 파악하기	어려움
17	③	인물의 마음 짐작하기	보통
18	④	인물의 행동 파악하기	보통
19	①	글을 읽고 생각이나 느낌 나누기	어려움
20	④	물건을 셀 때 쓰는 말 알기	보통

1 한자는 어려워서 일반 백성들은 학문을 배울 수 없었습니다.

2 한글은 세종 대왕이 만든 글자입니다.

3 훈민정음은 '백성을 가르치는 바른 소리'라는 뜻을 가지고 있습니다.

4 한글은 자음자와 모음자 몇 개만 알면 글을 쓰고 읽을 수 있어서 누구나 쉽게 배울 수 있습니다.

5 한글 자음자는 말소리를 내는 부분의 모양을 본떠 만들었다고 하였으므로 이에 해당하는 것은 목구멍의 동그란 모양입니다.

6 책에 대하여 이야기합니다.

7 동키는 책을 보며 '게임할 수 있어?', '메일 보낼 수 있어?'라고 물었습니다.

8 동키는 책을 읽는 방법을 몰라서 책은 어떻게 쓰는지 물었습니다.

9 글자 '금'에는 자음자 'ㄱ, ㅁ', 모음자 'ㅡ'가 들어갑니다.

10 'ㄴ'에 획을 하나 더 그으면 'ㄷ'이 됩니다.

11 'ㅑ'를 의 방향을 바꾸면 'ㅕ, ㅛ, ㅠ'가 됩니다.

12 'ㅑ'를 의 방향을 바꾸면 'ㅕ'나 'ㅠ'가 되는 것처럼 모음자의 방향을 달리하여 다른 모음자를 만들 수 있습니다.

13 '달'은 발의 첫 자음자 'ㅂ'을 'ㄷ'으로 바꾸어 만들 수 있는 낱말입니다.

14 '곰'의 모음자를 'ㅏ'로 바꾸면 '감'이 됩니다.

15 '물'에 쓰인 모음자 'ㅜ'를 'ㅏ'로 바꾸어 '말'이 되었습니다.

16 글자의 받침이 달라지면 다른 글자가 되므로 뜻도 달라집니다.

17 '나'는 훌라후프를 잘 돌리지 못하여서 나가기 싫은 마음이 들었습니다.

18 '나'는 다른 친구들처럼 훌라후프를 잘 돌리고 싶어서 훌라후프가 있는 것처럼 허리를 움직였습니다.

19 인물의 생각이나 느낌을 알맞게 파악하고 자신의 생각이나 느낌을 말한 것을 찾습니다.

20 신발이나 양말과 같이 짝이 있는 물건은 '켤레'나 '짝'이 쓰입니다.

6. 문장을 읽고 써요

개념 확인하기

온라인 학습북 **26**쪽

1 ㉢ **2** ㉢ **3** ㉠ **4** ㉡

정답을 확인하기 전에 자기가 푼 단원 평가의 정답을 큐알을 찍어 올려 보세요.

단원 평가

온라인 학습북 **27~30**쪽

문항 번호	정답	평가 내용	난이도
1	①	광고의 내용 파악하기	쉬움
2	②	광고에 들어갈 낱말 짐작하기	보통
3	⑤	광고가 하려는 말 파악하기	보통
4	⑤	광고와 비슷한 생각이나 느낌 파악하기	보통
5	②	문제 상황 파악하기	쉬움
6	⑤	해결 방법 찾기	보통
7	①	알맞은 까닭 찾기	보통
8	②	알맞은 받침 알기	쉬움
9	⑤	같은 소리, 다른 뜻의 낱말 알기	보통
10	④	반대말 알기	어려움
11	⑤	말하는(글쓴) 사람 파악하기	쉬움
12	②	글의 내용 파악하기	보통
13	④	글의 내용 파악하기	보통
14	②	띄어 읽을 부분 찾기	보통
15	④	알맞은 받침으로 고쳐 쓰기	어려움
16	③	글의 내용 파악하기	보통
17	④	글의 내용 파악하기	보통
18	①	글의 내용 파악하기	보통
19	②	인물이 한 말의 뜻 이해하기	어려움
20	⑤	띄어 읽은 방법 비교하기	어려움

1 벤자민 프랭클린은 전기를 발명했습니다.

2 에너지를 아끼기 위한 '발견'이 발명보다 위대하다는 말이 광고 문구로 들어가기에 알맞습니다.

3 광고는 낭비되는 에너지를 발견하여 에너지를 아끼자고 하고 있습니다.

4 발명품 덕분에 생활이 편리해졌다는 것은 에너지를 아끼자는 말과 비슷한 생각이나 느낌이 아닙니다.

5 시호는 물을 낭비하며 손을 씻고 있습니다.

6 물을 낭비하며 손을 씻는 상황이므로 비누칠을 할 때는 수도꼭지를 잠그자는 말을 할 수 있습니다.

7 물을 아낄 수 있기 때문에 비누칠을 할 때는 수도꼭지를 잠그자고 까닭을 들 수 있습니다.

8 '못'은 받침 'ㅅ'이 들어갑니다.

9 '박'과 '밖'은 모두 [박]으로 같은 소리가 나지만 '박'은 '바가지를 만드는 데 쓰는 식물.', '밖'은 '어떤 선을 넘어선 쪽.'으로 서로 다른 뜻입니다.

10 '느리다'의 반대말은 '빠르다', '무겁다'의 반대말은 '가볍다'입니다.

11 소방서에서 일하는 소방관이라고 자신을 소개하고 있습니다.

12 소방관은 위험에 처한 사람들을 도울 수 있게 장난 전화를 하지 말아 달라고 부탁하고 있습니다.

13 소방관들은 소화전에서 물을 끌어다가 쓰기 때문에 소화전 근처에 주차를 하면 안 됩니다.

14 '소방관은' 뒤에서 띄어 읽어야 합니다.

15 받침 'ㅊ'을 써서 '꽃', 받침 'ㅌ'을 써서 '맡습니다'라고 써야 합니다.

16 아저씨는 머리카락을 세 개(올)씩 묶었습니다.

17 거미가 아저씨 머리에 매달렸기 때문입니다.

18 아저씨는 세수를 하고 가르마를 탔습니다.

19 아저씨는 자신의 머리 모양이 마음에 들어서 "오, 괜찮은데?"라고 말했습니다.

20 '다음 날(언제)', '아저씨는(누가)', '세수를 하고(무엇을 하고)'와 같이 각 부분의 의미를 구분하여 읽은 (1)이 자연스럽습니다.

7. 무엇이 중요할까요

온라인 학습북 **31**쪽

개념 확인하기

1 ㉠   **2** ㉢   **3** ㉠   **4** ㉡

정답을 확인하기 전에 자기가 푼 단원 평가의 정답을 큐알을 찍어 올려 보세요.

단원 평가

온라인 학습북 **32~35**쪽

문항번호	정답	평가 내용	난이도
1	④	설명하는 글 알기	쉬움
2	①	설명하는 대상 알아보기	보통
3	②	설명하는 대상 이해하기	보통
4	③	가리키는 말의 쓰임 알기	어려움
5	⑤	설명하는 대상 알아보기	보통
6	⑤	인물의 마음 파악하기	보통
7	③	겪은 일의 순서 알아보기	보통
8	④	글의 내용 짐작하기	보통
9	④	인물의 마음 변화 파악하기	어려움
10	③	글 내용에 알맞은 제목 찾기	보통
11	③, ④, ⑤	글의 중요한 내용 파악하기	보통
12	⑤	겪은 일 자세하게 쓰기	보통
13	⑤	생각이나 느낌 다양하게 쓰기	보통
14	⑤	겪은 일을 쓰는 방법 알기	보통
15	⑤	겪은 일을 자세하게 쓰기	어려움
16	③	생각이나 느낌 자세하게 쓰기	보통
17	⑤	알맞은 생각이나 느낌 쓰기	보통
18	①	글의 내용 파악하기	보통
19	④	설명하는 내용 파악하기	보통
20	⑤	글 내용을 바탕으로 미루어 짐작하기	어려움

2 독도의 위치, 동도와 서도에 대한 내용 등을 설명하고 있습니다.

3 어떤 물건을 유리창과 같은 곳에 붙일 때에 사용하는 물건이므로 ②와 같은 물건을 떠올릴 수 있습니다.

4 칫솔걸이도 문어의 빨판을 본떠 만들었다는 내용이므로 '이것'은 '문어의 빨판'을 말합니다.

5 유리창과 같은 곳에 붙일 때에 사용하는 물건은 문어의 빨판을 본떠 만들었다고 설명하고 있습니다.

6 책가방을 탈탈 털어도 필통이 보이지 않아 걱정스러운 마음이 들었을 것입니다.

7 필통을 잃어버려 새 필통을 산 뒤 새 필통에 이름표를 크게 써 붙였지만 이번에는 알림장을 잃어버렸습니다.

8 새 필통을 사며 엄마에게 이번에는 필통을 잃어버리지 않겠다는 약속을 하였을 것입니다.

9 "그럼요!" 라고 자신 있게 말하였다가 정작 알림장이 없어져서 당황한 표정을 지었을 것입니다.

10 사진을 찍을 때 지켜야 할 점에 대해 말하고 있으므로 ③과 같은 제목이 알맞습니다.

12 수학 시간에 무엇을 했는지 가장 자세하게 쓴 문장은 ⑤입니다.

13 ①~③은 생각이나 느낌이 잘 드러나 있지 않고 ④와 같이 비슷한 기분을 반복하는 것도 좋은 표현이 아닙니다.

15 어떤 나무와 어떤 꽃이 있었는지 더 자세히 써 주는 것이 좋습니다. ⑤는 글 내용과 관련이 없습니다.

16 생각이나 느낌을 자세하게 쓰면 생각이나 느낌이 더 생생해집니다.

17 친구가 나를 잡을까 봐 '조마조마했다'는 표현이 어울립니다.

18 정호의 말에서 아나바다의 '아'는 '아껴 쓰고'의 앞 글자임을 알 수 있습니다.

19 '바꿔 쓰기'는 서로에게 필요한 물건을 바꾸어 쓰는 것입니다.

20 '아껴 쓰고, 나눠 쓰고, 바꿔 쓰고, 다시 쓰고'는 결국 물건을 오래 쓰고 절약해서 불필요한 소비를 줄이기 위한 활동입니다.

온라인 학습북 26~35쪽

8. 느끼고 표현해요

개념 확인하기

온라인 학습북 **36**쪽

1 ⓒ **2** ⓒ **3** ⓒ **4** ⓒ

정답을 확인하기 전에 자기가 푼 단원 평가의 정답을 큐알을 찍어 올려 보세요.

단원 평가

온라인 학습북 **37~40**쪽

문항번호	정답	평가 내용	난이도
1	⑤	이야기 속 '인물'의 정의 알기	보통
2	⑤	인물의 마음 짐작하기	보통
3	④	인물의 생각 짐작하기	보통
4	②	인물의 상황 파악하기	보통
5	③	인물의 상황과 마음 짐작하기	어려움
6	②, ⑤	이야기 속 인물 찾기	쉬움
7	④	글 내용을 바탕으로 상상하기	어려움
8	③	분량이나 수를 세는 말 알기	보통
9	②	글의 내용 파악하기	쉬움
10	⑤	인물의 생각 파악하기	보통
11	⑤	인물의 모습을 상상하는 방법 알기	보통
12	②, ⑤	인물의 모습 상상하기	보통
13	④	글의 내용 파악하기	보통
14	②, ④	인물의 마음 짐작하기	보통
15	⑤	인물의 마음 짐작하기	보통
16	⑤	인물의 개념 파악하기	어려움
17	④	이야기의 순서 정리하기	보통
18	①	이야기 속 인물의 마음 상상하기	보통
19	②	이야기에 대한 생각이나 느낌 말하기	보통
20	③	생각이나 느낌을 말하는 방법	보통

1 「금도끼 은도끼」에 나오는 나무꾼과 산신령은 말과 행동을 하는 인물이지만 나무꾼이 연못에 빠뜨린 도끼는 인물이 아닙니다.

3 송이는 준이와 싸운 뒤 다시는 준이와 놀지 않겠다고 생각하였습니다.

4 송이는 맨날 같이 놀던 준이가 없으니 재미가 없다고 하였습니다.

5 준이가 없어서 외롭고 쓸쓸했던 송이는 준이의 쪽지를 보고 고맙고, 또 한편으로는 먼저 사과하지 못해 미안했을 것입니다.

7 다른 사람의 실수를 부풀려 말하거나 다른 사람에게 말을 쉽게 전하는 예로는 ④와 같이 좋지 않은 말을 퍼뜨리는 경우가 알맞습니다.

8 '움큼'이란 손으로 한 줌 움켜쥘 만큼의 양을 뜻합니다.

10 말도 깃털과 같이 가벼워 한번 내뱉으면 다시 주울 수 없다는 것을 가르쳐 주고자 하였을 것입니다.

11 인물의 모습을 상상하는 것과 실제로 같은 이름을 가진 친구를 떠올리는 것은 관련이 없습니다.

12 '초록색이라서?', '브로콜리라서?'에서 '나'에 대해 알 수 있습니다.

14 절대 사랑받을 수 없다고 생각해서 멀리 떠날 거라고 말하는 '나'의 마음은 슬프고 서운할 것입니다.

15 브로콜리수프를 맛있게 먹는 아이를 보고 '나'도 사랑받을 수 있다는 것을 깨달았을 것입니다.

16 이야기 속에서 말하고 행동하고 생각하는 이가 인물입니다. 요술 항아리는 말하거나 행동하지 않기 때문에 인물이 아닙니다.

17 농부와 대감이 원님에게 판결을 내려 달라고 하였지만 원님이 요술 항아리를 가져갔고, 원님의 어머니가 요술 항아리에 빠져 여러 명이 되었습니다.

18 요술 항아리를 가져간 원님은 이제 부자가 될 거라며 좋아했을 것입니다.

19 대감은 밭만 팔았지 요술 항아리는 팔지 않았다며 농부에게서 요술 항아리를 빼앗으려 하였습니다.

20 작품에 대한 생각이나 느낌은 다를 수 있으므로 자신의 생각이나 느낌만 맞다고 주장해서는 안 됩니다.

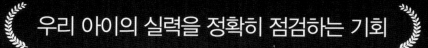
우리 아이의 실력을 정확히 점검하는 기회

40년의 역사
전국 초·중학생 213만 명의 선택

HME 학력평가
해법수학 · 해법국어

| 응시 학년 | 수학 | 초등 1학년 ~ 중학 3학년 |
| | 국어 | 초등 1학년 ~ 초등 6학년 |

| 응시 횟수 | 수학 | 연 2회 (6월 / 11월) |
| | 국어 | 연 1회 (11월) |

주최 천재교육 | 주관 한국학력평가 인증연구소 | 후원 서울교육대학교

*응시 날짜는 변동될 수 있으며, 더 자세한 내용은 HME 홈페이지에서 확인 바랍니다.

정답은
이안에
있어!